김동익

온화한 미소의 사람

김동익 목사(1942-1998)

김동익 목사는 지성과 영성과 인품과 덕성을 겸비한 목사다운 목사였다. 그는 미국 밴더빌트(Vanderbilt University) 신학대학원에서 목회학 박사학위(D.Min.)를 취득하였으며 연세대학교, 계명대학교, 영남신학교에서 후학을 가르쳤다. 그는 포항제일교회 11대 담임목사와 새문안교회 5대 담임목사를 역임했다. 그는 신학자였으며 동시에 목회자였다. 그는 포항제일교회와 새문안교회를 목회하면서 신학이 있는 목회를 했다. 김동익 목사는 지성과 영성을 겸비한 설교와 민주적이고 창의적인 목회를 통해서 포항제일교회와 새문안교회를 크게 성장시켰다. 《온화한 미소의 사람 김동익》평전을 출간하는 목적은 건강한 목회자 상이 흐려지는 이 시대에 어떤 목사, 어떤 선교사, 어떤 신자가 되어야 할지, 목회를 어떻게 하는 것이 바른 것인지를 고민하는 사람들에게 갈 길과 도(道)를 제시하기 위함이다.

C O N T E N T S

09 **추천사** 장로회신학대학교 명예교수 / 김영동
새문안교회 담임목사 / 이상학
하나북스 대표, 코칭전문작가 목사 / 박성배
16 **프롤로그** 온화한 미소의 사람, 김동익 목사를 추억하다

Part 1. 김동익 목사를 말하다
― 온화한 미소의 사람, 김동익 목사를 추억하다

1장 인간 김동익 목사
온화한 미소의 사람　25
교회를 사랑한 사람　29
약자를 사랑한 사람　36
비전의 사람　40
독서의 사람　45

2장 목회자 김동익 목사

기도의 목회자　50

인격적 목회자　55

창의적 목회자　61

민주적 목회자　67

사람들의 가슴속에 살아있는 목회자　72

3장 신앙인 김동익 목사

김동익 목사의 뿌리　81

김동익 목사의 생애　89

김동익 목사의 가정　98

김동익 목사의 학문 여정　107

김동익 목사의 목회 여정　117

Part 2. 김동익 목사의 설교, 신학과 사역

― 김동익 목사의 사역은 하나님이 오랫동안 준비한 것이었다

4장 김동익 목사의 설교

샘물과 같은 설교　129

위로와 소망의 설교　134

예언자적 설교　138

핸디캡을 딛고 위대한 설교자로 서다　144

열한 권의 설교집을 출간하다　148

5장 김동익 목사의 신학

균형 잡힌 신학 160

성경적 교회관 165

포용적 목회관 169

대중적 설교관 173

통전적 선교관 179

6장 김동익 목사의 사역

신촌교회 사역 186

포항제일교회 사역 190

새문안교회 사역 198

서울노회 사역 206

총회 사회부 사역 209

총회 세계선교부 사역 214

Part 3. 김동익 목사를 추억하다
― 그 신실한 믿음의 발자취를 따라가다

7장 김동익 목사, 그를 추억하다

김동익 목사와 우리 가정 / 김재민 목사 221

태국 선교 비전을 도전하신 김동익 목사 / 조준형 선교사 229

인내와 진실과 검소하신 김동익 목사 / 주명갑 목사 236

내 인생의 변곡점을 만들어 준 김동익 목사 / 박태겸 목사 249

포항제일교회를 크게 부흥시킨 김동익 목사 / 이대공 장로　254

목회자의 표상을 보여주신 김동익 목사 / 강영섭 장로　262

김동익 목사를 그리며 / 서원석 장로　266

인자하신 김동익 목사 / 문경희 권사　272

비 쏟아지던 만우절 / 김현찬 권사　279

아버지 같았던 김동익 목사 / 이연순 집사　287

292　**에필로그 1**　아버지 김동익 목사를 그리다 / 김태한 목사

300　**에필로그 2**　그 신실한 믿음의 발자취를 따라가다 / 정균오

310　**김동익 목사 연보**

깊이 있는 사람

김동익 목사

오해를 받는 일은 참기 어려운 일이지요
그래도 변명하지 말고 그대로 가세요
상대가 밉고 악마처럼 보이더라도
바보처럼 멍청이처럼 그냥 사세요

당신이 착한 일과 의로운 일을 할 때
위선이다, 나쁘다고 할 때
그래도 이해하고 용서하세요

피곤해도 정의의 걸음을 중단하지 마시고
사랑의 실천도 멈추지 마세요

따질 일이 있더라도
입 막고 눈 막고 귀도 막고
사랑하세요

말없이 끌어안고 사랑해 주세요

사랑은 조건 없이 주는 겁니다

사랑은 교환조건도 제시하지 않습니다

미워도 다시 한 번 그런 마음으로 사랑하세요

사랑을 무슨 장사 하듯

파는 것처럼 생각하지 마시고

나무를 가꾸듯이

멀리 보고 인내하며

사랑을 가꾸세요*

---

* 이 시는 새문안교회 이은주 권사가 책갈피에 끼워놓았던 것을 필자에게 제공한 것이다.

추천사 •   김 영 동

장로회신학대학교 명예교수
대한예수교장로회 총회 순회선교사
주안대학원대학교 초빙석좌교수
우정선교연구원 원장

　지성과 영성, 인품과 덕성을 겸비한 목사로 기억되는 김동익 목사!
　아주 오래전에 김동익 목사는 어느 일간지에 '행복한 부부생활의 12 신조'를 남겨주셨다. 필자는 결혼할 때 한 지인이 그 12 신조를 선물로 주어서 지금까지도 그것을 간직하고 있다. 가끔 결혼 주례사를 할 때 그가 남긴 12 신조를 소개한다. 결혼 후 38년이 지났지만, 여전히 삶의 등불과 같은 길잡이가 되는 가르침이다. 추천인 또한 그와 관계가 없지 않다. 그의 설교를 들으며 그 성품과 감화력에 크게 영향을 받았다.
　김동익 목사는 젊은 나이에 하늘나라로 가셨지만 많은 사람의 가슴에 살아있다. 특별히 정균오 선교사의 글로써 그의 인격과 사역과 사랑이 새롭게 꽃을 피우게 되어서 참으로 기쁘다.《온화한 미소의 사람 김동익》평전을 쓴 정균오 선교사에게 감사드린다. 현장 선교사로서 매우 어렵고 힘든 작업을 잘 마친 것에 대해서 축하드린다. 말하기는 쉽지만 글로 남기기는 참 어려운 일인데 정균오 선교사는 그와 함께 사역했거나 함께 신앙생활을 한 증인들을 직접 만나는 수고를 아끼지 않고 일차 자료를 발굴하며 귀한 김동익 목사 평전을 출판하

게 되었다. 여간 기쁘지 않다.

김동익 목사는 매우 훌륭한 목회자였고 신학자였다. 이 책은 그가 얼마나 하나님을 사랑하고 사람을 사랑했는지를 보여주고 있다. 또한, 그가 얼마나 사람을 사랑하는 온화한 인격자였는지, 그가 얼마나 양들과 교회 공동체를 사랑했고 특별히 약자를 사랑한 참된 목자였는지를 보여주고 있다.

김동익 목사의 일대기는 오늘 경건의 위기 시대에 많은 지혜와 깨달음과 가르침을 줄 것으로 믿는다. 민주적이면서 창의적이고, 기도하는 영성가이자 지성인이었고 인격적 목회자인 그는 그래서 사람들의 가슴에 살아 숨 쉬고 후배들에게 본이 된다고 생각한다. 목회자는 신학을 경시하고 신학자는 목회를 간과하기 쉬운데 그는 신학자이면서 목회자로서 손색이 없는 균형과 조화를 이룬 분이었다는 점에서 그의 행적과 삶을 새롭게 들여다볼 가치가 충분하다.

김동익 목사는 새문안교회뿐만 아니라 한국 교회에 큰 발자취를 남긴 분이다. 또한, 그는 정균오 선교사와 많은 선교사를 세계에 파송했을 뿐 아니라 세계 선교와 한국 교회에 선한 영향력을 끼친 분으로서 기억되어 마땅한 분이다.

혼탁한 이 세상에 어떤 목회자와 어떤 선교사가 되어야 할지 길을 찾는 사람에게 이 책이 한 줄기 빛과 같은 역할을 하리라 믿으며 정균오 선교사의 노고에 감사를 드린다.

추천사 ·

이 상 학
새문안교회 담임목사

나는 김동익 목사와 직접 만나거나 대화를 나눈 적이 없다. 스쳐 지나가는 조우(遭遇)의 인연도 없다. 그는 나보다 한 시대를 앞서 살다 간 분이기 때문이다. 내가 그의 이름을 처음 들은 것은 신학교 2학년 때였다. 새문안교회 담임목사가 나이 55세에 암으로 일찍 세상을 떴다는 것이다. 그런데 많은 신학교 학생들이 그의 이른 죽음을 아파하고 안타까워하는 것을 보았다. 그렇게 해서 그의 이름은 나의 인생 여정에 들어왔지만 이내 내 목회 여정에서는 잊혀가는 듯했다.

내가 포항제일교회의 15대 담임목사로 부임하면서 그의 이름과 삶의 흔적들은 내 안에서 부활했다. 그는 나보다 한 세대를 앞서 목회한 포항제일교회 11대 담임목사로 5년 반을 섬겼다. 그리고 역대 담임목사들의 사진 속에서 그의 얼굴을 처음으로 만날 수 있었다. 제일교회 성도들 안에서 그는 교회를 떠난 지 벌써 44년이요, 천국에 가신 지 26년이 지났지만 살아있는 목회자였다. 따뜻한 인품과 깊이 있는 설교, 무엇보다 교회를 부흥 발전시켜 영남지역 모 교회로서의 현대의 포항제일교회를 있게 한 목회자로 성도들 안에서 회자되고 있었다.

공교롭게도 나는 포항제일교회에서 그가 시무한 기간과 같은 5년 반을 목회한 후 그가 목회한 새문안교회로 부르심을 받게 되었다. 특별한 섭리처럼 느껴진다. 한국 교회의 모 교회답게 역사를 소중히 여기는 새문안교회는 역대 위임목사의 사진들을 전시해 놓고 있었다. 그런데 내가 다시 만난 사진 속 그의 얼굴에는 애수와 고뇌의 눈빛이 가득했다. 눈빛이 달라져 있었다. 시간이 지나 그가 목회한 시대를 살펴보며 그의 애수와 고뇌에 찬 눈빛을 이해할 수 있었다. 그는 부드럽고 따뜻하며 누구와 싸우거나 각을 세우는 성정이 아님에도 불구하고 새문안교회라는 상징적 교회의 담임목사로서 시대와 역사의 흐름을 온몸으로 부둥켜안고 몸짓했다.

이 책은 인간 김동익의 인격적 면모에서부터 공인으로서의 목회자 김동익의 삶 전체를 깊이 있게 다루고 있다. 책을 읽어보면 신실하면서도 따뜻하고 동시에 동시대의 아픔을 외면하지 않고 진실하게 끌어안았던 그의 공적 목회자로서의 궤적을 잔잔한 감동으로 만날 수 있다. 목회자다운 목회자를 찾기 쉽지 않은 때에 선교지의 숨 가쁜 일상 속에서 귀한 책을 내주신 정균오 선교사께 새문안교회 담임목사로서 감사의 마음을 전하고 싶다.

추천사 •　　　　　　　　　　　　　　　**박 성 배**
　　　　　　　　　　　　　　　하나북스 대표, 코칭전문작가
　　　　　　　　　　《한국 교회의 아버지 사무엘 마펫》외 20여 권의 저자

　김동익 목사가 새문안교회의 담임목사로 계실 때 러시아에 파송을 받아 30여 년간 선교 사역을 하고 계신 정균오 선교사가《온화한 미소의 사람 김동익》평전을 펴내셨습니다. 정 선교사와 함께 책의 내용을 구상하면서 부족한 저도 그와의 아름다운 믿음의 추억을 다시 떠올리게 되었습니다.

　저는 1992년 김동익 목사의 주례로 새문안교회 100주년 기념 주간에 결혼한 후에 매년 결혼기념일에는 그를 찾아뵙고 귀한 가르침을 받곤 했습니다. '목사다운 목사'가 그리운 이 시대에 존경하는 김동익 목사를 추억하면서 몇 가지를 떠올려 보고자 합니다.

　첫째, 김동익 목사는 '목사다운 목사'였습니다. 그는 목사로서의 품격과 아름다운 인격을 가지신 분이셨습니다.

　새문안교회 앞에는 약 40년 이상 된 호떡집이 있습니다. 이 호떡집 할머니는 40년 이상 새문안교회에 출석하고 계십니다. 저는 청년 시절부터 이 호떡집을 드나든 단골손님입니다. 얼마 전 그 호떡집에서 호떡을 사 먹었습니다. 그때 호떡집 할머니는 "김동익 목사는 참 좋은

분이셨고 많이 보고 싶다"고 말씀하시는 것을 들었습니다. 저 역시 목사다운 인격과 품격을 지니셨던 그가 매우 그립습니다.

지금은 김동익 목사와 같은 참 목사가 그리운 시대입니다. 그의 '목사다운 목사'의 품격(品格)은 3대 목회자의 가계(家繼)에서 배운 영성(靈性)과 인격(人格)의 향기에서 자연스럽게 흘러나온 것이었다고 생각합니다.

둘째, 김동익 목사는 한국 교회를 대표하는 새문안교회의 목사였습니다. 새문안교회는 한국의 많은 교회 중의 한 교회가 아니라 한국 교회를 대표하는 교회입니다. 그는 영성, 인품, 학력을 비롯한 모든 면에서 한국 교회를 대표하는 새문안교회의 목사였습니다. 그는 대한예수교장로회 총회 사회부장과 총회 선교부장으로 한국 교회를 섬기셨습니다.

김동익 목사는 대설교자였습니다. 그의 설교는 개인 도서관을 가지고 있을 만큼 많은 장서의 독서량을 기초로 하여 기도하시면서 만년필로 직접 써서 가슴으로 선포한 설교였습니다. 그의 설교는 서민들뿐만 아니라 당대의 많은 지성인과 정치인까지 감동하게 한 명설교였습니다.

셋째, 김동익 목사는 '따뜻한 인품을 지닌 목사님'이셨습니다. 저는 결혼기념일마다 결혼 주례를 서주신 그를 찾아뵙고 감사 인사를 드렸습니다. 그를 만나서 귀한 가르침을 받고 집에 오면 큰 딸아이가 "아빠, 나 새문안교회 목사님이 초콜렛 주셨다"는 말을 하곤 했습니다.

김동익 목사는 새문안교회라는 큰 교회를 목회하시면서도 따뜻한 품성으로 작은 어린이부터 소외된 이웃까지를 챙기신 따뜻한 마음을 지니신 분이셨습니다. 그래서 시간이 갈수록 그가 더 그리워지는지도 모르겠습니다. 그가 일찍 하늘나라로 가셨을 때 젊은 목사였던 저는 매우 슬퍼하고 아쉬워하고 안타까워했던 기억이 납니다.

마지막으로, 훌륭하셨던 김동익 목사를 추억하면서 저 자신부터 '어떻게 그리스도인으로 살아가는 것이 좋을까?'를 깊이 생각하게 됩니다. 그가 직접 사인을 해서 선물해 주셨던 설교집 중에 《인간의 위기와 하나님의 기회》를 다시 꺼내서 마음에 새기면서 읽어봅니다.

간절히 바라기는, 김동익 목사의 사랑을 많이 받았던 정균오 선교사가 이번에 출간하시는 이 책을 통해서 우리 자신을 깊이 돌아보고 성찰하는 계기가 되었으면 좋겠습니다. 부족한 저 역시 그처럼 좋은 목회자가 될 것을 다짐하며 힘써 노력할 것을 결심해 봅니다. 귀한 가르침을 주셔서 감사합니다.

프롤로그 ·

온화한 미소의 사람, 김동익 목사를 추억하다

◈ 온화한 미소와 애수를 추억하다고

눈이 내리고 있다. 눈이 내리는 이 밤에 눈과 같이 소리 없이 세상을 아름답게 만들었던 온화한 미소의 사람 김동익 목사를 추억한다. 그는 늘 웃었다. 그러나 그는 소리 내어 큰 소리로 웃지 않았다. 그는 언제나 조용히 미소 지으며 웃었다. 그의 미소는 온유하고 인자함이 가득했다.

그의 온화한 미소는 그의 온화한 성품에서 나오는 것이었다. 그 옆에 있으면 따스함과 평안함을 느낄 수 있었다. 그는 늘 조용했다. 그는 걸을 때도 서둘러 걷지 않고 조용하게 조심스럽게 걸었다. 대화는 물론 설교도 소곤대듯이 조용조용하게 했다.

그는 싸우는 경우가 없었다. 남들이 싸워도 말릴 줄도 몰랐다. 싸우다 조용해질 때까지 참고 기다렸다. 그는 겸허하고 따뜻했다. 그는 교회 직원들을 사랑했고 부교역자들을 사랑했다. 그를 가까이에서 바라보면 그의 온화한 미소 속에는 깊은 애수가 있었다. 그의 온화한 미소 속에는 돌아온 탕자를 끌어안고 어깨를 두드리고 있는 아버지의 얼굴이 보인다. 그의 온화한 미소 속에는 피에타의 얼굴에 흐르는 눈물이 고여있는 듯했다. 그의 온화한 미소 속에는 전쟁에서 사망한 아들을 부둥켜안고 있는 어머니의 얼굴이 보인다.

그는 많은 복을 받은 사람이었다. 그는 신앙의 집안에서 태어났다. 그는 키도 크고 잘 생겼다. 그는 외모에서부터 목사처럼 보였다. 그는 어려서부터 목사가 되려는 꿈을 꾸었다. 그는 잘 준비되어 젊은 나이에 하나님께 크게 쓰임을 받았다.

그의 생애는 받은 은혜가 큰 만큼 고통의 깊이도 깊었다. 그의 생애는 하늘이 무너지는 듯한 고난의 길이었다. 그러나 그는 고통의 늪에 빠지지 않고 고통을 신앙으로 끝까지 참고 인내했다. 그는 욥과 같은 인생의 깊은 고통을 체험했다. 그는 심한 고통을 통해서 정금처럼 빚어져 갔다. 그의 눈에서는 눈물이 끊이지 않았다. 그러나 그는 눈물을 보이지 않았다. 그는 눈물을 자신의 가슴 호수에 가득 채웠다. 그는 욥과 같이 성숙한 신앙과 인격을 빚어갔다. 그 결과 그는 참 하나님의 사람으로 훌륭한 인격을 겸비한 목사가 되었다.

'1장 인간 김동익 목사'에서 사복음서에 나타난 예수님의 성품을 닮은 참 하나님의 사람을 만나게 될 것이다. '2장 목회자 김동익 목사'에서 이 시대에 만나기 쉽지 않은 목사다운 목사를 만나게 될 것이다. '3장 신앙인 김동익 목사'에서 그의 단순하지 않은 인생 여정을 만나게 될 것이다. 이 책을 통해서 목회자나 목회 지망생은 존경하고 따를 만한 목회 멘토를 만나게 될 것이다.

❖ 설교와 교회 성장

그는 매 주일 저녁예배 시간마다 예배당 입구 왼쪽 큰 문기둥 구석에 앉아서 꾸벅꾸벅 졸았다. 그는 주일 새벽 4시까지 밤을 새워 설교 준비를 하고 각종 행사를 점검했다. 그리고 깜빡 눈을 붙이고 1부 예배부터 4부 예배까지 설교했다. 설교를 마치고 저녁예배 전까지 각종 회의에 참석했다. 그리고 7시 저녁예배 시간에는 대부분 예배당 가장 뒤에 앉아서 졸았다.

한번은 경건회 시간에 "1부 예배부터 4부 예배까지 설교하고 나면 어떠시냐?"고 물었다. "공중에 떠 있는 것 같아요. 약간 환각 현상을 경험하는 것 같습니다. 하지만 막상 집에 가면 너무 피곤해서 잠은 잘 오지 않아요. 그 시간에는 다음 주일 설교를 준비해요."

그는 설교에 목숨을 건 사람이었다. 그는 설교를 위해서 태어났고 설교하다가 죽기를 소원했다. 그는 인생 마지막까지 설교했다.

그의 설교는 특별했다. 그의 설교는 깊이가 있었다. 그의 설교를 듣는 사람은 치유를 경험했다. 그의 설교는 교회를 크게 부흥케 하는 힘이 있었다. '4장 김동익 목사의 설교'에서 그가 어떻게 그렇게 설교다운 설교를 준비할 수 있었는지 그 비밀을 알게 될 것이다.

당신은 그의 이야기를 읽는 동안 상처 입은 치유자를 만나 당신의 상처가 치유되는 역사를 경험하게 될 것이다. 또한, 신자들 앞에서 설교를 하기에는 핸디캡을 가지고 있는 사람이 어떻게 그것을 딛고 일어나 위대한 설교자로 세워질 수 있는지를 보게 될 것이다.

◆ 김동익 목사의 신학과 사역

김동익 목사는 33세에 포항제일교회 담임목사가 되어서 5년을 섬겼다. 그는 38세에 새문안교회 담임목사가 되어 17년을 사역하고 55

세라는 젊은 나이에 하나님의 부르심을 받았다.

그가 포항제일교회를 목회하는 동안에는 출석 교인이 500명에서 1,700명으로, 새문안교회를 목회하는 동안에는 출석 교인이 2,800명에서 7,000명대로 성장했다. 또한, 그가 신촌교회에서 교육전도사와 교육목사로 사역하는 동안 교육부가 크게 성장했다. 그는 가는 곳마다 하나님의 교회를 크게 부흥시킨 목사였다.

그는 교회 내의 사역뿐 아니라 교단 총회 발전을 위해서 총회 규칙부장과 총회 사회부장과 총회 세계선교부장을 역임했다. 그는 세계개혁교회연맹(WARC, The World Alliance of Reformed Church)의 실행위원과 부위원장직을 통해서 새문안교회와 교단 총회 사역 범위를 세계적으로 확장시켰다. 그가 이렇게 하나님 앞에서 크게 쓰임 받은 이유가 무엇일까?

그가 어떤 사역을 어떻게 했는지 '5장 김동익 목사의 신학'과 '6장 김동익 목사의 사역'에서 그 비밀의 문이 열릴 것이다.

◈ 살아있는 역사 이야기

역사를 잊은 민족에게 미래가 없듯이 역사를 잊은 교회에 미래는 없다. 김동익 목사의 생애와 사역은 새문안교회, 포항제일교회, 신촌교회와 남대문교회의 역사다. 그와 동시에 한국 교회와 하나님의 역사다. 나는 그의 생애를 역사에 남기기 위해서 기록했다. 사건을 기록하고 그것을 마음에 새길 때 역사는 시대를 초월해서 살아있는 역사가 된다.

김동익 목사가 세상을 떠난 지 26년이 흘렀다. 그러나 그에 대한 역사적인 기록은 매우 미미하다. 그가 공식적으로 남긴 자료는 그의 설교집 열한 권이 전부이며 신문과 잡지에 실렸던 것들은 파일로 보관되어 있다.

김동익 목사와 동시대를 살며 함께 호흡하고 사역했던 사람들이 남아있지만, 그분들 또한 하나둘 우리 곁을 떠나고 있다. 그와 함께 살고 사역했던 분들도 한국 교회 역사이므로 그분들 가슴속에 살아있는 이야기를 기록으로 남겨야 한다. 지금 기록으로 남기지 않으면 그와 함께했던 역사와 아름다운 일화들은 영원히 사라질 것이다. 그것은 한국 교회와 새문안교회와 포항제일교회와 신촌교회와 남대문교회의 역사적 손실이다.

'7장 김동익 목사, 그를 추억하다'에서 김동익 목사와 함께 사역했던 목사님들과 장로님들과 성도님들의 살아있는 이야기를 기록했다. 여기에서 우리는 아직도 사람들의 가슴속에 살아있는 그를 만나게 될 것이다.

◈ 부드럽고 깊이 있고 정확하게

이 책은 조용히 한 시대를 이끌었던 김동익 목사의 생애를 역사에 남기는 작업을 한 것이다. 이 책은 논문이나 역사서와 같이 딱딱한 형식의 글을 지양했다. 그러나 그에 관한 역사성을 위해서 정확성을 기했다.

이 책은 그의 성품과 같이 부드럽고 깊이 있고 단아하게 기록하려고 노력했다. 필자는 1년 동안 전임전도사로 김동익 목사를 모셨다. 그리고 약 5년간 후원교회 담임목사로 그와 관계했다. 필자의 이러한 경험을 기초로 하여 그의 설교집과 신문과 잡지에 실렸던 글을 바탕으로 기록했다. 동시에 그와 함께 한 시대를 살며 사역했던 분들의 이야기들을 듣고 받아서 기술했다. 이를 통해 진실을 바탕으로 하되 살아있는 이야기를 기록함으로 재미있고 감동적으로 읽을 수 있도록 했다.

   이 책은 김동익 목사의 생애를 통해서 하나님께서 일하셨던 하나님의 섭리를 찾아가는 작업을 한 것이다. 그러므로 그의 긍정적인 측면만을 기술하지는 않았다. 그의 생애에 있었던 어두운 면과 밝은 면을 보임으로 그 속에서 하나님께서 어떻게 역사하셨고 그가 어떻게 반응했는지를 볼 수 있게 될 것이다. 이를 통해서 이 땅 위에서 어떻게 하나님의 뜻이 이루어져 가는지를 깨닫게 될 것이다.

   이 책은 한 시대를 살고 간 한 목회자의 생애를 기록한 것이다. 그러나 단순히 한 사람의 생애만 기록한 것이 아니다. 이 책 속에는 한국 교회 역사가 담겨있다. 그와 동시에 한 시대를 목회한 목회자의 고뇌와 지혜가 담겨있다. 그러므로 이 책은 목회 현장에서 건강한 목회를 고민하는 목회자들과 신학교에서 목회를 준비하는 사람들에게 건강한 목회를 배울 수 있는 교과서가 될 것이다.

   이 책을 통해서 하나님의 교회가 건강해지고 하나님의 역사가 풍성해지고 하나님의 영광이 높여지기를 기도한다.

2024년 2월
눈 내리는 러시아에서
정규오

온화한 미소의 사람,
김동익 복사를 추억하다

Part 1.
김동익 목사를 말하다

1장

인간 김동익 목사

온화한 미소의 사람

◈ 그에게서 온화함이 느껴졌다

김동익 목사는 항상 천천히 걸었다. 그는 빠르게 걷거나 뛰지 않았다. 그는 부드럽고 천천히 말했다. 그는 강한 어조로 빠르게 말하지 않았다. 그는 부드럽게 빙그레 미소 지었다. 그는 껄껄거리며 웃지 않았다. 그의 말과 행동은 항상 부드러웠다. 그는 겉모습과 같이 내면도 늘 평온한 듯했다. 그의 내면은 깊고 넓은 강물 속과 같았다.

그는 하나님께 많은 복을 받았지만 그만큼 고통도 많이 겪었다. 그는 고통과 아픔을 가볍게 표현하지 않았다. 그는 늘 조용히 미소 지을 뿐이었다. 그의 미소 속에는 애통하는 자의 삶이 묻어있었다. 그의 미소는 온화했지만 깊은 슬픔이 배어있었다. 그러나 그의 미소는 다른 사람을 따뜻하게 했다.

그의 미소는 다른 사람에게 평화를 주는 봄날의 따스한 빛과 같다. 그의 곁에 있으면 말이 적어진다. 그의 곁에 있으면 조용해진다. 그의 곁에 있으면 마음이 부드러워진다. 그의 곁에 있으면 마음이 평안해진다. 그를 가까이에서 바라보면 그의 온화함을 느낄 수 있었다.

1995년 김동익 목사를 인터뷰했던 백한나 기자는 그의 모습에서 온화함을 느꼈다고 했다.*

---

* 백한나, "삶의 원칙, 삶의 비전, 삶의 용기", 〈치유 선교〉(1995. 5. 29.), 3면.

그는 정말 온화한 미소를 가진, 마음이 온유한 사람이었다.

◈ 마음이 온유하고 겸손한 사람

그를 보면 "나는 마음이 온유하고 겸손하니 나의 멍에를 메고 내게 배우라 그리하면 너희 마음이 쉼을 얻으리니"(마 11:29)라는 주님의 말씀이 생각난다.

김동익 목사는 주님과 같이 마음이 온유했다. 그는 강철과 같이 강한 의지가 내면에 있었다. 그는 무엇이든지 한번 시작하면 끝까지 이루었다. 그러나 그의 강함 속에는 부드러움이 내재해 있었다. 그의 마음은 주님의 마음 같았다. 그는 주님과 같이 행동했다. 그는 하나님의 뜻에 복종했다. 마음이 온유한 그의 곁에 있으면 염려와 불안이 사라졌다. 그의 곁에 있으면 상처 입은 감정이 치유되었다. 그의 곁에 있으면 분노가 눈 녹듯이 사라졌다.

그는 주님과 같이 마음이 겸손했다. 그는 사람들 앞에서 자기를 높이지 않고 자기를 낮추었다. 그는 타인을 존중했다. 그는 어떤 사람을 만나도 그 사람의 존재 자체를 귀하게 여기고 사랑했다. 그의 곁에 있으면 존재 자체가 소중해지는 느낌을 받았다. 그의 곁에 있으면 나를 낮추어도 자존심이 상하지 않았다. 그는 대접을 받으려 하지 않고 대접했다.

김동익 목사는 타인의 비판을 수용하고 타인을 비판하지 않았다. 일부 장로님이 그를 좌파라고 비판해도 조용히 웃음으로 받아넘겼다. 그는 결코 상대를 향해서 화를 쏟아 내거나 비판하지 않고 조용히 웃고 넘겼다. 그는 타인의 비난과 칭찬에 일희일비(一喜一悲)하지 않았다. 그래서 타인의 비판이나 칭찬에도 크게 동요하지 않고 마음의 평정을 이룰 수 있었다.

그의 온유하고 겸손한 마음과 태도는 다른 사람의 마음과 삶을 따스하게 만들었다. 그는 온화한 미소의 사람이었다. 그는 온유하고 겸손한 목사다운 목사였다.

◈ 의롭고 자비로운 사람

김동익 목사를 생각하면 "의에 주리고 목마르고 긍휼히 여기는 사람"(마 5:6-7)이 생각난다. 그는 세상과 교회의 불의에 대해서 쓴소리 하는 것을 주저하지 않았다. 그는 부드러운 성품을 가지고 있었지만 군사 정권의 칼날이 휘몰아치고 있던 시절에도 담대하게 정의를 외쳤다.

그 결과 새문안교회에는 정의를 사랑하는 청년들이 많이 모였다. 그리고 그 청년들로 인해서 심하게 마음고생을 했다. 이와 동시에 그는 예수 없이 살아가는 사람들과 약한 자들을 불쌍히 여기는 마음을 품고 살아간 긍휼과 자비가 풍성한 사람이었다.

◈ 화평케 하는 사람

그를 보면 "화평케 하는 자는 복이 있나니 그들이 하나님의 아들이라 일컬음을 받을 것임이요"(마 5:9)라는 말씀이 생각난다. 그는 수많은 고통을 겪으면서도 하나님께서 주시는 샬롬을 잃지 않았다.

그는 결코 거칠게 싸우지 않았다. 그는 항상 조용하게 도덕과 품위를 지켰다. 그는 조용하게 화해하고 평화를 유지했다. 그는 어디를 가든지 화합과 일치를 중시했다. 그가 있는 곳은 화목하고 평안했다. 그는 온유하고 겸손한 자세로 세상에 평화를 만들었다. 그는 온화한 미소로 세상을 아름답게 만들었다.

그는 한국 교회 속에 관용의 정신을 가질 것을 말했다. 관용 정신은 상호이해, 상호존중, 상호협력 정신이다. 그는 한국 교회와 사회가 진보와 보수라는 배타적인 울타리를 제거하고 관용의 정신이 충만해지기를 소원했던 사람이다.*

◈ 참 하나님의 사람

김동익 목사의 좌우명은 사랑과 정의였다. 그는 자신의 좌우명처럼 사랑과 정의를 가슴에 품고 살아갔다. 그는 하나님의 기준에 맞추어 살아가려고 애를 썼다.

그는 주님을 닮은 사람이었다. 그는 사랑과 정의뿐 아니라 진(眞), 선(善), 미(美), 성(聖), 화(和)를 겸비한 인간다운 인간이었다. 그는 사도 마태가 기록한 복음서에 나타난 예수님의 성품을 닮아 산상수훈을 온몸으로 살아간 참 하나님의 사람이었다.

---

* 김동익, "95년의 한국 교회의 과제", 〈기독교 신문〉(1995. 1. 29.), 7면.

교회를 사랑한 사람

◈ 김동익 목사의 취미와 교회

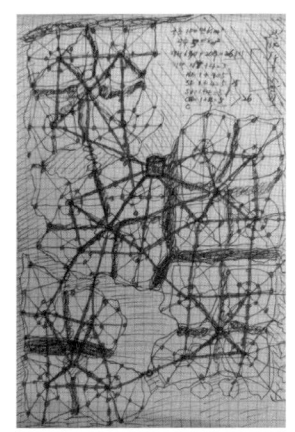

많은 사람은 김동익 목사에게 별 취미는 없었던 것으로 기억한다. 나는 그의 취미가 책 읽고 글 쓰는 것이라고 생각했다. 그러나 그의 장남 김태한 목사를 통해서 그에게 취미가 있었다는 것을 알게 되었다.

김동익 목사의 단 한 가지 취미는 지도 그리기였다. 그는 시간이 날 때마다 장소를 가리지 않고 메모지에 점을 찍고 모든 점을 연결하여 지도를 그렸다. 그리고 지도 한쪽 옆에 주석을 달아놓았다.

지도를 그릴 때 김동익 목사는 무아지경에 빠졌다. 지도를 그린 후에 마음에 드는 것은 수첩 사이에 접어서 늘 지참하고 다녔다. 아들 김태한 목사는 낙서처럼 보이는 그의 지도가 무엇을 의미하는 것인지 잘 모른다고 했다. 나는 김태한 목사가 보내준 그의 지도를 유심히 들여다보다가 지도의 의미를 조금 이해할 수 있었다.

러시아 모스크바에서 출생하여 독일 뮌헨에서 그림을 공부했던 추상미술의 선구자 바실리 칸딘스키(Wassily Kandinsky, 1886-1944)는 《점·선·면》이라는 책에서 점과 선과 면을 다음과 같이 설명한다. 기하학에서 점은 눈에 보이지 않는 비물질적인 본질이다. 물질적으로 점은 제로(zero)다. 인간이 상상에서 제로는 최고의 간결함과 최소한의 존재다. 그리고 점은 내적으로 가장 간결한 형태로 말하는 침묵의 언어다. 또한, 점은 추상적인 사고나 상상 속에서 가장 작고 둥그런 것이다. 그리고 점은 하나의 조그마한 세계다. 선은 점이 움직임에서 만들어진 소산으로 점과 점을 연결하는 교량 역할을 하는 것이다. 그 직선은 무한한 움직임의 가능성을 지닌 가장 간결한 형태다. 면은 작품의 내용을 담은 기초평면이다. 도식적으로 면은 두 개의 수평선과 두 개의 수직선에 의해서 구획되어 주변 영역에서 자립적인 본질을 표현하는 것이다. 수평선과 수직선은 차가운 안정감과 따뜻한 안정감이 이중 울림을 만들어내는 것이다.*

  작은 메모지에 점을 찍고 점과 점을 선으로 연결하는 지도 그리기. 그는 침묵 속에서 작은 면 위에 가장 간결하나 우주를 품고 있는 점을 찍고 그 점을 선으로 연결하며 상상의 날개를 펴고 온 우주를 다니며 무한한 자유와 쉼을 얻었다. 이렇듯 그는 취미생활을 통해서 예술가나 철학자처럼 추상적이고 창조적인 사고를 했다. 그가 연세대를 다니며 점과 선을 연결하여 지도를 그렸던 취미는 그의 미래를 상상하며 꿈꾸는 것이었다.

  그러나 그가 목회하면서 점과 선을 연결하여 그렸던 지도 그리기는 교회 사역을 상상하며 꿈꾸는 것이었다. 그는 교회에 속한 교구를 점으로 생각하고 교구와 교구를 교구와 전체 교회를 선으로 연결하여 교회의 조직을 구상했다. 그리고 주석에는 그 교구 사역을 누가 어

---

* 바실리 칸딘스키, 차봉희 역, 《점·선·면》(서울: 열화당, 2022.), 19, 24, 26, 47, 103-04.

떻게 담당해야 할지를 써 놓았다. 이렇게 하면서 그는 교구 활성화를 통한 교회의 하나 됨과 성장을 구상했다. 그는 자신의 지도 그리기 취미를 통해서 창조적인 목회를 꿈꾸었다. 그는 취미 시간에도 교회를 생각하고 교회에 빠져있었다. 그의 생각과 마음속에는 온통 교회로 가득했다.

◈ 김동익 목사의 교회 사랑

김동익 목사는 교회를 그리스도의 몸이라고 했다. 그는 하나님이 사랑이시듯 그리스도의 몸인 교회는 그리스도의 사랑이 충만해야 한다고 했다. 그러나 현대의 많은 교회는 '처음 사랑'을 잃은 에베소 교회와 같이 사랑이 식었다. 말세에는 "불법이 성함으로 많은 사람의 사랑이 식어지리라"(마 24:12)고 했다. 많은 교회는 예배당 난방은 따뜻하게 잘되나 교회 사랑의 온도는 차갑고 냉랭하다. 그리스도의 몸인 교회는 하나님의 사랑을 회복하고 따뜻한 교회가 되어야 한다. 마지막 시대를 살아가고 있는 교회는 주님의 말씀에 귀를 기울여야 한다.

> "마지막으로 말하노니 너희가 다 마음을 같이 하여 동정하며 형제를 사랑하며 불쌍히 여기며 겸손하며 악을 악으로, 욕을 욕으로 갚지 말고 도리어 복을 빌라 이를 위하여 너희가 부르심을 받았으니 이는 복을 이어 받게 하려 하심이라"(벧전 3:8-9)

김동익 목사는 목회자가 먼저 따뜻한 사랑의 목회를 해야 한다며 다음과 같이 말했다.

첫째, 성도들의 마음을 어루만지고 회복시켜 줄 수 있는 치유와 상담을 위한 전문 교육을 받고 교인들을 치유해 주어야 한다.

둘째, 교회 내 소그룹 운동을 통해서 교인들끼리 활발하게 교제할 수 있도록 해야 한다.

셋째, 전 교인이 서로 사랑하겠다는 필요성과 당위성을 느끼고 실천할 수 있도록 해야 한다.*

김동익 목사는 성경 정신에 따라서 교회를 사랑의 공동체로 만들기 위해서 힘을 쏟았다. 그가 사역했던 포항제일교회는 매우 밝고 사랑이 넘쳐났다.** 새문안교회는 겉으로는 차가운 것 같아도 속으로 들어가면 사랑이 넘치고 따스하다. 그가 사역했던 교회가 사랑이 넘쳤던 것은 그가 사랑의 목회를 했기 때문이다. 그가 사랑을 말하고 사랑을 실천했기 때문에 교회가 사랑의 공동체가 될 수 있었다.

김동익 목사는 포항제일교회에서 목회할 때 도명자 사모와 함께 열심히 심방을 했다. 두 분은 심방을 할 때 정성을 다해서 했다. 그는 교회를 사랑했고 사랑의 목회를 했다. 그 결과 교인들과 아주 친했고 교회는 사랑이 넘치는 분위기였다.***

◈ 삶의 우선순위: 교회, 가정, 자신

교회는 건물이 아니고 사람이다. 예수를 믿는 사람들이 교회다. 김동익 목사는 교인을 사랑했다. 그의 삶의 우선순위는 교회, 가정, 자

---

* 김동익, "교회는 사랑의 공동체이다", 〈기독교 신문〉(1994. 1. 30.), 7면.
** 포항제일교회 100년사 사료편찬위원회,《포항제일교회 100년》(포항: 삼양문화사, 2005.), 205.
*** 이대공 장로와 오나미혜 장로의 증언(2021. 4. 23.)

기 자신이었다. 그는 가정적으로나 개인적으로 그 어떤 힘든 일이 있어도 교회 공동체가 위협을 받지 않도록 행동했다. 그에게 삶의 최우선순위는 하나님의 교회였다. 그는 교회 밖의 사역은 부목사에게 맡기고 본인은 교회 안의 사역에 집중했다.

그는 중진급 목사가 되어 총회 사역을 할 때도 교회를 온 정성과 사랑으로 섬겼다. 때로 해외에 나가면 매일 사무실에 전화하여 교회가 어떻게 돌아가고 있는지를 파악했다.

그가 암과 투쟁하면서도 설교를 한 이유는 자신의 몸보다는 교회를 더 사랑하고 우선시했기 때문이었다. 그는 암 수술 이후 첫 주일에 복부와 척추와 허벅지에 물을 뽑아내기 위한 호스와 주머니를 차고 휠체어를 타고 교회에 나와서 2부 예배를 드렸다. 약 한 달 후에는 3, 4부 예배 시간에 축도를 했다.*

그의 모든 생각과 삶의 중심은 하나님의 교회를 바르게 잘 섬기는 것이었다. 그는 부교역자들에게도 교회를 사랑할 것을 요구했다. 그가 부교역자들에게 특히 강하게 요청하는 것은 맡은 구역의 성도들 상황을 미리 파악하고 섬기라는 것이었다.

그는 봄과 가을에 교역자들에게 정성과 사랑을 담아서 각 성도 가정을 심방할 것을 주문했다. 그는 부교역자들이 자신의 맡은 교구의 성도들에게 특별한 일이 일어났을 때 그것을 모르고 있는 것을 가장 싫어했다. 그때 부교역자들에게 부드럽고 단호하게 "그것도 모르냐?"고 물었다. 그리고 조용히 미소 지으며 "자신이 맡은 교구 상황을 언제나 잘 파악하고 있으라"고 주문했다. 부교역자들은 그에게 그 말을

---

* 김동익, 《김동익 목사설교집 제9권, 하나님과 씨름하다》(서울: 쿰란출판사, 1998.), 292.

들은 날은 가장 큰 꾸지람인 줄 알고 힘들어했다.

교회는 건물이나 조직이 아니라 사람이다. 목사가 교인을 사랑할 때 교회가 사랑을 회복한다. 그가 포항제일교회에서 사역할 때는 각 장로님에게 교인 10세대를 맡아서 전화 심방할 것을 요청했다. 그는 반복해서 당회원들에게 교인들을 전화 심방할 것을 요청했다.

타지에 나가 있는 교인들에게 주보 보내기와 소식 전하는 것에도 힘썼다.* 새문안교회에서 사역할 때는 설교 녹음테이프와 월간《새문안》을 만들어서 교회에 나오지 못하는 병환 중에 있는 성도들과 출타 중인 성도들에게 보내줬다.

그는 교회를 위해서 온 정성과 사랑을 쏟았다. 교인들의 편리를 위해서 매주 주보에 설교를 실었다. 매월 설교 본문과 제목을 미리 주보에 올려놓았다. 교인들이 미리 본문을 읽을 수 있도록 안내한 것이다. 매주 주보에 설교 내용을 올리는 것이나 매월 설교 제목과 본문을 미리 밝히는 것은 쉬운 일이 아니다. 그러나 그는 교인들의 편리와 교인들의 성숙을 위해서 교인들에게 친절을 베풀었다. 그것은 또한 교회를 나오지 못한 사람들에게 주보를 통해서 설교를 읽을 수 있도록 한 것이었다. 이러한 것은 교회를 깊이 사랑하지 않고는 할 수 없는 일들이다.

◈ 시간 지키기

김동익 목사는 예배 시간을 철저하게 지켰다. 새문안교회 주일예

---

* 포항제일교회 제124회 회의록(1978. 10. 21), 포항제일교회 제137회 회의록(1979. 2.)

배는 다섯 번 진행된다. 그러므로 예배 시간을 정확하게 지켜야 다음 예배에 지장이 없다. 대부분 예배 시간에 가장 많은 시간을 차지하는 것은 설교다. 그는 예배 시간이 길어질 것 같으면 세 대지를 간략하게 요약해서 설교하거나 두 대지만 설교했다. 예배 시간에 기도하는 장로님에게도 3분을 넘지 않도록 부탁했다. 시간을 지키기 위해서 기도를 미리 준비하여 읽게 했다.

김동익 목사는 부흥회를 할 때도 예배 시간을 철저하게 지켰다. 그는 성도들의 형편을 세심하게 살폈다. 그는 교인들 입장에 서서 생각했다. 이것은 교회를 사랑했기 때문에 할 수 있는 일이었다.

김동익 목사의 모든 관심은 교회였다. 그는 교회를 위해서라면 모든 일을 했다. 그는 교회 밖에서 사람들과 어울려 지내는 것도 좋아하지 않았다. 그의 삶의 중심은 교회였다. 그는 하나님 사랑을 교회 사랑으로 표현했다. 그에게 천 개의 목숨이 있었다면 그는 그 모두를 교회를 위해서 바쳤을 사람이다. 그는 사도 마가가 기록한 복음서에 나타난 예수님과 같이 주님의 몸 된 교회를 위해서 살다가 교회를 위해서 몸과 마음을 바친 충성스러운 하나님의 종이었다.

약자를 사랑한 사람

◈ 물과 같은 사람

김동익 목사는 물과 같은 사람이었다. 물은 아래로 흐른다. 물은 싸우지 않는다. 물은 자신 전체를 바다에 다 내준다. 물은 만물을 소성케 한다.

김동익 목사의 관심은 아래를 향했다. 그는 싸우지 않았다. 그는 자신 전체를 내어줬다. 그를 통해 많은 사람이 삶의 희망을 발견했다. 그는 예수님의 성육신 정신을 가지고 자신을 낮추었다. 그는 아래에 있는 사람과 낮은 자를 사랑했다. 그는 높은 곳에 있는 사람도 사랑했다.

그는 낮은 자와 약자에 대해서 더 특별한 관심과 애정을 가지고 살았다. 그의 삶의 흔적 속에는 사도 누가의 삶의 모습이 보인다. 누가는 가난한 사람들과 사회적으로 멸시받는 사람들과 민족적으로 차별받는 사람들, 하나님 앞에서 죄 있는 사람들에게 관심을 가지고 누가복음을 기술했다. 누가는 특별히 사회적으로 업신여김을 받던 여자들에게 관심을 가지고 누가복음을 기술했다. 그는 대학에서 역사를 전공한 사람답게 누가복음과 사도행전을 기록한 역사가 누가와 같은 정신을 가지고 살아간 사람이었다.

◈ 약자에 대한 관심

김동익 목사는 어린이와 여성과 장애인의 권익을 중요하게 생각했다. 그는 한 달에 한 번은 대예배 설교를 하지 않고 교육부를 돌면서 어린이들과 학생들에게 직접 설교했다.

주일에 어린이들은 김동익 목사를 만나면 그에게 손을 내밀었다. 그는 항상 호주머니에 초콜릿을 가지고 다녔기 때문이다. 그는 어린이들에게 자상하고 사랑이 많은 할아버지였다. 매일 아침에 경건회를 할 때 운전기사 황재길 집사의 두 아들이 그의 무릎에 앉아있던 모습이 생생하다. 그 아이들은 김동익 목사를 할아버지라고 불렀다.

김동익 목사는 인류의 절반인 여성의 권리를 주장했다. 그는 "여성은 남성에게 종속되는 것이 아니고 남성과 평등한 존재"라고 말했다. 그는 여성의 비인간화와 인권유린에 대해서 문제의식을 제기했다. 또한, 여성의 사회적 지위에 대해서 문제를 제기했다. 여성도 남성과 동등하게 정치, 경제, 사회, 문화 속에서 남성과 동등한 역할을 할 수 있어야 한다는 것을 주장했다.* 여성은 하나님의 형상대로 창조된 존재로 남성과 동등한 존재다.

여성의 소중함과 동등함은 성경적 정신이다. 그는 성경적 기준을 정의라고 생각했다. 여성의 권익을 세우는 것을 정의라고 했다. 그는 교회가 여권신장에 관심을 가질 것을 강조했다. 그는 교회 내의 항존직 제도를 개선하여 여성 목사와 장로제도를 주장했다.**

---

* 백한나, "삶의 원칙, 삶의 비전, 삶의 용기", 〈치유선교〉(1995. 5. 29.), 3면.
** 김동익, "여권신장에 관심을 갖자", 〈기독교 신문〉(1994. 5. 29.), 7면.

김동익 목사는 모든 인간은 하나님의 형상대로 창조된 소중한 존재라고 생각했다. 그는 인간의 다양성을 인정했다. 그는 낮고 연약한 사람을 사랑했다. 그는 자신의 주변에서 일하는 사람들을 동반자로 생각했다. 그는 자신의 비서였던 이연순 집사와 기사였던 황재길 집사를 사랑하며 소중히 여겼다. 그는 자신 곁에서 일했던 분들을 잘 섬겼다. 그래서 그분들은 그를 목사 이전에 아버지로 생각했다. 그분들의 자녀들은 김동익 목사를 할아버지로 생각했다. 그분들은 평생 그를 잊지 못한다.

김동익 목사는 장애인에 관해서도 관심을 가졌다. 그는 한국 교회를 향하여 장애인에 대한 편견과 차별을 버려야 한다고 호소했다. 장애인을 하나님의 형상을 가진 소중한 존재로 인격체로 존중해야 한다고 했다. 그리고 대중교통과 공공시설에 장애인을 위한 편의 시설을 확장해야 할 것을 호소했다.

또한, 장애인을 위한 교육기관을 확충하여 장애인들도 생업을 영위할 수 있도록 해야 할 필요성을 강조했다. 특별히 교회가 장애인 복지를 위해서 특별한 관심과 책임감을 가지고 장애인을 위한 시설과 목회 프로그램을 세울 것을 호소했다.

한국 교회가 권위주의에서 벗어나 낮아지고 섬기는 교회가 되는 것은 장애인을 위한 사역에서 나타나야 한다고 했다. 교회들이 협력하여 A 교회는 시각 장애인을 위해, B 교회는 청각 장애인을 위해, C 교회는 정신 박약아를 위한 사역을 할 것을 제안했다.* 또한, 정신 질환자를 위해서 교단이나 노회별로 정신 전문병원이나 요양원을 세워

---

* 김동익, "장애인에게 따스한 사랑을", 〈크리스천 신문〉(1994. 3. 5.), 3면.

사회를 섬길 것을 주장했다.*

김동익 목사는 외국인 노동자들을 사랑했다. 그는 세계 선교 전략으로 외국인 노동자들에게 복음 전하는 것에 힘을 쏟았다. 그는 새문안교회에 베트남 사람들을 위한 예배를 만들어 그들을 섬겼다. 지금은 외국인 예배가 활성화되어 영어 예배, 일본어 예배, 베트남인 예배와 중국인 예배로 확장되었다.

◈ 낮은 자를 사랑하다

예수님은 소외계층과 사회적 약자를 사랑하셨다. 예수님의 위대함은 죄인인 인간을 사랑하시고 사랑의 증거로 성육신하셨고 십자가에서 죽으신 것이다. 기독교가 위대해지는 길은 예수님의 길을 따라가는 것이다. 그것은 죄로 소외된 사람들과 약자를 사랑하는 것이다.

예수님의 성육신은 자신을 낮추신 겸손의 모델이다. 죄인과 약자와 낮은 자를 위하여 십자가를 질 때 예수님과 같이 부활의 영광을 맞이하게 될 것이다. 기독교 진리는 강물과 같이 아래로 흐른다. 약자와 낮은 자를 도외시하는 것은 진리를 배반하는 것이다. 약자와 낮은 자를 무시하고 차별하는 것은 하나님을 모욕하는 것이다(마 25장).

김동익 목사는 예수님의 진리를 따라서 약자와 낮은 자를 사랑하고 섬기는 삶을 살아갔다. 그는 역사가이며 의사였던 사도 누가가 기록한 복음서에 나타난 예수님과 같이 약자를 사랑한 사람이었다.

---

* 김동익, "교회는 정신질환자에게 관심을", 〈기독교 신문〉(1995. 5. 4.), 7면.

비전의 사람

◈ 그는 비저너리였다

"땅끝까지 이르러 내 증인이 되리라"(행 1:8)는 말씀은 주님께서 교회에 주신 비전이다. 김동익 목사는 주님이 주신 비전을 자신의 비전으로 받아들였다. 그는 교회를 선교라고 정의하고 끊임없이 북한선교와 민족 복음화와 세계 복음화를 외쳤다.

1990년대에 접어들면서 한국 교회의 성장이 둔화하는 것을 안타까워했다. 아직도 민족의 4분의 1이 구원을 받지 못한 것을 가슴 아파하며 민족 복음화의 비전을 이루기 위해서 힘을 쏟았다. 포항제일교회에서 목회하는 동안에 포항 전체를 복음화하는 비전으로 목회했다.

새문안교회에서 사역을 본격적으로 시작한 후 1982년에 교회 표어를 '선교하는 교회'로 정하고 서울 도심 선교와 국내와 해외 선교를 꿈꾸며 목회했다. 1982년에 개척교회 3곳, 미자립교회 3곳, 병원 선교 3곳, 군 선교와 경찰, 교도소 선교, 맹인 선교, 매스컴 선교 3곳, 해외 선교, 지역사회 선교, 학원 선교를 시작했다. 그리고 이 선교 활동은 날이 갈수록 눈덩이처럼 불어갔다.*

1982년 3월에는 경기도 김포에 있는 성은교회와 경기도 광주에 있는 귀여리 교회에서 의료선교를 시작했다. 의료선교는 지방 교회를

---

* 대한예수교장로회 새문안교회, 《1982년 새문안 소식》(1월호), 6.

돌면서 봉사하였고 8월에는 사회부 산하에 새문안교회 의료봉사대를 설치하여 갈수록 활발하게 진행되었다.

김동익 목사는 멀리 앞을 내다보며 사역했던 비전의 사람이다. 그는 바라는 것이 실제 있는 것처럼 여기고 보이지 않으나 보이는 것처럼 여기는 믿음으로 비전을 이루어갔다. 그는 1982년부터 5년 후에 있을 새문안교회 100주년 행사를 위해서 〈100주년 기념 사업회〉를 조직했다. 그 조직 속에는 목사와 장로들을 포함하여 평신도들이 각 위원회에 들어가서 같이 사역하도록 했다. 그리고 그 행사를 위해서 교회 역사자료를 모으기 시작했다. 그는 미래를 생각하며 일을 계획하고 추진했다. 그리고 그 일을 위해서 예산과 사람을 준비했고 사람들을 설득했다. 그의 설득은 강압적이지 않고 부드러웠다.

새문안교회 창립 100주년 기념으로 태국에 선교사를 파송했다. 김동익 목사는 당시 파키스탄 선교를 꿈꾸고 있던 조준형 목사에게 태국 선교에 헌신할 것을 도전했다. 결국, 조준형 목사는 기도하며 태국 선교사로 헌신하게 되었다.

그는 꿈을 꾸고 사람을 설득하는 비전의 사람이었다. 사실 필자는 러시아 선교사로 나갈 계획이 없었다. 그러나 그는 나를 설득하고 기도하게 했다. 필자는 그의 꿈대로 기도하다가 러시아 선교사로 헌신하게 되었다. 그는 주변의 사람을 하나님의 비전에 불붙게 하여 헌신하게 하는 비저너리였다.

◈ 성령의 능력으로 비전을 이루다

김동익 목사는 1981년부터 북한 동포를 위한 방송 선교에 동참했다. 1982년에는 북한동포와 중국동포를 위해 극동방송 선교에 부목사들을 동참시켰다. 그리고 기독교 방송 〈진리의 길〉에 장로님들을 보내서 방송 선교에 동참시켰다.* 1990년에 소련이 무너질 때 영적 공백에 쌓인 러시아 선교와 동구권과 북한을 비롯한 공산권 선교의 필요성을 주장했다.

그때까지만 해도 한국 교회 선교는 주로 제3세계와 아시아, 아프리카 지역에 중점을 두고 있었다. 그러나 그는 시대 상황을 바라보며 러시아와 중국에 성경을 보내고 선교사를 파송하기 위해서 미리 준비했다. 또한, 중국에 있는 조선족들과 러시아 고려인들을 통해서 북한 선교를 꿈꾸었다.**

새문안교회는 1994년에 필자를 러시아 선교사로 파송하였고 1995년에는 중국에 선교사를 파송했다. 1993년에 필자는 새문안교회에서 전임전도사로 사역하고 있었다. 그때 김동익 목사는 이미 북한선교의 비전을 가슴에 품고 있었다. 그는 그 비전을 이루기 위해서 러시아와 중국에 선교사를 보내려는 계획을 세웠다. 그는 먼저 러시아에 선교사를 파송하기 위해서 당회를 설득하여 예산을 세웠다. 그리고 사람을 찾기 시작했다. 기독 공보를 통해서 사람을 찾다가 적당한 사람을 찾지 못하자 새문안교회 교역자 중에서 선교사로 갈 사람을 찾기 시작했다.

김동익 목사는 부교역자를 한 사람씩 만나서 설득하기 시작했다. 그러나 아무도 그의 설득에 응답하지 않았다. 그는 부드럽고 끈질기게 나를 설득하기 시작했다. 나는 그의 설득대로 선교를 위해서 기

---

* 대한예수교장로회 새문안교회, 《1982년 새문안 소식》(5월호), 8.
** "김동익 목사의 신년 메시지", 《Leaders Korea》(1991년 1월), 199.

도하기 시작했다. 그리고 기도하다가 "누가 우리를 위하여 갈꼬?"(사 6:8) 말씀하시는 하나님의 부르심을 받고 선교사로 나갈 것을 결심했다. 그는 주님의 비전을 마음에 품고 계획하고 예산을 세우고 사람을 준비함으로써 결국엔 하나님이 주신 비전을 이루었다.

하나님은 언제나 하나님을 기쁘시게 하는 일을 위해 꿈을 꾸면 그 비전을 이루기 위한 프로젝트와 예산과 사람을 주신다. 그러나 비전을 꿈꾸지 않으면 프로젝트와 예산과 헌신할 사람이 하늘에서 우연히 떨어지지 않는다. 김동익 목사는 하나님이 주신 비전을 성령의 능력으로 이루어간 비전의 사람이었다.

◈ 기금을 모아서 사역하다

김동익 목사는 하나님이 주신 비전을 이루기 위해 전략적으로 사역했다. 그는 멀리 내다보며 목회를 했다. 어떤 일을 하든지 즉흥적으로 하지 않고 미리 생각하고 짧게는 1년, 길게는 10년에서 20년 전부터 계획을 세우고 준비한 후에 사역했다. 그는 크고 중요한 사역일수록 오랜 시간을 앞두고 미리 계획했다. 그리고 계획에 따라서 기금을 모아 사역을 했다. 따라서 그가 목회하는 동안 새문안교회는 어떤 사역을 위해서 특별히 헌금하는 일이 거의 없었다.

그는 미리 계획하고 그 일을 위해서 헌금의 몇 프로(%)를 기금으로 모아서 사역했다. 사역의 경중에 따라 때로는 기금을 더 많이 떼어서 모았다. 그리고 기금이 모였을 때 비로소 사역을 시작했다.

그는 암에 걸려서 죽음을 눈앞에 둔 순간에 생명을 5년만 연장해 주시기를 기도했다. 그 이유는 '새문안 2000년 기념사업'을 위해 기금을 모아왔으며, 이를 매듭지어 하나님께 영광을 돌리고자 함이었다. 그는 이 기념사업을 위해 기금을 모아왔다.

교인들은 평소에 자신의 믿음대로 헌금하였고, 김동익 목사와 당회는 이것을 잘 운영하여 큰 사역을 이루어갔다. 이것은 그가 매사에 미래를 내다보고 미리 계획하고 사역했기 때문에 가능한 것이었다.

◈ 꿈꾸고 실행하고

김동익 목사는 꿈만 꾸는 몽상가가 아니었다. 그는 꿈꾸고 계획한 일은 끝까지 이루었다. 그는 불굴의 의지가 있는 사람이었다. 그러나 그 일을 이루기 위해서 얼굴을 붉히거나 소리 높여 싸우지 않았다. 그는 꿈을 꾸고 전략을 세우고 사람들을 설득했다. 당회원 한 사람이라도 반대하면 그 어떤 사역이든지 밀어붙이지 않고 기다렸다. 반대하는 사람을 다시 만나서 필요성과 당위성을 설명했다. 그리고 모든 당회원이 동의하면 그제야 일을 진행했다.

덕분에 그가 목회하는 교회는 늘 평화로웠다. 그는 평화롭게 사역했으나 사도 요한이 기록한 복음서에 나타난 예수님과 같았다. 그는 하나님의 비전을 품고 하늘을 나는 독수리와 같은 비전의 사람이었다.

독서의 사람

◆ 많은 책을 읽었다

김동익 목사는 많이 읽고 깊이 사색하고 많은 글을 쓴 사람이다. 그는 당시 서점가에서 독서를 가장 많이 하는 목사로 손꼽혔다. 그는 매주 한 번 이상 광화문에 있는 서점들을 돌며 직접 책을 구입했다. 필자는 점심시간에 교보문고나 생명의 말씀사에서 그를 자주 만났다. 필자는 그가 책을 구입하여 옆구리에 끼고 행복에 겨워하며 걸어가던 모습을 자주 목격했다.

김동익 목사는 수많은 책을 직접 구입해서 읽었다. 교회에 있었던 그의 사무실과 사택 지하실 서재는 도서관 같았다. 그는 토마스 아 켐피스의 《그리스도를 본받아》, 어거스틴의 《참회록》, 존 번연의 《천로역정》, 밀톤의 《실낙원》과 같은 고전을 반복해서 읽었다. 그리고 그 책을 성도들에게 읽도록 권면하며 매주 한 권씩 그 책을 설교했다.

또한, 그 시대 상황에 대해서 분석한 사회과학 서적과 각 분야의 베스트셀러를 읽었다.* 그는 하루에 한 권 이상의 책을 읽는 것이 생활신조였다. 그는 매일 밤 12시부터 새벽 4시까지 독서를 했다. 그는 책을 읽고 깊이 사색하며 인간을 이해했다. 그는 '설교는 하나님의 말씀을 인간의 삶에 적용시키는 것'이라고 생각했다.

---

* 한종호, "이달의 설교자, 새문안교회 김동익 목사", 《그말씀》(1993. 1.), 138.

그는 성경을 읽고 묵상하고 책을 읽고 사색하며 메모한 것을 설교에 고스란히 녹여냈다. 많은 독서와 묵상에서 나온 그의 설교는 해박하고 설득력이 있었다. 그의 설교는 다양한 계층의 사람들을 감동시켰다. 그 결과 그가 사역했던 교회는 청년들과 지성인들이 많이 모이는 교회로 성장했다.

◈ 하늘로 이어지는 야곱의 사닥다리

김동익 목사는 많이 읽고 깊이 사색했다. 그의 서재는 도서관인 동시에 기도실이었다. 그의 서재는 책을 읽으며 읽은 책을 묵상하며 곰삭히는 공간이었다. 그곳은 고통을 삭이며 하나님 품속에서 쉼을 얻는 공간이었다. 그가 그렇게 많은 사역을 하면서도 깊은 경건에서 나오는 설교를 할 수 있었던 힘은 그의 서재에서 나온 것이었다. 그는 서재에서 많은 책을 읽으며 읽은 책을 깊이 묵상했다. 그리고 설교문과 다양한 글을 썼다.

그는 본래 성향이 활동적이기보다는 서재에 앉아있기를 선호하는 독서와 사색의 사람이었다. 그에게 그의 서재는 하늘로 이어지는 야곱의 사닥다리였다. 그곳에서 그는 하나님을 만나서 하늘의 꿈을 꾸었다. 그곳에서 그는 성경과 책을 읽고 묵상하고 사색하며 생명수 같은 말씀을 길어 올렸다.

첫째는 설교를 많이 썼다. 그는 매 주일 설교와 수요일, 금요일 설교를 대학노트 7~10페이지씩 썼다. 이렇게 쓴 설교는 열한 권의 설교집으로 출간되었다. 그러나 아직도 정식출간되지 못한 설교가 많이 남아있다.

둘째로 그는 잡지와 신문에 폭넓은 주제로 수많은 기고 글을 썼다. 기독교 잡지와 신문뿐만 아니라 일반 잡지와 신문에도 그의 글이 실렸다. 그의 기고문은 기독교에 관한 내용에서부터 국가와 민족, 역사, 정치, 경제, 사회 전반 등 그 주제가 무척 다양했다.

그렇게 많은 만남과 설교와 사역을 하면서 어떻게 그렇게 많은 글을 기고할 수 있었을까 사뭇 놀랍다. 필자는 그것이 그의 독서와 사색의 결과라고 생각한다. 그의 많은 독서와 사색은 많은 글쓰기로 이어진 것이다. 그는 일단 만년필을 잡기만 하면 묵상하고 생각한 것을 한 번에 끝까지 써내려갔다. 그는 지도 그리는 것 외에는 별 취미가 없었다. 그의 주된 취미는 독서와 사색과 글쓰기였던 것 같다.

김동익 목사는 주 예수께 받은 사명을 이루기 위해서 목숨 걸고 공부하는 책의 사람이었다. 그의 책 사랑은 책 중의 책인 성경을 강조하는 목회로 이어졌다. 그의 목회는 교회에 청년과 대학생과 장년들과 성가대를 위한 다양한 성경 공부와 신앙 강좌와 성경통신대학과 언더우드 학술 강좌로 이어졌다. 교인들의 신앙 성장을 위한 다양한 성경 공부와 학술 강좌는 교회를 영적인 동시에 지성적으로 만들었다. 그의 책 사랑은 그가 사역했던 교회를 건강한 교회로 성장케 하는 토대가 되었다.

◈ 부교역자에게 공부하도록 배려하다

필자는 1993년 1월부터 새문안교회에서 사역을 시작했다. 첫 주에 김동익 목사 사무실에서 정식으로 면담을 했다. 그때 그가 나에게 말씀하셨던 것을 잊을 수 없다. '우리 교회는 전임 전도사에게 사택을 제공하지 않는다. 사례비도 많이 주지 않는다. 전임 전도사는 인턴십 과정이기 때문이다. 그러므로 교회 일은 맡겨진 사역만 잘 감당해라. 그리고 남은 시간은 책을 읽으며 신대원에서 배운 것을 다시 정리하라.' 그는 자신이 책을 열심히 읽는 것처럼 부교역자도 책을 읽고 공부할 수 있도록 배려하셨다. 이것은 부교역자들을 교회 성장을 위한 부속품으로 보지 않고 그들의 성장과 성숙을 위한 배려였다. 부교역자들이 성경을 읽고 기도하고 책을 읽도록 배려하는 것은 한국 교회를 건강하게 만드는 길이다. 그가 부교역자들에게 책을 읽고 공부할 수 있도록 배려한 결과, 그와 함께 사역했던 교역자들은 한국의 굵직한 교회의 담임목사로 사역할 수 있었다.

◈ 김동익 목사의 책들

김동익 목사가 소장했던 9천여 권의 책은 장로회신학대학과 몽골의 울란바토르대학에 기증됐다. '교회는 곧 선교'라는 선교 의식이 강했던 그의 손때 묻은 책들이 신학교와 선교지에 있다는 것은 우연이 아니다. 그가 읽던 책들을 만지는 신학생들이 그와 같이 성경과 책을 사랑하는 사람이 되어 그 땅을 변화시키는 사람들이 되면 좋겠다.

2장

목회자 김동익 목사

기도의 목회자

◈ 금요철야기도회

새문안교회의 문경희 공로권사에게 "김동익 목사 하면 생각나는 것이 무엇입니까?"라고 물어보았다. 그러자 한참 생각하시더니 "금요철야기도회 때 거구의 몸을 가지고 바닥에 무릎 꿇고 엎드려서 땀을 뻘뻘 흘리면서 기도하시던 모습"이라고 말씀하셨다. 그리고 "그때 그가 얼마나 열심히 기도했는지 땀 냄새가 펄펄 나던 것이 기억이 난다"고도 하셨다. 김동익 목사는 목회하는 동안 금요철야기도회를 매우 중요하게 생각했다. 그때는 지금처럼 2시간 정도 기도하는 기도회가 아니었다. 그 당시 금요철야기도회는 저녁 11시부터 새벽 4시까지 밤을 꼬박 새우며 무려 5시간 동안 열정적으로 기도하는 시간이었다.

서점가에서 책을 가장 많이 읽는 목사로 꼽혔던 김동익 목사의 지성적이고 논리적인 설교는 지식인들을 교회로 몰려오게 했다. 그는 책을 많이 읽는 지성적인 사람인 동시에 기도하며 성령님의 능력을 간절히 사모했던 영적인 사람이었다.

그는 지성과 영성을 겸비한 목사였다. 그는 기도를 강조했다. 특별히 금요철야기도회를 열심히 하셨다. 그는 금요철야기도회 때 설교를 부교역자들에게 맡기지 않고 직접 설교했다. 그는 설교 시간에 자신의 괴로움과 고통, 그리고 상당히 비밀스러운 이야기를 솔직하게 털어놓았다.

또한, 교회를 위해서 본인이 꿈꾸고 계획하는 일들을 교인들에게 알리고 기도를 요청했다. 금요철야기도회 설교는 그의 고뇌와 눈물과 희망과 미래가 나누어지는 시간이었다. 그의 솔직한 고백이 간증처럼 전해지는 금요철야기도회 설교를 통해서 성도들은 '목사님도 저렇게 어렵구나, 고민하시는구나, 고통이 있음에도 불구하고 참고 견디시는구나!' 하는 생각을 가졌다. 그의 설교는 성도들과 깊은 공감대를 형성하며 성도들을 위로하고 격려하며 새 힘을 줬다. 마음과 몸이 괴로운 사람은 물론 교회를 사랑하고 그를 사랑하는 성도들은 금요철야기도회에 열심히 참석했다.

1982년 3월에 금요철야기도회에 93명이 참석하였으나 1984년 1월에는 250명이 참석했다. 성도들은 이 시간에 김동익 목사가 요청하는 기도를 통해서 교회를 섬기고 그의 사역에 동참한다는 생각으로 잠을 자지 않고 열심히 기도했다. 그도 성도들과 함께 옷이 땀으로 범벅이 되도록 기도했다.

◈ 성령님을 의지한 목회

김동익 목사는 교회를 그리스도의 몸으로 정의했다. 그리고 그 몸이 생명을 얻기 위해서는 성령의 능력으로 충만해야 한다고 강조했다. 그는 성령께서 교회를 이끌어 가시고 성령께서 사람을 변화시키신다는 것을 확신하고 열심히 기도하는 목회를 했다. 포항제일교회에서 사역할 때 현신애 권사를 두 번이나 초청하여 신유 집회를 했다. 그리고 금란교회 담임목사인 김홍도 목사를 초청하여 부흥회를 했다.* 또한, 학생들의 영적 성장을 위하여 이동원 목사를 초청하여 학생 부흥회를 열었다.**

그는 성령님을 의지하는 목회를 했다. 이를 위해서 금식기도를 강조했다. 금식기도는 인간이 하나님 앞에서 할 수 있는 가장 간절한 기도다. 그는 포항제일교회에서 목회할 때 전교인 사순절 금식기도회를 했다. 새문안교회에서 목회할 때는 전교인 8.15 금식기도회를 했다. 전교인 8.15 금식기도회는 교회학교와 청년들의 여름 행사를 마치고 마지막 3일간 전 성도가 새문안교회수양관에서 금식하며 기도하는 시간이었다. 필자도 1993년에 새문안교회에서 전임전도사로 사역할 때 전교인 8.15 금식기도에 참석했다. 금식기도 마지막 날 새벽에 이사야 6장 8절 말씀을 통해서 러시아 선교사로 부르심을 받았다. 그는 늘 성령 운동을 강조했지만 기복적인 것은 경계했다. 그는 성령 운동을 통해서 전도와 교육과 봉사가 균형 있게 성장해야 함을 강조했다.***

◈ 주님 앞에 갈 때까지 기도하다

김동익 목사는 암 수술을 하면서도 기도했다. 마지막으로 하나님의 부르심을 받을 때까지 기도했다. 1997년 9월에 세브란스 병원에서 신장암 수술을 받기 전에 하나님께 5년만 생명을 연장해 달라고 간구했다. 그리고 기도 응답을 확신하고 수술실에 들어가기 전에 수

---

* 포항제일교회 제113회 회의록(1978. 6. 11.), 포항제일교회 제146회 회의록(1979. 5. 2.), 포항제일교회 제157회 회의록(1979. 7. 22.)
** 포항제일교회 제138회 회의록(1979. 2. 18.)
*** 김동익, "목회자 영성회복이 이뤄져야", 〈크리스천 신문〉(1993. 1. 16.), 3면.

술을 집도할 의사들을 위해서 기도했다. 의사들은 30년 의사 생활 동안에 환자에게 축복받고 수술하기는 처음이라고 했다.* 수술 후 그는 교회에 나와서 예배를 드리고 설교도 하고 축도도 했다. 그러나 6개월을 넘기기 어려울 것 같다는 의사들의 말처럼 진흙으로 만들어진 질그릇은 갈수록 심각하게 금이 갔다. 그러나 그는 질그릇 속에 감춰진 보화로 인해서 끝까지 절망하지 않았다. 그는 예수의 생명이 자기 속에 있음을 확신하며 죽을 육체에 예수의 생명이 나타날 것을 믿고 기도했다.

그는 육신의 마지막이 다가오는 것을 느끼며 새문안교회수양관으로 들어갔다. 그는 그곳에서 자신의 생명과 교회와 가족을 하나님의 손에 의탁하는 기도를 드렸다. 그리고 집에 돌아와 1998년 4월 1일에 하나님의 부르심을 받았다. 그는 부모의 기도로 인생을 시작해서 자신의 기도로 인생을 마친 기도의 사람이었다.

◈ 지성과 영성을 겸비한 목사

김동익 목사는 책을 많이 읽고 사색하는 지성적인 목회자였다. 그와 동시에 성령을 의지한 영적인 목회자였다. 그의 영성은 조부 김선명 영수와 아버지 김희용 목사의 영향으로 어려서부터 삶으로 자연스럽게 체득한 결과였다. 죽었다가 3일 만에 살아나서 열심히 기도하였던 할아버지 김선명 영수의 산(山) 기도와 신유 은사로부터 이어져 내려온 것이었다. 그는 공부를 많이 한 사람이었지만 자신보다 성령

---

* 김동익,《김동익 목사 설교집 제9권, 하나님과 씨름하다》(서울: 쿰란출판사, 1998.), 291.

님을 의지하며 목회했다. 그는 지성과 영성을 겸비한 목회자였다.

인격적 목회자

◈ 언행일치와 신행일치

김동익 목사는 말과 행동에서 부드러움과 기품이 있었다. 그것은 그의 부드럽고 관대한 성품에서 나오는 것이었다. 그는 말과 행동이 일치했다. 그는 언행일치(言行一致)와 신행일치(信行一致)를 강조했다. 또한, 스스로 그러한 삶을 살아가려고 애썼다. 그는 자신이 설교한 대로 살아가려고 노력했다. 그의 말은 거칠지 않고 부드러웠다. 그의 마음과 말은 따뜻했다. 그는 주일예배를 마치면 교회 마당에 나와서 만나는 모든 성도에게 손을 내밀어 악수하며 따스한 눈길과 말로 교제를 나누었다. 그는 교회 직원들과 부교역자들을 함부로 하대하지 않았다. 그는 아래 사람들에게도 존대어를 사용했다. 전임전도사였던 나에게도 말을 놓지 않으셨다. 부교역자들의 잘못을 지적하고 가르칠 때도 온화한 미소를 띠며 조용하게 말했다. 그래서 그의 가르침은 화를 내며 큰 소리로 말하는 것보다 충격적이었고 효과가 높았다. 그는 타인을 무시하지 않고 존중히 여겼다. 그는 타인의 의견을 경청했다. 그에게서는 예수 그리스도의 온유하고 부드러운 성품이 묻어났다. 그는 화려하지 않았다. 그러나 그에게서는 참사람다움의 은은한 향기가 풍겼다.

◈ 배려심이 탁월했다

1993년 무주로 교역자 수련회를 떠났다. 당시 교역자 수련회는 일 년에 두 번, 봄과 가을에 진행했다. 봄에 가는 교역자 수련회는 목사들과 사모들이 다 함께 가는 것으로 상반기 사역을 점검하는 동시에 교역자 친목을 위한 프로그램이 진행됐다. 가을에 가는 교역자 수련회는 목사들만 참석하여 지난 일 년의 사역을 돌아보고 새로운 해를 계획하는 자리였다.

그해 봄 교역자 수련회는 황산성 사모를 비롯한 모든 교역자 사모들이 함께 자리하며 분위기가 매우 좋았다. 무주리조트에서 진행된 봄 교역자 수련회를 통해서 모든 교역자 가족이 깊은 친교를 나누며 사랑으로 하나가 되었다. 돌아오는 길에 깨끗한 물이 흐르는 계곡을 들렀다. 거의 모든 사람이 흐르는 물에 발을 담갔다. 부교역자들은 서로 물을 끼얹으며 즐겁게 장난을 치고 있었다.

그런데 김동익 목사는 이러한 모습을 바라보며 미소만 짓고 있었다. 그도 깨끗하고 시원한 물에 들어가고 싶은데 차마 담임목사 체면과 성품상 못 들어가시는 것 같았다. 나는 장난기가 발동하여 부목사들과 작전을 짰다. 몇 사람은 그의 상체를 들고 몇 사람은 하체를 들어서 그를 물에 빠뜨리기로 했다. 그는 키가 183cm가 넘고 몸무게가 80kg이 넘는 거구였다. 그러나 우리는 작전대로 그를 들어서 계곡물 속으로 던졌고, 그의 얼굴을 향하여 물을 끼얹어서 그의 옷과 얼굴이 다 젖었다. 그는 그저 웃으며 좋아하시는 것 같았다.

우리는 형식상 죄송하다고 말하고 뒷정리를 한 후에 교회 버스에 탑승했다. 약 1시간 이상을 달려왔는데 갑자기 그가 상의 호주머니를 뒤지면서 만년필이 없어졌다고 하셨다. 우리가 그를 물에 던질 때 만년필이 물속으로 떨어진 듯했다. 아뿔싸! 그에게 만년필은 총이었다. 그는 항상 만년필을 사용하여 설교나 글을 썼는데, 이를 아는 성도들이 좋은 만년필을 골라 그에게 선물해 드렸었다. 그런데 그 만년필을 잃어버린 것이었다. 계곡으로 다시 돌아가 만년필을 찾기에는 너무 멀리 왔다.

정말 난처해진 것은 우리였다. 특히 작전을 주도적으로 모의한 나는 간담이 서늘했다. 그는 난처해 하는 우리를 보시고 미소를 지으며 "괜찮으니 그냥 갑시다"라고 하셨다. 그리고 "집에 만년필이 하나 더 있으니 걱정하지 마세요"라고도 덧붙이셨다. 정말 만년필이 집에 있는 것인지, 우리를 생각해서 하신 말씀인지는 모른다.

이처럼 김동익 목사는 상대방의 입장이 되어서 생각하고 말하는 배려심이 탁월했다. 아마도 5남 1녀 속에서 장남으로 자라며 삶과 신앙으로 잘 다듬어진 성숙한 인격 때문인 것 같다. 그는 부모님에게 인정을 받으며 동생들에게 존경을 받았다. 그의 넷째 동생 김동원 장로가 김동익 목사에 대해서 "가장 존경하는 멘토였다"고 고백하는 것을 들었다. 이는 아마도 자신보다 상대방을 먼저 배려하는 그의 인격 때문이었을 것이다.

◈ 부교역자를 사랑했다

김동익 목사가 시무하던 시기에 새문안교회는 매일 아침 9시에 모든 교역자와 직원들이 함께 경건회를 했다. 부교역자가 한 사람씩 돌아가면서 인도자가 되어 찬송 하나를 부르고 성경을 순서대로 한 장을 읽고 기도했다. 경건회를 마치고 나서 교역자들끼리 하루에 진행될 사역을 짐검했다. 이 시간에 그는 교회의 상황을 살피는 동시에 부교역자들에게 자신의 목회 경험과 삶을 나누어 줬다. 이 당시 부교역자로 사역했던 목사들은 그 시간이 훗날 담임목회를 할 때 매우 유익한 공부를 하는 시간이었다고 회고한다.

그 시간에 김동익 목사는 부교역자들에게 성적 유혹을 조심하라고 했다. 젊은 권사나 집사를 운전석 옆에 태우지 말라고 하셨다. 심방 갈 때 심방 대원이 여자 성도 한 사람일 때는 심방을 취소하고 돌아오라고 했다. 그 자신도 연세가 많이 드신 권사님 외에는 여자 성도들과 악수를 하지 않았다. 또한, 그는 부교역자들의 미래를 생각하며 성적 유혹에 대해서 철저하게 조심할 것을 주문했다.

그는 매달 한 번씩 주일예배 설교를 부교역자에게 맡겼다. 새문안교회 당회는 1991년에 김동익 목사 새문안교회 취임 10주년 기념예배를 드릴 것과 매월 한 주는 주일예배 설교를 쉬게 하고 교회학교를 순방하기로 결정했다.* 이것은 그의 요청에 따라 당회가 결정한 것이긴 했지만 그를 보호하는 것인 동시에 부교역자를 배려하는 결정이었다.

지금도 주일예배 설교를 부역자에게 맡기는 것은 일반적이지 않다. 그러나 김동익 목사는 부교역자들이 담임목사로 나가기 전에 주일예배 설교 훈련이 필요함을 느끼고 이것을 시행했다. 이것은 부교역자들의 미래를 생각하고 배려하는 것이었다. 그는 여름에 부교역자들에게 두 주간 휴가를 주면서 주일에는 꼭 다른 교회에 가서 예배를

---

* 대한예수교장로회 새문안교회, 《1991년 새문안 소식》(5월호), 28.

드리고 배울 점을 찾아보라고 권면했다. 그는 부교역자를 자신의 동반자라고 생각했다. 그는 부교역자들에게 분명한 역할을 분담하고 전폭적인 권한을 부여했다. 부교역자가 맡은 사역을 잘 감당했을 때는 그에게 박수를 보냈고 실수를 했을 때는 자신이 방패막이가 되어 줬다. 그러므로 부교역자는 자신이 맡은 역할을 창의성과 열정을 가지고 사역할 수 있었다. 그는 같이 사역한 교역자에 대해서 끝까지 책임을 지고 안내를 해줬다. 한 예로 스위스 한인교회에서 사역 후 '뿌리의 집' 사역을 하는 김도현 목사가 어려움을 겪었을 때 그는 김도현 목사가 스위스로 갈 수 있도록 길을 열어주시고 끝까지 책임지고 돌봐주셨다. 그의 배려와 지원 덕분에 그에게 목회 수련을 받은 부교역자들은 대부분 중·대형교회 담임목사로 가서 사역을 성공적으로 감당했다.

김동익 목사가 사역하던 때 새문안교회에서 사역했던 목사들이 1년에 한 번씩 '새목회'라는 이름으로 모여서 교제를 나눴다. 그때마다 새문안교회 부교역자 출신 목사님들이 대부분 참석하는 것을 보면 그가 부교역자들에게 얼마나 사랑을 쏟았는지 증명된다. 그는 상대방을 먼저 배려하는 인격적인 사람이며 인격적인 목회자였다.

◈ 사랑과 정의의 균형과 조화

김동익 목사 가정의 가훈은 '사랑과 정의(正義)'였다. 그는 가훈을 삶의 좌우명으로 선택했다.

그는 '사랑은 이해하는 것'이라고 보았다. 이해는 자신의 입장에서 생각하는 것이 아니고 상대방의 입장에서 생각하는 것이다(易地思

之). 그는 '사랑은 아픔'이라고 보았다. 사랑은 아픔과 손해를 감수하면서 용서하는 것이다. 그는 '사랑은 희생하는 것'이라고 보았다. 사랑은 상대가 좋아서 하는 것이 아니라 사랑 그 자체가 선한 것이기 때문에 자기를 희생해서 하는 것이다.

그리고 그는 정의(正義)를 '성경의 표준에 맞추어 사는 행동'이라고 보았다. 그는 '사랑과 정의 간의 균형을 맞추어서 살 때 인생과 인류가 행복해질 것'이라고 말했다.* 인생을 사는 데 사랑과 정의를 조화롭게 하기는 쉽지 않다. 그러나 그는 포용적인 마음을 가진 사랑의 사람인 동시에 하나님의 의를 따르는 사람이었기에 사랑과 정의를 조화롭게 이루며 살아간 사람이다. 사랑과 정의는 예수 그리스도의 인격이다. 사랑과 정의가 조화된 성품은 성숙한 인격이다. 그는 성숙한 인격의 소유자였다. 그의 성숙한 인격은 성숙한 목회로 나타났다. 그의 성숙한 인격이 포용적인 설교를 낳았다. 그의 성숙한 인격이 교회를 민주적으로 만들었다. 그의 인격적 목회는 그가 가는 곳마다 교회를 크게 성장시키는 결과를 낳았다.

---

* 김동익, "나의 생활신조: 사랑과 정의", 〈월간 주변인의 길〉(1993년 8월), 5면.

창의적 목회자

◈ 포항제일교회에서 창의적 사역

김동익 목사는 사역할 때 효율적인 것은 계승하지만, 비효율적인 전통 방식은 절대 그대로 답습하지 않았다. 매사에 참신하고 독특한 아이디어로 혁신적인 방법을 찾아서 효율적으로 개선했다. 그의 창의성은 조직으로 이어졌다. 그는 사역할 때 조직을 새롭게 하고 사람을 세우고 창의적으로 일을 추진했다. 그는 사역이 확대될 때 교회의 조직을 새롭게 개편했다.

포항제일교회에서 사역할 때 그는 사회 복음화를 위한 선교 정책을 세웠다. 그리고 각 정부 기관장들을 초대하여 기도하고 격려했다. 이것이 확대되어 군 복음화로 확대되는 등, 교회가 사회 전반에 영향력을 끼치며 포항 복음화에 크게 기여했다.

이의용 원로장로에게서 포항제일교회 어린이 합창단을 만들었던 이야기를 들었다. 어느 날 김동익 목사가 이의용 집사를 불러서 교회학교 찬양대가 잘하니까 올해 크리스마스 행사는 교회학교 찬양대가 하면 좋겠다고 제안했다. 또한, 크리스마스 행사를 성공리에 마치자 그는 이의용 집사에게 어린이 합창단을 만들면 좋겠다고 했다. 그래서 교회에 어린이 합창단을 조직했다. 이 합창단이 포항 방송국과 KBS 방송국에 출연하게 됐다. 그 결과 이의용 집사는 37살에 집사에서 장로가 되었다.

김동익 목사는 교회학교 찬양대가 잘하는 것을 보고 그 찬양대를 더 크게 육성시켰다. 그리고 그 일이 더 잘될 수 있도록 지속적으로 지지했다.*

기존에 있던 것을 창의적으로 개선, 발전시킨 일도 있었다. 그는 포항제일교회에서 남성들과 계를 조직하여 친교 모임을 예배당 밖에 만들었다. 그 모임은 일신회였다. 중간에 계가 깨져서 교인들끼리 돈 사고가 발생하자 이 같은 일이 다시 발생하지 않도록 단순 친교 모임을 신용협동조합으로 바꿨다. 그는 상황에 얽매이지 않고 창의적인 사고로 어려운 상황을 극복해 갔다. 그는 창의적인 목회자였다.

◈ 새문안교회에서 창의적 사역

김동익 목사의 창의성은 새문안교회에서 사역할 때도 빛을 발휘했다. 그는 새문안교회 사역을 시작하면서 제직회를 저녁예배 후에 진행하는 것으로 바꾸었다. 그것은 3부 예배에 참석하는 교인뿐 아니라 1부와 2부 예배에 참석하는 교인들이 참석하도록 하기 위함이었다. 1981년 7월부터 제직들의 명찰을 만들어서 제직들의 제직회 참여를 높였다. 1982년 1월부터는 좌석에 제직회 부서 표시판을 붙여서 저녁예배 시간부터 부서별로 앉도록 했다. 이를 통해서 제직들의 책임감과 제직회 참여율을 높였다.

그는 1981년 8월부터 새 신자가 오면 등록 일주일 내에 담당 교역자가 심방하여 교적부를 작성하게 했다. 그 후에 지도위원과 구역장

---

* 포항제일교회 이의용 원로장로의 증언(2021년 4월 25일)

과 권찰들이 계속해서 새 신자를 심방하게 했다. 그리고 여섯 번 격려 편지를 발송하며 새 신자 관리를 철저히 했다. 그는 병중에 있는 성도들과 여행 중인 성도들을 위해서 위문용과 전도용으로 설교를 녹음해서 배포했다. 또한, 〈새문안지〉를 발간하여 새문안교회 소식을 홍보하는 선교 도구로 활용했다.* 그는 교회 성장을 위해서 뒷문을 잘 막아야 한다는 것을 창의적으로 실천했다.

김동익 목사는 새문안교회가 직장인들이 많은 도심에 위치하고 있는 현장 상황을 고려하여 교회 주변의 직장인들을 위한 주중예배를 신설했다. 요즘은 일부 교회에서 수요예배를 오전과 오후에 드리는 경우가 있다. 그러나 그가 목회할 당시에 주중예배를 만든다는 것은 매우 창의적이고 혁신적인 것이었다.

1983년 10월에 그는 광화문 근처에 있는 6개 직장의 신우회 대표들을 초청하여 협의회를 갖고 목요일 정오 직장인 예배를 신설했다. 예배 설교는 김동익 목사가 하였고 찬양은 각 신우회가 돌아가면서 했다. 예배 시간은 짧게 진행했고 예배를 마친 후에는 직장인들에게 점심 식사를 제공했다. 새문안교회는 직장 신우회 성경 공부나 각종 모임을 위한 장소를 제공하여 직장 신우회 성장을 촉진시켰다. 그는 새문안교회 부교역자들을 주변에 있는 각 직장 신우회 예배 설교자로 파송했다. 목요 직장인 예배는 빠르게 성장하여 1984년 10월에 평균적으로 약 300명이 참여했다.

김동익 목사는 1986년 5월에 직종별 선교를 위한 기업인 간담회를 통해서 기업인들에게 사회 속에서 선교할 것을 제안했다. 그의 창

---

* 대한예수교장로회,《1981년 새문안 소식》(6월호), 2, 31. ; (7월호), 11. ; (8월호), 11, 23.

의적인 목회는 사회 복음화에 기여했고 그것은 곧 교회 성장으로 이이졌다.* 그는 직장인 예배와 같은 교회와 교파를 초월한 일치 운동과 평신도 운동과 삶의 현장에서 바르게 살아가는 제2의 종교개혁과 같은 운동이 필요하다고 주장했다.**

새문안교회는 매월 제직회 자료가 나온다. 제직회 자료는 각 부서에서 만들어서 월례회를 한 후 당회에서 논의할 주제를 정한다. 당회에서 토의되고 결정된 사항이 매월 100~150페이지 분량의 제직회 자료로 만들어져서 나온다. 새문안교회는 매월 작은 책 한 권 분량의 역사 자료집이 발행되는 것이다. 이 자료만 보면 새문안교회 전체가 어떻게 돌아가고 있는지 한눈에 볼 수 있다. 이것은 새문안교회의 역사가 된다.

김동익 목사의 창의성은 하늘에서 떨어지는 것이 아니다. 오랜 역사와 전통으로 내려오는 사건들을 기록하고 이를 수정하고 보완함으로써 교회의 조직과 시스템을 발전시킨 것이다.

◈ 한국 복음화를 위한 창의적 제안

지금 한국 교회는 시대에 적합한 복음화 전략으로 마을 목회를 말하고 있다. 김동익 목사는 1993년에 한국 복음화를 위해서 한국 교회가 '대형교회에서 동네 교회로' 전환할 것을 제시했다. 교회가 동네 교회가 될 때 전도를 동네 주민 저변에 확대할 수 있고 교회가 지역 사회와 호흡을 같이 할 수 있고 교인들은 신앙과 생활을 일치시켜 나

---

* 김동익, "20세기 개혁운동 직장운동", 〈크리스천 신문〉(1995. 11. 18.), 3면.
** 김동익, "직장선교에 관심을 갖자", 〈기독교 신문〉(1992. 4. 26.), 7면.

갈 수 있다는 의견이었다.

한국 교회가 대형교회로 성장하기 위한 전도 성향에서 벗어나 동네 교회 운동을 전개하기 위한 전략을 다음과 같이 제안했다. 첫째, 대형교회는 교인들을 동네 교회로 출석하도록 권장한다. 둘째, 지역과 동네별로 교회를 분립시킨다. 셋째, 동네 교회에 물질과 인적 자원을 지원하고 지원자를 훈련한다. 넷째, 도심지 대형교회는 도시 지역사회 선교와 특수 전문 교회로 발전한다. 한국 교회가 전 국민을 선교하기 위해서는 동네 교회 운동을 일으켜야 한다.

이러한 운동은 주후(A.D.) 5세기에 로마 교회가 게르만족을 선교할 때 사용한 방법이었다. 그 결과 유럽 대륙이 복음화된 것이다. 이 운동을 위해서 사람들을 교회로 불러 모으는 것보다 교회가 마을 속으로 들어가 마을이 교회가 되고 주민을 양육하는 것에 중점을 두어야 한다. 또한, 교파와 교단 간 협력이 이루어져야 한다. 특히 이웃 교회와 경쟁 관계가 아닌 협력관계를 가지고 마을 복음화를 위해서 공동으로 노력해야 한다.* 선교 역사를 기반으로 하는 그의 제안은 시대에 앞서 있었고 창의적이었다. 한국 교회가 그의 제안을 수용하고 받아들였다면 사회에 지금보다는 훨씬 더 좋은 교회 이미지를 끼치게 되었을 것이다.

◈ 아버지와 어머니를 닮다

김동익 목사는 창의적이고 전략적이었다. 그의 창의성은 비전과

---

* 김동익, "대형교회에서 동네 교회로", 〈기독교 신문〉(1993. 8. 14.), 7면.

독서와 사색의 결과였다. 그의 창의성은 미국에서 공부할 때 미국 교회를 경험하며 나온 것이었다. 그와 동시에 그의 창의성은 아버지 김희용 목사와 어머니 이상순 사모를 닮은 듯하다.

김희용 목사는 진주교회에서 전도사로 사역할 때 청년들과 축구부를 만들어서 청년 복음화에 기여했다. 그 축구부는 경상도 지역에서 우승하였고 평양 축구단과도 경기를 했다. 또한, 김희용 목사는 웅변클럽을 조직하여 웅변대회를 통해서 독립해방의 자주성을 함양해 가는 일에도 공헌하는 등 창의적이고 적극적이었다.

김동익 목사의 어머니 이상순 사모는 생활력이 강하고 지혜로운 여성이었다. 6.25 전쟁 후에 부산으로 피난 온 사람들은 판자로 집을 지었다. 그러나 전쟁으로 파괴된 도로로 목재를 운반할 수 없었다. 그녀는 어선용 소형선박을 바지선으로 하여 뗏목 위에 목재를 실어서 부산까지 운반했다. 그녀의 창의성은 하나님이 주시는 지혜에서 나온 것이었다. 그녀는 하나님이 주신 창의력과 결단과 강한 추진력으로 사업에 크게 성공했다.

김동익 목사의 창의성과 전략적이고 강한 추진력은 사랑과 관심에서 나온 것이었다. 그는 하나님께서 주신 지혜로 매사를 단순하게 넘기지 않고 더 바람직하고 건강한 방법을 추구하며 창의적으로 수행했다. 또한, 그의 창의성은 많은 책을 읽으며 질문과 사색과 사랑과 관심과 기도에서 나오는 것이었다.

민주적 목회자

◆ 천천히 가면 멀리 간다

김동익 목사는 "불이 났을 때 이외에는 고함을 지르지 말라"고 했다. 그는 부드러운 사람이었지만 그의 의지는 바위같이 강했다. 그는 한번 결심한 것은 끝까지 포기하지 않고 일을 이루어냈다. 그러나 일을 이루기 위해서 다투거나 소음을 일으키지 않았다. 계획한 일을 이루기 위해 시간을 들여 당회원들과 교회를 설득했다. 누군가 그 일을 이해하지 못하고 반대하면 그 자리에 멈춰 서서 기도했다. 그리고 반대하는 사람이 설득되어 찬성할 때까지 기다렸다.

그는 일을 서두르지 않았다. 그는 공동체의 화합과 일치, 연대와 협치를 중요시했다. 그는 매사에 모든 사람이 이해하고 공감하고 찬성할 때까지 참고 기다렸다. 그 결과 싸우면서 진행하는 것보다 모든 일이 더 빨리, 그리고 순조롭게 진행되었다. 그는 어떤 일이든지 멀리 보고 순리에 맞게 천천히 했다. "혼자서 십 리를 갈 수 있으나 둘이 가면 오 리 밖에 못 간다고 할지라도 십 리보다 오 리를 택하겠다"는 생각으로 목회했다. 러시아에는 "천천히 가면 더 멀리 갈 수 있다"는 속담이 있다. 급하다고 과속을 하는 것이 아니라 오히려 교통법규를 지키며 천천히 가야 안전하게 멀리 갈 수 있다는 말이다. 그는 거북이처럼 느린 것 같아도 토끼를 이기는 목회를 했다. 그는 항상 멀리 보고 생각해 미리 계획을 세우고 기금을 모아서 일을 무리 없이 처리했다.

김동익 목사는 일을 수직적으로 처리하지 않고 수평적으로 처리했다. 그의 리더십은 강압적이지 않고 민주적이었다. 타인 위에 군림하지 않고 타인을 존중하며 횡적인 관계 속에서 모든 일을 처리했다. 그러므로 그가 포항제일교회에서 목회하는 동안 당회는 늘 평안했다.

그는 당회를 싸움의 장으로 만들지 않았다. 어떤 안을 내놓았다가 그 누구라도 반대하면 철회했다. 그리고 다음 당회 전에 더 많이 기도하며 반대한 장로들을 만나서 그 사역의 필요성과 당위성을 설명하며 설득했다. 장로들이 이해하고 동의했을 때 다음 당회에 그 안을 다시 내놓았다. 그래서 당회가 늘 평안했다.*

그는 빨리 가려고 평화를 깨는 것보다는 천천히 평화를 이루며 사역했다. 그는 평생 예수님의 성육신적 삶과 겸손을 삶으로 실천하며 살아간 사람이다.

◈ 민주적 리더십의 근원

김동익 목사의 수평적이고 민주적인 리더십은 하나님께서 그에게 주신 그의 부드러운 성품과 관계가 깊다. 그는 온유한 주님의 성품을 닮은 사람이었다. 그는 태생적으로 큰 소리 나는 것을 싫어했다. 그는 타인과 대화할 때도 부드럽게 했다. 그의 말과 행동은 공격적이지 않고 부드러웠다. 그의 부드러운 말과 행동은 그의 리더십으로 이어졌다. 그는 대립과 싸움보다는 조용한 대화를 통해서 문제를 해결했다.

김동익 목사의 리더십에 가장 강력한 영향을 준 사람은 강신명 목

---

* 포항제일교회 이대공 장로, 오나미혜 장로 증언(2021년 4월 23일)

사였다. 그는 연세대학교에 다닐 때 새문안교회에 출석하면서 강 목사를 만났다. 강 목사는 그의 아버지 김희용 목사와 친분이 있었다. 강 목사는 목사가 되는 꿈을 가지고 있었던 대학생 김동익을 매우 사랑하고 기대하며 키웠다.

강 목사는 대학생 김동익이 혼자 자취하고 있는 방에 직접 찾아가서 심방했다. 그들의 관계는 목사와 교인의 관계를 넘어 스승과 제자의 관계로, 아버지와 아들의 관계로 성장했다. 존경하고 사랑하는 강 목사의 설교와 가르침은 청년 김동익의 삶과 목회에 지대한 영향을 끼쳤다. 특별히 그는 강 목사의 민주적 리더십을 본받았다.

◈ 강신명 목사의 목회 철학 영향

강신명 목사는 한국 교회에 교회의 민주적 운영의 본을 보이신 분이다. 새문안교회 당회가 민주적으로 운영되고 있는 것은 강 목사의 영향이 크다. 강 목사의 목회 철학은 교회를 민주적으로 운영하는 것이었다. 강 목사는 24년간 새문안교회를 목회하면서 교회 운영을 전횡하는 일이 없었다. 그는 교회 행정과 운영을 당회와 제직회를 통한 민주적인 절차에 따라서 합리적으로 처리했다.* 김동익 목사의 민주적 리더십은 바로 대학 4년 동안 가장 가까이에서 영향을 끼쳤던 강 목사에게서 배운 것이었다.

김동익 목사의 민주적 리더십을 논할 때 예수 그리스도의 영향을 빼놓을 수 없다. 성경을 제대로 묵상하고 예수를 제대로 만난 사람은

---

* 교회역사자료편찬위원회, 《새문안교회 100년사 개정증보판, 1887-1987》(서울: 예송미디어, 2019), 469, 470.

수평적이고 민주적이다. 개혁교회는 만인제사장설을 따른다. 목사나 장로나 성도들은 역할만 다를 뿐 하나님 앞에서 다 동일하다. 만민은 평등(平等)하다. 모든 인간은 그 자체로 존엄(尊嚴)하다. 모든 사람은 서로 사랑하며 서로 존중하며 서로 섬겨야 한다. 그의 민주적 리더십은 예수 그리스도를 제대로 만나고 체험한 참제자도의 모습이다.

◈ 교회의 민주화

새문안교회는 언더우드와 미국 선교사들의 영향으로 남녀와 신분의 차별이 없는 민주적인 교회였다. 김동익 목사는 새문안교회의 전통을 따라서 민주화를 실천했다. 그는 1981년에 6월에 모든 성도가 참여할 수 있도록 제직회 시간을 저녁예배 후로 바꾸었다. 그리고 일반 성도들도 제직회를 방청할 수 있도록 했다.*

민주적인 정신은 인간 존엄성과 자유와 평등이다. 인간은 그 무엇이 있어서가 아니라 그 존재로 존중받아야 하는 존재다. 인간은 자신의 의지에 따라서 결정하고 행동하는 자유가 있다. 그리고 그 행동에 대해서 책임을 진다.

모든 인간은 차별받지 않고 균등한 기회가 주어져야 한다. 민주적인 교회는 남녀노소, 장애인과 비장애인, 노인과 아이, 저소득층과 고소득층의 모든 사람을 존중한다.

김동익 목사는 교회를 민주적으로 운영하는 목회자였다. 그는 당시 남성 어른들만 모여서 교회를 운영하는 것에 대해 문제를 제기하

---

* 대한예수교장로회, 《1981년 새문안 소식》(6월호), 31.

며 여성과 청년들이 함께 참여하는 교회의 민주화를 주장했다. 여성과 청년들이 당회와 노회와 총회에서 의사결정에 참여할 때 교회가 새로워지고 선교의 열정이 더 왕성해질 것이라고 했다. 교회는 보편적 교회를 지향하기 때문에 남녀노소, 빈부귀천이 없는 민주적인 교회가 되어야 한다.

새문안교회는 민주적인 교회였다. 새문안교회는 당회에서 연말에 다음 해의 각 부서장을 뽑을 때 제비로 뽑았다. 이렇게 함으로 상대적으로 쉽거나 선호되는 보직을 맡기 위해서 신경전을 벌이는 것을 일축해 버렸다. 그 결과 선임 장로나 신임 장로가 동등한 조건에서 부서를 맡아 사역할 수 있었다. 새문안교회의 민주적인 리더십은 언더우드 선교사, 차재명 목사, 김영주 목사, 강신명 목사로 이어졌고 김동익 목사를 통해서 아름다운 교회 전통으로 자리 잡았다.

김동익 목사는 교회 식당에서 식사할 때도 특별한 자리에 앉아서 남이 가져다주는 식사를 하지 않았다. 그는 성도들과 똑같이 식기를 손에 들고 줄을 서서 순서를 기다렸다. 그는 교인들 속에서 교인들과 함께 식사했다. 그는 담임목사라고 특별대우를 받지 않았다. 교인들과 똑같이 행동했다.

예수님은 육신을 입으시고 이 땅에 내려오셨다. 예수님은 인간과 똑같이 사셨다. 김동익 목사는 강단에서 내려오면 성도들과 똑같은 사람으로 생각하고 행동했다. 그는 담임목사가 교회의 머리라고 생각하지 않았다. 교회의 머리는 오직 예수 그리스도다. 교회는 남녀노소 모두 동일하다. 역할만 다를 뿐이다. 그는 예수님의 뒤를 따라서 성도들과 똑같이 살았다. 그는 민주적인 리더십을 실행하며 살아간 아름다운 목회자였다.

사람들의 가슴속에 살아있는 목회자

◈ 나의 가슴속에 살아있다

1998년 4월 1일에 김동익 목사가 돌아가셨다. 선교사는 선교지를 떠날 때 후원교회와 총회선교부의 허락을 받고 이동해야 한다. 나는 그의 소천 소식을 듣고 후원교회인 새문안교회에 입국 허락을 요청했다. 그러나 교회는 그의 장례식 준비로 바빠서인지 묵묵부답이었다. 나는 '아버지가 돌아가셨는데 허락이 필요한가?'라고 생각했다. 나는 아무런 허락을 받지 않은 상태였지만 가방을 싸서 한국으로 입국했다. 그리고 처음부터 마지막까지 장례식 자리를 지켰다. 그의 장례식이 끝난 후 나는 다시 러시아로 출국했다.

나에게 김동익 목사는 큰 거목(巨木) 같은 스승이었다. 나를 선교사로 헌신할 수 있도록 도전하셨다. 약 6개월간 부드럽고 조심스럽게 블라디보스토크에서 선교하며 북한선교를 준비할 것을 도전하셨다.

그는 러시아에 나를 보낸 후에 매월 한 번씩 전화했다. 그리고 세 마디 말을 했다. "정 목사, 잘 지내는가? 아무 일 없고? 그럼 됐네." 그리고 블라디보스토크에 교단을 초월해서 신학교를 세우는 일을 지지해 주고 후원해 주셨다.

내가 모스크바에서 언어훈련을 마치고 블라디보스토크에 도착했을 때 그는 직접 블라디보스토크에 오셔서 사택 구입과 사역에 대해서 논의했다. 블라디보스토크에 있는 한국식당에 모든 선교사와 가족을 초대하여 식사를 대접했다. 식사 대접을 하며 선교사들에게 말했다. "우리 정균오 선교사 잘 부탁합니다." 이처럼 그는 내가 블라디보스토크에 정착하는데 많은 관심과 힘을 쏟아주셨다.

나는 블라디보스토크에서 교단 선교사들과 함께 연해주사회봉사협의회를 만들어 공공 선교를 했다. 그때 그는 한국에서 교단 선교사를 후원하는 교회 담임목사님들을 새문안교회에 초청하여 연해주사회봉사협의회 후원회를 결성했다. 그리고 그 후원회를 통해서 사회봉사를 위한 후원금을 보내주셨다.

새문안교회 후원과 선교사들의 협력으로 연해주신학교가 세워졌다. 내가 신학교를 위한 학사(學舍)를 짓고 있을 때 김동익 목사는 하늘나라로 떠나셨다. 신학교 학사를 다 짓고 나면 그를 모시고 입당예배를 드리고 싶었다. 그는 천국에서 그 모습을 지켜보셨을 것이다.

김동익 목사는 자장면을 좋아하셨다. 외부 식사 약속이 없는 날 점심시간에 그는 "나와 함께 점심 식사할 사람 있어요?"라고 물으셨다. 나는 그때마다 손을 들고 그의 뒤를 따라갔다. 그때 자주 갔던 자장면 집은 하림각이었다. 지금도 한국에 입국하면 제일 먼저 하림각에 가서 자장면을 먹는다. 그와 마지막으로 식사를 한 것이 30년이 다 되어간다. 그래서 나는 아직도 그곳에 갈 때마다 그가 그립다.

한평생 살며 많은 사람과 만나고 헤어졌다. 그중 향기 있는 사람은 늘 가슴속에 남았다. 그는 나의 가슴속에 살아있는 영원한 스승이다.

◆ 성도들의 가슴속에 살아있다

2021년 4월 12일에 김동익 목사 이장예식과 추모관으로 모시는 일을 했다. 나는 안식년으로 한국에 있었기 때문에 종일 그곳에 머무를 수 있었다. 점심 식사를 마칠 무렵부터 비가 주룩주룩 오기 시작했다. 오전에 이장예식에 참석했던 분들은 대부분 집으로 돌아갔다. 오후에는 비가 더 강하게 쏟아졌다. 이경준 장로와 네 분의 집사가 남아서 벽제 화장터와 추모관에 동행하고 유해 안치 예식까지 마치고 돌아가는 분들이 있었다.

그분들은 한결같이 김동익 목사를 잊지 못하고 있었다. 그분들은 그에 대한 추억을 말하고 또 말했다. 이상수 집사는 그가 돌아가신 후 23년 동안 한 번도 빼놓지 않고 매년 기일마다 그의 묘소를 찾았다고 했다.

김동익 목사는 그 집사님의 가슴속에 살아있었다. 지금도 새문안교회의 오래된 성도 중 그 누구를 붙잡고 그에 관해서 이야기를 나누다 보면 그에 대한 아름다운 추억이 그들의 가슴속에 생생하게 남아있는 것을 알게 된다.

2021년 4월에 포항제일교회 이대공 원로장로를 만났다. 이 장로는 김동익 목사를 "그 이전에도 없었고 이후에도 없을 뛰어난 목사였다"라고 말했다. 어떤 성도는 "100년 만에 나올만한 한 명의 목사였다"라고 말했다. 또 다른 성도는 "한경직 목사 다음으로 훌륭한 목사였다"라고 말했다. 포항제일교회에서 5년을 사역하고 새문안교회로 떠날 때 그를 배웅하러 나온 성도들로 인해 경주역은 포항제일교회를 옮겨다 놓은 듯했다. 성도들은 5년간 그와 깊은 정이 들었다. 성도들은 그를 눈물로 보내드렸다. 그는 아직도 성도들의 가슴속에 살아있다.

2022년 5월에 김동익 목사가 포항제일교회에서 사역하던 시절에 함께 사역했던 장로님들과 권사님들이 그에 관한 평전을 쓰는 사람을 만나고 싶어 하신다고 해서 다시 포항을 방문했다.

이대공 원로장로와 그의 부인 오나미혜 은퇴장로, 최인규 원로장로와 그의 부인 채옥주 은퇴장로 그리고 이의용 원로장로 부부를 만났다. 이분들은 대부분 80대였다. 그러나 그분들은 또렷하게 김동익 목사를 기억하며 그와 함께 신앙생활을 했던 아름답고 행복한 추억을 말씀하셨다.

이의용 장로는 김동익 목사의 요청으로 성탄 축하예배를 위한 어린이 찬양단을 조직했던 것에 대해서 말씀하셨다.

장로님들은 김동익 목사가 목회하실 때 교회가 크게 성장했음을 이구동성으로 말씀하셨다. 특별히 그의 아이디어로 성경 삽화를 넣은 전도지와 설교를 넣어서 만든 전도지를 신문에 전단지로 끼워서 포항 전역에 뿌린 것은 포항제일교회가 가장 처음 시도한 것이었다고 자랑스럽게 말씀하셨다. 또한, 포항제일소식지를 만들어서 교인들과 포항제일교회 성도 중 특별한 사정으로 교회에 못 나오는 사람과 타지에 있는 성도들에게 보냈었다고 했다.

김동익 목사가 목회할 때 김홍도 목사, 김선도 목사, 현신애 권사를 모시고 성령 집회를 했던 일도 말씀하셨다. 그때 마룻바닥에 앉고 엎드려 성령 충만을 사모하며 뜨겁게 기도했다고 회상했다. 어느 해 여름에 전 교인들과 함께 감람산 기도원으로 가서 집회할 때 그가 제일 앞자리에 앉아서 은혜를 사모했고 기도를 받을 때는 제일 먼저 강대상에 올라가서 기도를 받을 정도로 하나님의 은혜를 사모한 겸손한 분이었다고 그를 회고했다.

장로님들은 김동익 목사와 도명자 사모의 성도들에 대한 각별한 사랑과 심방에 대한 열정을 이야기했다. 두 분이 열심히 심방 중에 인덕동에서 일어났던 사건을 떠올렸다. 장로님들은 이구동성으로 그 사건은 불행한 사건이었지만 그것은 두 분이 열과 성의를 다해서 성도들을 사랑하고 심방했다는 것을 증명하는 것이라고 했다.

동시에 성도들이 김동익 목사를 위해서 피해자 부모에게 무릎 꿇고 사과하며 용서를 구할 정도로 그를 사랑했다는 증거라고 말했다.

장로님들은 김동익 목사가 새문안교회로 가셨던 과정에 대한 이야기도 나누었다. 당시 포항제일교회 장로님이 새문안교회 서정한 장로가 운영하던 회사에 근무하면서 서 장로에게 그를 소개한 결과, 새문안교회로 가게 된 것 같다고 추측하는 분이 있었다.

또 다른 분은 김동익 목사 부친이 새문안교회 서정한 장로가 운영하던 회사의 사목으로 사역하면서 서 장로와 연결되었고 당시 청빙위원 중 한 분이었던 서 장로의 소개로 새문안교회로 가게 된 것 같다고 추측하는 분도 있었다. 하나님의 섭리 가운데 모든 상황이 협력하여 새문안교회로 오게 된 것을 느낄 수 있었다. 장로님들은 그가 새문안교회에서 사역할 때 좌편향적인 면에 대한 오해 때문에 마음고생을 많이 한 것 같다며 가슴 아파하셨다.

장로님들은 도명자 사모의 급작스러운 죽음과 김동익 목사의 암과 너무나 빠른 별세를 안타까워했다. 장로님들은 그의 세 자녀에 대한 동정(動靜)을 나에게 물으셨다. 장로님들은 세월이 많이 지났음에도 불구하고 그의 자녀들을 가슴에 품고 기도하고 있는 것을 느낄 수 있었다. 인간적인 의리와 사랑이 있는 참 멋있는 분들이었다.

장로님들과 오후 6시에 만났는데 눈 깜짝할 사이에 3시간이 지나서 9시에 헤어졌다. 나는 장로님들과 대화를 나누면서 그분들의 말을 기록으로 남겼다. 추억을 추억으로만 기억하고 지나가면 역사가 사라질 수 있다. 우리의 역사도 이렇게 빨리 지나갈 것이다. 우리의 아름다운 추억도 기록할 때만 역사가 될 것이다. 오늘 장로님들의 감추어진 추억을 꺼내어 포항제일교회 역사의 장에 기록할 수 있게 되어서 매우 기뻤다. 나는 장로님들로부터 김동익 목사에 대한 아름다운 추억을 들으며 장로님들의 가슴속에 생생하게 살아있는 그를 느낄 수 있었다.

◈ 자손들 가슴속에 살아있다

김동익 목사의 아들 김태한 목사는 아버지의 뒤를 이어 4대째 목사가 되었다. 김태한 목사는 그가 병상에 있었을 때 결혼할 여성을 데리고 와서 보여줬다. 김태한 목사는 그 여성과 결혼하여 아들 넷을 낳았다. 김태한 목사는 사회복지사로서 대구 성산복지재단에서 사역을 하기 위해서 준비하고 있다. 첫째 딸 마리아는 결혼하지 않았다. 그녀는 미국 캘리포니아 다이아몬드바에 거주하며 김동민 장로가 운영하던 AMKOR Fire Protection에 근무하고 있다. 셋째 딸 에스더는 하와이 한인 에덴장로교회에서 부목사로 사역하고 있는 장경신 목사와 행복하게 살고 있다. 에스더는 아들 하나와 딸이 하나 있다. 그는 본래 아이들을 사랑하셨다. 그가 살아계셨다면 손자 손녀들을 많이 예뻐하셨을 것이다.

김동익 목사가 돌아가신 후 자녀들은 고생을 많이 했다. 그가 살아서 자녀들의 뒤를 좀 더 챙기고 돌보아 주셨으면 좋았을 텐데 너무 빨리 떠나셨다. 떠나시는 날 자녀들 때문에 눈을 감기가 쉽지 않았을 것 같다. 그는 이 세상을 떠났지만, 이 세상에 남아있는 자손들 가슴속에 영원히 살아있다.

◈ 추모관으로 모시다

2021년 4월 12일에 김동익 목사의 이장예식에 참석했다. 예식은 새문안동산에서 진행되었다. 이상학 목사가 예식을 집례했다. 기도는 이용실 장로가 하셨다. 이상학 목사는 시편 90편을 중심으로 말씀을 전했다. 나는 말씀을 통해서 나의 존재됨을 생각했다.

코로나19로 인해서 김동익 목사의 이장예식을 광고하지 않았으나 많은 분이 참석했다. 모두 그를 매우 사랑하고 잊지 못하는 분들이다. 나는 안식년이기 때문에 이 귀한 자리에 참석할 수 있었다.

이장예식을 마치고 점심 식사를 마칠 때 즈음부터 비가 주룩주룩 내렸다. 성도들이 가족과 함께 벽제화장장으로 갔다. 그는 불과 20분 만에 한 줌의 재가 되어 우리에게 돌아왔다. 우리는 오랜만에 따스한 그의 체온을 느꼈다.

우리는 그와 함께 새문안 추모관으로 이동했다. 우리는 그곳에서 유해 안치 예식을 진행했다. 엄재광 목사가 예식을 집례했다. 기도는 서원석 장로가 하셨다. 엄재광 목사는 시편 23편을 중심으로 설교했다. 나는 선한 목자였던 그를 떠올렸다. 그리고 선한 목자로 살 것을 결단했다.

우리는 김동익 목사, 도명자 사모 부부와 그의 부모님을 추모관에 모셨다. 그날은 24년 전 그가 떠나신 그 날처럼 봄비가 계속해서 내렸다.

우리는 살아생전 김동익 목사가 좋아하셨던 찬송을 불렀다. 찬송

301장 지금까지 지내온 것, 찬송 390장 예수가 거느리시니, 찬송 28장 복의 근원 강림하사, 찬송 384장 나의 갈길 다 가도록. 그날 부른 찬송이 지금까지 귀에 메아리쳐 울린다. 그는 가족들과 성도들의 가슴속에 영원히 살아있다. 누군가의 가슴속에 남아있는 사람은 행복한 사람이다.

예수 안에서 먼저 하늘나라로 떠난 사람은 행복하다. 그러나 남아서 가슴속에 살아있는 그를 생각하는 사람은 고통이며 동시에 행복이다. 김동익 목사가 사역할 때 교회를 다녔던 성도들은 그의 온화한 미소, 그의 따스한 사랑, 그의 위로의 설교를 잊지 못한다. 그는 성도들의 가슴속에 영원히 살아있다.

3장

신앙인 김동익 목사

김동익 목사의 뿌리[*]

❖ 할머니의 외모와 할아버지의 영성

김동익 목사는 3대째 목사의 가정에서 출생하여 성장했다. 깊은 신앙의 연륜과 복음의 열정이 3대째 피를 타고 흐르고 있었다.

그는 1942년 10월 1일 경상남도 하동읍에서 출생했다. 부친은 김희용 목사, 모친은 이상순 사모다. 그의 할아버지는 김선명(金善明)(1861-1926) 영수였다. 영수(領袖)는 한국 초대교회 평신도 지도자를 뜻한다.

할아버지의 고향은 경남 창녕군 성산면 정녕이었다. 그는 유교를 믿는 양반 집안의 3대 독자로 태어났다. 그는 어린 나이에 부모를 여의었다. 그의 집안은 매우 가난했고 그는 가난을 면하기 위해서 장이 서는 곳마다 돌아다니며 물건을 파는 장돌뱅이가 되었다.

그는 경남 밀양읍에서 예수를 잘 믿는 주(朱)씨 성을 가진 분에게 복음 전도를 받았다. 호주 선교사 맥켄지(James Noble Mackenzi)에게 사복음서 쪽 복음과 찬미 책을 구했다. 그는 언제나 쪽 복음을 손에 들고 다니며 탐독했다.

그는 친척들로부터 야소쟁이(예수쟁이)라고 불리며 심하게 핍박을 받았다. 그는 집안의 박해와 가난과 왜소한 외모로 인해서 40세까지 장가를 가지 못했다. 40세가 넘어서 20살 연하인 최씨 집안의 순

---

[*] 김동민,《한 알의 밀》(서울: 도서출판 어진이, 2012.)을 요약 및 수정하여 기록하였음을 밝힌다.

이(順伊)라는 처녀와 결혼했다. 최순이 할머니는 키가 크고 건강하고 예뻤다. 그의 큰 신장은 할머니의 혈통을 이어받은 것이었다.

어느 날 김선명 영수는 예수를 믿는다는 이유로 종가 어른들에게 맞아서 앓다가 죽었다. 그러나 하나님의 은혜로 3일 만에 기적적으로 다시 살아났다. 죽음에서 살아나는 기적을 체험한 그는 하나님의 은혜에 감사하여 뜨겁게 기도하며 열심히 복음을 전했다.

그는 고향 창녕읍에 교회를 시작하여 예배당을 건축했다. 그 교회가 창녕읍교회였다. 그는 열심히 복음을 전하며 예배를 인도했다. 그의 뜨거운 기도와 성령의 역사로 많은 병자가 치유되는 역사가 일어났다. 그의 신유 은사로 많은 사람이 치유함을 받으면서 교회가 성장했다.

김동익 목사의 영성은 할아버지의 산 기도와 신유 은사로부터 이어져 내려온 것으로 생각된다. 창녕읍교회는 1944년에 '창녕중앙교회'로 분리해 나갔고, 이후 창녕선교교회와 창녕교회로 분립되었다. 김선명 영수는 1926년 2월에 65세로 하나님의 부르심을 받았다.

◈ 아버지 김희용의 출생과 성장

김선명 영수는 50세에 첫아들을 낳았고 이어서 아들 둘을 더 낳았다. 그의 첫째 아들이 김동익 목사의 아버지 김희용 목사다. 둘째 아들은 김희성이고 셋째 아들은 김도성이다. 첫째는 5남 2녀를 낳았고 둘째는 3살에 전염병으로 사망했고 셋째는 1남 7녀를 낳았다.

첫째 김희용(1911-1994)은 사업가로 조사와 장로 직분을 받아 교회 사역을 충성스럽게 감당하다가 늦게 신학을 하여 목사가 되었다.

김선명 영수는 50세에 얻은 아들에게 찬송과 설교 훈련을 시켰다. 김희용의 부친은 짚신 장사를 하며 교회를 섬겼고, 모친은 삯바느질과 산파 일을 했다.

김희용이 15살 되던 해에 김선명 영수가 세상을 떠나셨다. 김희용은 홀로되신 어머니와 어린 남동생 김도성을 책임지는 가장의 역할을 감당했다. 김희용은 가정 상비약을 자전거에 싣고 다니며 판매했다.

그는 어머니를 닮아서 키가 육척장신이었고 힘이 장사였다. 그의 목소리는 우렁차고 굵고 깊은 소리를 가지고 있었다. 그는 풍금과 만돌린을 치면서 찬송가를 잘 불렀다. 그는 한때 창녕 5일 장에서 열린 노래자랑 대회에서 우승하여 유명한 레코드 회사에 전속가수가 될 기회가 있었다. 그러나 그는 김선명 영수와 가까이 지내던 김길창 목사의 만류로 가수가 되는 길을 포기했다. 그리고 창녕읍교회를 열심히 섬기며 본격적으로 성경 공부를 시작했다. 그 후 김희용은 창녕교회 배운환 목사를 도와서 조사(助事) 겸 전도사로 사역했다.

◈ 김희용의 첫 번째 결혼

김희용은 19살이 되던 1930년에 김외주 양과 결혼했다. 1931년에 딸을 낳았고 그 첫 딸을 김화자라고 불렀다. 김희용은 22살에 경남 함안읍과 의령읍이 있는 교회 전도사로 사역했다. 그 후에 진주시에 있었던 진주교회에서 3년간 전도사로 사역했다.

그는 노래와 운동에 재능이 있었다. 교회에 출석하는 청년들과 축구부를 만들어서 청년 복음화에 헌신했다. 그가 만든 축구부는 경상도 지역에서 우승하여 평양 축구단과 경기를 하기도 했다. 또한, 그는 웅변 클럽을 조직하고 웅변대회를 통해서 자주독립을 함양해 가는 일에도 공헌했다. 김동익 목사는 아버지와 달리 노래도 잘하지 못했고 성품도 활달하지 않고 조용했으나 아버지의 창의성을 본받았다.

김희용은 1938년에 하동읍교회 제6대 담임목사(전도사)로 3년간 사역했다. 그는 신사참배를 거부하여 일본 경찰들에게 감시와 탄압과 심한 고문을 받았다. 그 충격으로 김외주 사모가 세상을 떠나게 되었다. 그때 그의 나이는 겨우 29살이었다. 그는 일본 경찰의 고문과 감시, 아내를 잃은 충격 등 복합적인 이유로 1941년 2월에 하동읍교회를 사임했다.

◈ 김희용의 두 번째 결혼

김희용은 하동읍교회를 사임한 후 평신도 자격으로 교회를 섬겼다. 그때 교회 어른들의 중매로 18살 된 이상순 양을 만났다. 그녀는 신앙의 가정에서 자랐으며 1남 4녀의 장녀였다. 그녀는 군(君) 협동조합에서 일하고 있었다. 교회에서는 교회학교 반사를 하며 교회 사역에 헌신적이었다. 그러나 그녀의 오빠가 결혼을 심하게 반대했다. 그 이유는 10살 먹은 아이가 있는 홀아비에게 동생을 줄 수 없다는 것이었다. 그러나 이상순은 김희용의 신앙과 사람됨을 보고 그와의 결혼을 결단했다.

두 사람은 1941년 가을에 결혼식을 올렸다. 그 후 김희용은 하동읍교회에서 장로가 되어 교회를 섬겼다. 이 두 사람 사이에서 1942년에 첫째 아들 김동익이 태어났다. 1946년에 둘째 아들 김동민이 태어났다. 그는 미국에서 전문 과학 기술자가 되었고, L.A. 새벽별 한인교회 장로로 사역했다. 1949년에 딸 김수복이 태어났다. 그녀는 김충남 목사의 아내가 되었다. 1951년에 셋째 아들 김동준이 태어났다. 그는 치과의사로 포항제일교회 장로로 사역했다. 1953년에 넷째 아들 김동원이 태어났다. 그는 대구동산병원 신경외과 교수로 대구제일교회 장로로 사역했다. 1959년 다섯째 김동성이 태어났다. 그는 목사가 되어 대구성로원과 대구샘 노인요양센터 원장으로 사역했다.

김동익 목사는 5남 2녀 중 장남이었다. 그는 대가족의 장남으로 부모에게는 자상함을, 형제들에게는 사랑을 베풀어 가족의 결속력을 강하게 했다.

◈ 어머니 이상순 여사(1923-1982)

김동익 목사의 어머니 이상순 여사는 생활력이 강하고 지혜로운 여성이었다. 그녀는 결혼 후에 남편과 함께 하동읍에서 과수원을 매입하여 과일을 재배했다. 해방 후에는 창녕읍에 있는 정미소 공장과 제재소 공장을 운영했다.

그러나 6.25 전쟁 때 폭탄에 맞아서 이 모든 것이 전소되었다. 그들은 전쟁이 끝난 후에 과수원을 팔아서 불에 탄 집을 새로 짓고 제재소를 다시 시작했다. 당시에 부산으로 피난 온 사람들은 판자로 집을 지었기 때문에 많은 목재가 필요했다. 그러나 전쟁으로 도로가 다 파괴되어서 목재를 운반할 수 없었다. 이때 이상순 여사는 기지를 발휘하여 뗏목에 목재를 태우고 어선용 소형선박을 바지선으로 하여 섬진강으로 부산까지 목재를 운반했다. 그녀는 하나님이 주신 창의력과 결단과 강한 추진력으로 사업에 성공했다. 그녀는 언제나 신앙이 최우선인 삶을 살아갔다.

1954년 김희용 장로는 목재소를 이상순 여사에게 맡기고 남산에 있는 장로회신학교에 입학했다. 그녀는 남편이 목회자의 길을 간다는 것을 적극적으로 환영했고 이후 성공적으로 사업을 이어갔다. 이상순 여사는 53세 되던 해에 새벽예배를 가다가 자동차 사고로 대퇴부가 골절되어 걸을 수 없게 되었다. 또한, 당뇨로 인한 합병증으로 시력까지 상실했다. 결국 이상순 사모는 1982년에 대구성로원에서 하나님의 부르심을 받았다. 김동익 목사는 1982년 봄에 아내를 천국으로 떠나보내고, 겨울이 될 무렵에 어머니를 떠나보내는 아픔을 겪었다.

◈ 김희용 목사의 사역

김희용은 43세에 신학교에 입학했다. 그는 신학을 하는 동안 신당동장로교회 전도사로 사역했다. 47세에 신학을 마치고 목사가 되었다. 신학을 마친 후에 1958년에 경남 진주시에 있던 진주교회에서 첫 사역을 시작했다. 진주교회에서 사역을 시작한 후 2년 만에 약 140평 예배당을 건축했다.

1959년에는 선교 구제기관과 교섭하여 교회 주변에 어려운 사람들을 위해서 강냉이죽을 나누어 줬다. 김희용 목사는 가난한 자를 향한 긍휼의 마음을 실천했던 실천가였다. 1962년에 김희용 목사는 경남 밀양읍에 있는 밀양남부교회로 사역지를 이동했다. 1968년에 여수성광교회로 사역지를 옮겨서 마지막 목회 사역을 했다. 이 교회는 규모면에서 여수에서 가장 큰 교회였다. 그는 이 교회에서 영호남 갈등을 경험하며 화합과 일치를 이루었다. 그 결과 여수성광교회가 크게 성장했다.

김희용 목사가 사역하는 교회마다 하나님의 은혜로 크게 성장했다. 훗날 김동익 목사도 사역하는 교회마다 크게 성장한 동시에 교회의 화합과 일치를 이루었다. 그 아버지에 그 아들이라고 할 수 있을 것 같다.

◈ 김희용 목사의 은퇴 후 사역

김희용 목사는 1981년 여수성광교회에서 은퇴한 후에 대구에 있는 경북 성로원 원장으로 사역했다. 그는 제2의 인생을 사회봉사에 헌신했다. 여기에서도 그는 사역을 성공적으로 수행했다.

1989년에 대구 노인요양원과 성산 노인요양원을 개설했다. 그는 이곳에서 예배를 중요시했다. 김희용 목사는 1982년 71세에 미국에서 운전을 배워 운전면허증을 받았다. 그는 매사에 적극적이고 도전정신이 강했다. 그는 1994년 84세에 췌장암으로 하나님의 부르심을 받았다.

◈ 김동익 목사의 깊은 신앙의 뿌리

김동익 목사는 3대째 목사로 하나님의 부르심을 받았다. 그는 할머니로부터 큰 신장과 잘생긴 외모를, 할아버지로부터 깊은 영성을 물려받았다. 또한, 그는 어머니 이상순 여사의 창의성과 결단성, 더불어 아버지 김희용 목사의 헌신과 교회 성장과 교회 일치와 화합과 사회봉사 정신을 몸으로 배웠다.

그는 장남으로서 책임감을 무겁게 느끼며 성장하며 늘 성령에 의지하는 목회를 했다. 그 덕분에 집안 명절에 김동익 목사가 도착하지 않으면 가족예배를 시작하지 않을 정도로 아버지의 신뢰와 기대를 한몸에 받았다.

그는 여섯 명의 동생을 사랑으로 자상하게 돌보고 안내했다. 그의 동생들은 그를 매우 존경했다. 그의 네 번째 동생 김동원 장로는 자신의 최대 인생 멘토로 그를 꼽았다.

김동익 목사는 목회자의 가정에서 자라며 목회의 방법과 목회자의 자세와 목회자의 사명을 자연스럽게 몸으로 터득했다. 그 결과 담임 목회로 사역하기에는 다소 어린 나이임에도 불구하고 포항제일교회 목회와 새문안교회 목회를 잘 감당했다.

김동익 목사의 신앙의 뿌리는 모죽(毛竹)과 같다. 모죽은 5년간 뿌리만 내리다가 한 해에 약 15~30미터 자란다고 한다. 그의 넓은 인격과 성공적 목회는 우연히 이루어진 것이 아니다. 그의 성공적 사역은 하나님께서 뿌리를 깊게 내리게 한 신앙의 유산이었다.

김동익 목사의 생애

◈ 김동익 목사의 출생과 성장

김동익 목사는 1942년 10월 1일에 경상남도 하동읍에서 태어났다. 할아버지가 아들을 목사로 키웠던 것처럼 아버지 김희용 목사는 장남 김동익을 하나님의 종으로 드리기로 서약했다. 그는 아버지의 뜻에 따라서 어려서부터 목사가 되겠다는 꿈을 가지고 성장했다. 그는 어려서부터 별로 장난을 치지 않는 의젓한 아이였고, 주변에서는 그를 작은 목사라고 불렀다.

김동익 목사는 1961년에 진주중학교와 진주고등학교를 졸업했다. 그는 중고등학생 시절에 여자아이들의 손 한번 제대로 잡아보지 못한 수줍음을 많이 타는 학생이었다. 그러나 쉬는 시간마다 친구들과 후배들에게 복음을 전하는 담대한 복음 전도자였다. 그는 그의 설교집 제5권《약점 때문에 괴로워 말라》에서 고등학교 2, 3학년 때 그가 전도했던 사람들의 이야기를 하고 있다.

훗날 김동익 목사는 자신이 전도한 후배들이 예수를 믿기 시작하고 같은 교회에 다니다가 서울에 정착한 후에 기도 모임을 만들고 자신을 수소문하여 그 모임에 초청하게 되어 참으로 기뻤다고 고백했다.*

---

* 김동익,《약점 때문에 괴로워 말라》(서울: 반석문화사, 1992.), 32.

◈ 김동익 목사의 대학 시절과 군 생활

김동익 목사는 진주고등학교를 졸업하고 연세대 사학과에 입학했다. 그는 신학을 공부하여 장차 목사가 되기 위해서 연세대 사학과에 입학한 것이었다. 그는 연세대에서 사학을 공부하며 세계와 민족과 교회 역사의 맥을 뚫으며 미래를 준비했다. 그는 연세대에 다니며 새문안교회에 출석했다. 그때 그는 평생 존경하는 스승 강신명 목사를 만났다. 그는 평소에 멀리에서만 강 목사를 뵐 수 있었다.

1961년 5월 어느 날 강 목사가 직접 그의 하숙방으로 심방을 오셨다. 그는 그때 일생 처음으로 심방을 받았다. 김동익 목사의 아버지 김희용 목사와 강신명 목사는 서로 잘 알고 있는 사이였다. 그 후 그는 강 목사를 아버지처럼 생각하며 건강한 목회자 상(像)을 그려나갔다.* 강 목사는 목사가 되기 위해서 연세대에서 사학을 공부하고 있던 청년 김동익을 눈여겨보며 애정을 가지고 양육했다.

청년 김동익은 4.19 혁명과 5.16 군사 정변 등 국가적으로 혼란한 시절에 많은 고민과 아픔을 가지고 대학을 다녔다. 그러나 그는 대학을 다니는 동안 하나님이 주신 비전을 이루기 위해서 조용히 미래를 준비했다.

그는 장교로 지도자 훈련을 받으면 미래 목회 사역에 도움이 될 것으로 생각하며 ROTC(학사장교) 교육과정에 참여했다. 1965년 2월에 연세대학교를 졸업한 후 1965년 7월에 제3기 ROTC 장교로 제5관구 사령부에서 근무했다. 그는 대구에서 부관병과에서 인사 분류 장교로

---

* 김동익, "잊지 못할 신앙의 선배", 《빛과 소금》(1993년 4월호), 183.

근무했다. 그때 그는 월남 파병 선발 및 파병 후 돌아온 병사 분류 등 인사와 관련된 일을 담당했다. 그는 맡은 일을 하면서 주변의 압력이나 청탁을 근절하고 엄격하게 행정 업무를 처리했다.*

그가 군 생활을 하는 동안 가장 힘들었던 것은 술을 마시지 못해서 술자리에 어울릴 수 없었던 점이었다. 그러나 그것이 그가 장교로 근무하는 동안 엄정한 업무 처리를 통해 몸소 리더십을 익히는 것에는 별다른 영향을 주지 못했다. 그는 1967년 2월에 군 생활을 마쳤다.

◈ 신학교 입학과 결혼

김동익 목사는 어렸을 때 하나님께 약속한 대로 목사가 되기 위해서 1967년 3월에 장로회신학대학교 신대원(M.Div.)에 입학했다. 그는 ROTC 장교로 제5관구 사령부에서 근무할 때 출석했던 교회 장로님의 중매로 한 여성을 만났다. 그녀는 1942년 6월 25일생으로 그와 동갑이었다. 이때 두 사람의 나이는 26살이었고 각각 대(大)가족의 장남과 장녀였다. 또한, 대대로 목사와 장로를 배출한 집안이라는 공통점도 있었다.

사실 당시 김동익 목사는 사랑하는 여성이 따로 있었으나 그 여성은 목회자 사모가 되기를 원하지 않았다. 그래서 목회를 위해 목회자 사모가 되는 것을 꺼리지 않는 신앙의 여성을 찾고 있었던 참이었다. 중매로 만난 그 여성이 바로 도명자 여사였고, 그는 1968년 그녀와 결혼했다.

---

* 이진옥, "이 교회에서 이런 훌륭한 분이 나왔어", 〈월간 ROTC 신문〉(1994. 18호), 18-19.

◈ 신촌장로교회 사역과 연세대 강사, 미국 유학

김동익 목사는 1970년 2월에 장로회신학교 63기로 졸업했다. 1967년 3월에 장로회신학대학에 입학한 후 1967년 10월 1일부터 신촌장로교회에서 주일학교와 중고등부 지도 선생으로 사역하다가 1967년 12월 10일부터 1971년 10월 31일까지 교육전도사로 사역했다. 1971년 10월에 서울서노회에서 목사 안수를 받은 후 1971년 11월부터 1973년 5월 31일까지 신촌장로교회에서 교육목사로 사역했다. 이때 그는 연세대학교에서 전임강사와 전임조교로 교양학부, 종교 과목을 담당했으며 학생회관 상담소 사역을 했다.

1973년에는 미국으로 유학을 떠났다. 유학은 그가 혼자 먼저 미국으로 출발했고 후에 도명자 사모와 두 자녀가 뒤따랐다. 1973년 9월부터 1975년 8월까지 미국 타이오네스타 교회에서 협동목사로 사역했다. 1974년 5월에 미국 피츠버그 신학대학에서 신학석사(Th.M.) 과정을 수료했다. 1974년 9월부터 1975년 9월까지 1년간 미국 힐우드 교회에서 교육목사로 사역했다.

1974년 11월 추수감사주일에 김동익 목사는 김찬희, 박성상, 나채운 목사와 함께 트리니티 미국 장로교회 채플에서 내쉬빌 초교파한인교회를 창립했다. 그리고 김찬희 목사가 일 년 임기 담임목사로 취임했다. 후에 이 교회는 장로교, 감리교, 침례교로 나누어졌다.

1975년 갈홍기 목사는 일부 교인들과 함께 내쉬빌 초교파한인교회에서 분립하여 장로교회를 시작했다. 그리고 1981년 7월에 내쉬빌 한인장로교회 창립예배를 드렸다. 갈홍기 목사는 내쉬빌 한인장로교회 1대 담임목사가 되었다. 김동익 목사는 미국에서 신학을 공부하면서 교회 사역도 열심히 했다. 그는 연합과 일치를 이루는 사역에 열정을 쏟았다.

김동익 목사가 내쉬빌 초교파한인교회를 창립하고 약 40년의 세월이 흐른 뒤 2015년에 그와 두 번째로 부부의 연을 맺었던 황산성 사모의 장남 김윤민 목사가 내쉬빌 한인장로교회 담임목사로 부임하게 되었다. 여기서 우리는 김동익 목사가 뿌린 씨앗을 후에 자녀가 거두게 되는 오묘한 하나님의 역사를 보게 된다.

김동익 목사는 미국에서 박사학위를 받은 후 한국으로 돌아와 1976년 1월 24일부터 76년 6월 6일까지 남대문교회에서 교육목사로 사역했다. 1976년 3월부터 6월까지 한 학기 동안 연세대학교에서 강사로 학생들을 가르쳤다.

◈ 포항제일교회 사역

김동익 목사는 1976년 6월에 포항제일교회 제11대 담임목사로 청빙을 받았다. 이때 그의 나이는 불과 33세였다. 그는 젊은 나이로 역사가 깊은 교회에서 사역했지만 모든 교인에게 영적 지도자로 존경을 받았다.

김동익 목사가 포항제일교회에서 5년간 사역하는 동안 교회가 크게 성장했다. 이때 계명대학과 영남신학교에서 강사로 학생들을 가르쳤다. 교회도 잘 성장하고 학생들도 가르치며 행복한 목회 여정을 지나고 있었다. 그러나 호사다마라 할까? 그가 포항제일교회에서 담임목사로 3년째 사역하던 해에 인생과 목회에 큰 위기를 마주하게 되었다.

어느 날 심방을 갔다가 포항제철주택 단지 안에서 차를 정차하는 순간에 세발자전거를 탄 아이가 언덕에서 굴러와 그가 운전하던 자동차 뒷바퀴에 부딪혀서 사망했다.*

김동익 목사는 전 교회 성도들의 기도와 법률가 성도들의 수고로 구속을 면했다. 그러나 그는 양심에 가책을 느껴 기도원에 들어가서 기도한 후 목회를 그만두려고 했다. 그 위기의 순간에 포항제일교회 장로님들과 온 성도들이 그를 위해서 기도하며 위로하고 격려했다. 그는 신실한 장로님들과 성도들의 기도와 권면과 사랑으로 하나님의 크신 은혜와 사랑을 체험하고 다시 일어나 더욱더 생명을 사랑하는 목회자로 세워졌다.

이 일로 그는 평생 아픈 마음을 가지고 살아갔다. 그가 지고 있던 괴로움의 깊이는 누구도 감히 짐작할 수 없을 정도로 깊었을 것 같다. 그 후 김동익 목사는 포항제일교회에서 목숨을 걸고 열정적으로 사역했다. 그는 교회를 사랑하였고 교회 역시 그를 사랑했다.

김동익 목사가 포항제일교회를 떠나는 날, 포항제일교회 거의 모든 교인이 기차역까지 나와서 그를 눈물로 배웅했다. 그만큼 젊은 목사 김동익은 포항제일교회 모든 교인에게 사랑과 존경을 받았다.

◈ 새문안교회와 총회 사역

김동익 목사는 1981년 4월에 서울 새문안교회 제5대 담임목사로 청빙을 받았다. 한국 최초의 조직교회인 새문안교회의 사역을 시작할

---

* 김동익, 설교집 7권 《새 힘을 얻으리라》(서울: 쿰란출판사, 1994.), 219.

때 그의 나이는 불과 38세였다. 한국에서 가장 오랜 역사를 가진 어머니 교회를 목회하기에는 젊은 나이였지만 그는 당회와 교인들에게 존경을 받는 영적 지도자였다. 그는 새문안교회에 잘 뿌리를 내리며 정착했다. 그가 목회하는 동안 새문안교회는 성장에 성장을 거듭했다.

김동익 목사는 1994년 가을부터 1995년 봄까지 총회 79회기 기간에 총회 사회부장을 역임했다. 그리고 같은 기간 1994년 가을부터 1995년 봄까지 제143회 서울노회 노회장을 역임했다. 1996년 가을부터 1997년 봄까지 총회 81회기 기간에 총회 세계선교부장을 역임했다. 총회 세계선교부장을 역임하면서 총회선교신학을 정립했다. 1997년에 그는 세계개혁교회연맹(WARC) 아세아지역 대표로 실행위원을 지냈다. 그는 1997년에 헝가리에서 열렸던 세계개혁교회연맹 23차 총회에 참석하고 돌아와서 신장암으로 투병 생활을 시작했다.

◈ 마지막 열정을 불태우며

김동익 목사는 새문안교회를 목회하는 동시에 한국 교회와 세계 교회를 섬겼다. 그를 통해서 새문안교회가 세계화되었다. 그는 1인 100역을 하며 바쁘게 살아갔다. 그는 늘 몸의 오른쪽이 마비될 정도로 심한 편두통과 비염으로 타이레놀과 오트리빈을 달고 살았고 밤에는 제대로 잠을 이루지 못했다. 잠 못 이루는 밤마다 성경과 책을 벗 삼아 설교를 준비했다.

새문안교회와 세계 교회를 위해서 불꽃처럼 살던 어느 날 참을 수 없는 고통으로 인해서 병원에 입원했다. 그는 1997년 9월 9일에 신장암과 대퇴부 고관절암 말기라는 진단을 받았다. 이미 수술이나 치료는 기대하기 어렵고 6개월을 넘기기 힘들다고 했다. 새문안교회 모든 성도는 그의 치유를 위해서 릴레이로 금식하며 기도했다.

하나님의 은총을 간구하며 신장을 제거하고 오른쪽 다리 윗부분 대퇴부 뼈 20cm를 잘라내는 수술을 했다. 수술은 기적적으로 성공하여 그는 2주 만에 병원에서 퇴원했다. 그 후에 계속해서 진통제를 복용했고 한 달에 한 번씩 한 주 동안 입원하여 항암 면역 주사를 맞았다. 이렇게 고통스러운 상황 속에서도 그는 매 주일 설교를 했다. 그에게 설교는 생명이며 존재 이유였다.

◈ 십자가를 경험하며

암은 온몸에 퍼지며 그를 가만두지 않았다. 키 183cm, 몸무게 83kg의 몸이 서서히 무너져갔다. 새문안교회 모든 성도는 릴레이로 금식과 철야 기도하며 그를 살려달라고 간구했다. 그러나 그의 몸은 회복되지 않고 고통이 날로 깊어졌다. 그는 십자가를 경험하며 설교를 계속했다. 그러나 이 세상의 모든 것을 하나님의 손에 맡기고 떠나야 할 날이 가까이 다가왔다.

그는 하나님께서 맡기신 역할을 최선을 다해서 이루었다. 그것으로 이 세상에서 그의 역할은 끝났다. 그의 육체적 고통은 물론 마음의 고통도 끝났다. 최선의 순간에 하나님께서 그에게 쉼을 주셨다. 하나님은 1998년 4월 1일 오후 3시 30분, 55세 6개월에 그를 하나님의 나라로 자리를 옮겨주셨다.

그는 57세에 세상을 떠난 언더우드 선교사와 비슷한 생을 살았다.

굵고 짧은 인생이었다. 하나님은 초록색을 좋아하는 그를 초록빛으로 온 대지가 물든 봄에 고통과 눈물이 없는 곳으로 데리고 가셨다. 그 날은 만우절이어서 많은 사람에게 그의 죽음은 거짓말과 같이 느껴졌다. 그러나 그의 죽음은 사실이었다. 그것은 거부할 수 없는 것이며 인간이 가야 할 길이었다. 예수 안에서 죽음은 실패나 절망이 아니라 승리이기 때문이다.

사망아 너의 승리가 어디 있느냐 사망아 네가 쏘는 것이 어디 있느냐 사망이 쏘는 것은 죄요 죄의 권능은 율법이라 우리 주 예수 그리스도로 말미암아 우리에게 승리를 주시는 하나님께 감사하노니 그러므로 내 사랑하는 형제들아 견실하며 흔들리지 말고 항상 주의 일에 더욱 힘쓰는 자들이 되라 이는 너희 수고가 주 안에서 헛되지 않은 줄 앎이라(고전 15:55-58)

김동익 목사의 가정

◈ 절망을 딛고 일어난 사역자

선교 역사를 보면 위대한 선교사 중에 결혼을 두세 번 하는 경우가 많았다. 현대 선교의 아버지 윌리엄 캐리(William Carey, 1761-1834)는 세 번 결혼했다. 그의 첫째 부인은 도로시(Dorothy)였다. 그가 부인과 인도에 도착했을 때 아들 피터가 사망했다. 그 결과 도로시는 정신 착란에 빠져서 사망했다. 그는 샤로트(Charlotte)와 두 번째로 결혼했다. 샤로트 역시 그보다 먼저 사망했다. 그는 그레이스 휴스(Grace Huhges)와 세 번째로 결혼했다.

그는 고통스러운 시절을 겪었지만 절망하고 주저앉지 않았다. 그 대신 더 열심히 선교에 헌신했다. 그는 인도에 세람포(Serampore) 대학을 세웠다. 신구약 성경을 인도의 6개 언어로 번역했고 7권의 문법책과 3권의 사전을 편찬했다. 그 외에도 수많은 선교업적을 이루었다.

포항제일교회를 시작했던 선교사는 안의와(安義窩, James Edward Adams) 목사였다. 안의와 선교사 역시 한국에서 첫 번째 부인이 사망하여 두 번 결혼했다. 안의와 선교사는 1867년에 미국 인디애나주 맥코이에서 출생했다. 그는 1888년에 워쉬번 대학(Washburn College)을 졸업하고 존스 홉킨스 대학(Johns Hopkins University)에서 수학했다. 1894년에 맥코믹 신학교를 졸업하고 목사 안수를 받고 넬리 디크(Nelli Dick) 양과 결혼했다. 그리고 미국북장로회 한국 선교사로 한국에 파송되었다. 넬리는 4명의 자녀를 낳았고 1909년에 다섯 번째 아이를 유산한 후에 사망했다. 안의와 선교사는 부인이 사망한 후 3년 만에 캐롤라인 봅소크(Caroline Bobcock) 양과 재혼하여 두 자녀를 낳았다.

김동익 목사의 가정은 윌리엄 캐리나 안의와 선교사의 가정만큼이나 순탄하지 않았다. 그러나 그는 위의 두 선교사와 같이 절망에 빠지지 않았다. 그는 두 선교사와 같이 가정에서 일어나는 고통을 교회를 성장시키는 헌신으로 녹여냈다.

◈ 첫 번째 결혼

김동익 목사는 장로회신학대학교 신대원(M.Div.) 2학년 때 도명자 여사와 결혼했다. 그녀는 도영춘 장로의 첫째 딸이다. 도영춘 장로는 대성원이라는 고아원을 세워서 운영했다. 이 고아원은 대구아동복지센터로 성장했다.

도영춘 장로는 1976년에 성화여자중학교를, 1980년에는 성화여자고등학교를 설립했다. 이 학교는 기독교 복음 전파를 목적으로 세운 미션 스쿨(Mission School)이었다. 성화(聖和)에서 성(聖)은 거룩(Holy)으로 하늘을 따르는 삶을 뜻한다. 화(和)는 사랑으로 화합하는 인간의 삶을 뜻한다. 이 학교의 교훈은 사랑과 진리와 근면이었다. 이 학교는 '하나님을 섬기는 것이 슬기의 바탕이다'라는 기독교 정신을 기초로 세웠다. 2002년에 성화여자중학교는 성화중학교로 개명했다.

도명자 여사의 집안은 교육자 집안이었다. 아버지는 기독교 정신이 투철한 성결교단 소속 대덕교회 장로였다. 아버지가 운영하는 고아원에 집이 있었기 때문에 도 여사는 어려서부터 고아들과 똑같이 고아원에서 자랐다. 기독교 정신이 투철했던 아버지는 자녀와 고아를 구별하지 않고 똑같이 대했다. 도 여사는 부잣집 딸이었음에도 검소했다. 그녀는 결혼 후에도 옷을 검소하고 수수하게 입고 다녔다. 그녀는 옷에 대해서 꾸밈이 없었다. 그녀는 옷으로 외모를 단장하는 것보다 내면의 성숙을 중시했다.

그녀의 성품은 온화하고 부드러웠다. 그녀는 평소에 말이 적었다. 그러므로 말에 대한 실수가 거의 없었다. 그녀는 결단력이 강했다. 그녀는 사람을 위로하고 돌보는 능력이 탁월했다. 포용성이 넓었다. 그녀는 큰 집안의 맏며느리로 부모를 섬기며 동생들을 잘 섬겼다. 그녀는 섬김의 리더십을 가지고 있었다. 그녀는 김동익 목사의 동생들과 가족들로부터 존경과 사랑을 받았다.

그녀는 기독교 집안에서 태어나 하나님께 헌신되어 있었다. 그녀는 목사의 사모가 되는 것에 관해서 부담스럽게 생각하지 않았다. 그녀는 김동익 목사가 청혼하자 큰 고민을 하지 않고 청혼을 받아들였다. 그녀는 결혼 후에 그와 함께 다니며 필요할 때마다 피아노 전공을 살려 피아노 반주를 했다.

도명자 사모는 남편과 함께 교인들의 가정을 열심히 그리고 정성껏 심방했다. 김장과 같은 교회의 힘든 일을 마다치 않고 열심히 했다. 그녀는 성도들과 아주 친하게 지내며 모든 교인에게 교회의 어머니와 같은 존재로 존경과 사랑을 받았다. 그들의 사택은 좋은 사택은 아니었지만, 그녀는 기꺼이 불편함을 감수하며 다른 교역자들을 잘 섬겼다.

두 사람의 결혼은 행복했다. 결혼 후 장로회신학대학교 신대원을 다닐 때, 1969년에 장녀 마리아를 낳았다. 신촌교회에서 교육목사로 사역할 때, 1972년에 큰아들 태한이를 낳았다. 김동익 목사는 아내와 두 자녀와 함께 미국으로 유학을 떠났다. 미국에서 공부와 사역을 병행하는 매우 바쁜 일정이었지만 그는 아내와 자녀들이 곁에 있어서 행복했다.

미국에서 돌아온 후 1976년에 포항제일교회 담임목사로 사역을 시작했다. 포항제일교회에서 사역할 때 1977년에 막내딸 에스더를 낳았다. 그는 아내와 세 자녀와 함께 행복한 삶을 살아가고 있었다. 포항제일교회에서 사역하는 동안 자녀들은 건강하게 잘 성장했다.

그런데 김동익 목사의 일생을 좌우할 정도로 고통스러운 일이 갑작스럽게 발생했다. 그가 새문안교회에 부임하고 1년 뒤인 1982년 4월 29일에 도명자 사모가 교회에서 의식을 잃고 쓰러져 고려병원에서 치료를 받았다. 병명은 뇌졸중이었다. 그녀는 회복되지 못하고 4월 30일에 하나님의 부르심을 받았다. 1982년 5월 3일에 교회장으로 장례식을 치렀고 새문안동산에 안장했다.

그때 그녀의 나이는 불과 39세였다. 14년을 함께 살아온 젊은 아내를 잃은 것은 그에게 매우 큰 충격이었다. 아내의 사망은 김동익 목사뿐 아니라 가정과 교회에도 매우 큰 충격적인 사건이었다.

도명자 사모는 슬하에 마리아와 태한이와 에스더를 남겨두었다. 그때 자녀들의 나이는 각각 13살, 10살, 5살이었다. 5살짜리 에스더는 엄마 죽음의 의미를 몰랐다. 에스더는 성도들이 문상을 올 때 마당에서 사촌들과 웃으며 뛰어놀았다. 이 모습을 보고 많은 성도가 더 눈시울을 적시며 애도했다. 그러나 첫째 딸과 아들은 어머니의 죽음으로 인한 슬픔을 감지할 나이였다.* 그녀의 죽음으로 아이들이 큰 슬픔에 빠졌다.

가장 큰 충격을 받은 사람은 김동익 목사 자신이었다. 그는 도명자 사모의 사후에 자신이 무엇을 잘못했나를 자주 물었다. 이때 그는 인생과 죽음에 대해서 수많은 질문을 던지며 고통스러운 밤을 지새웠다. 이러한 과정을 통해서 그의 신앙은 욥과 같이 순금처럼 단련되었다. 그리고 예수님처럼 상처 입은 치유자로 빚어져 갔다. 그의 설교와 목회는 고통 속에서 피어난 예술이었다.

◈ 두 번째 결혼

김동익 목사 부친은 상처(喪妻)하고 상심에 빠져있던 아들에게 교회와 자녀들을 위해서 재혼할 것을 권면했다. 그는 1983년 10월에 황산성 여사와 재혼했다. 당시 그는 41세였고 황산성 여사는 39세였다.

황산성 여사는 경남 진주 출생이었다. 그녀는 진주 배영초등학교, 순천 배산중학교, 경기여자고등학교, 서울대학교 법대 법학과를 졸업한 수재였다. 황산성 여사는 황성욱 목사, 박두점 사모의 자녀로 5남 5녀 중 여섯째였다. 그녀의 아버지 황성욱 목사는 평양신학교를 졸업했다. 황성욱 목사는 전쟁 후에 순천성서신학원과 호남신학대학교에

---

* 김동민, 《한 알의 밀》 (서울: 도서출판 어진이, 2012.), 94.

서 후학을 양성했고 1985년에 별세했다. 황산성 사모는 2005년에 부친을 생각하며 평양제일교회 건축을 위해서 1억 원을 헌금했다.

황산성 여사의 첫 번째 결혼은 부모의 반대에도 불구하고 진행한 것이었다. 그녀는 첫 번째 결혼에서 두 아들을 낳고 이혼했다. 그리고 두 아들을 데리고 김동익 목사와 재혼했다. 주변에 많은 사람이 두 사람의 재혼을 반대했다. 특별히 새문안교회 당회가 심하게 반대했다.

김동익 목사의 인격에 한눈에 반한 황산성 여사는 그에게 언니를 보내 프러포즈를 했다. 황산성 여사의 적극적인 프러포즈 결과 두 사람의 결혼이 성사되었다.

김동익 목사는 그녀가 자신과 같은 진주 출신이라는 것에 매력을 느꼈다. 그러나 그 무엇보다도 그녀가 뿌리 깊은 신앙의 집안에서 태어나고 성장한 점을 좋게 보았다.

김동익 목사의 부친인 김희용 목사와 황산성 사모의 부친 황성욱 목사는 진주에서 목회 활동을 했기 때문에 두 집안은 서로 잘 알고 있었다. 또한, 김동익 목사와 황산성 사모는 중·고등학교 시절부터 서로 알고 있던 사이였다. 김동익 목사는 황산성 사모가 자신의 어머니 이상순 사모를 정성스럽게 간호하는 것을 보고 그녀를 마음으로 받아들였다.

두 사람은 1983년 10월 9일 수요예배를 마친 후에 강신명 목사의 주례로 결혼식을 올렸다. 두 사람의 결혼은 매스컴을 뜨겁게 달구었다. 두 사람이 15년을 같이 사는 동안 그들은 스타 목사 부부였다.

그러나 결혼생활은 화려하고 행복하지만은 않았다. 황산성 사모의 강한 성품과 김동익 목사의 부드러운 성품은 조화를 이룰 때도 있었지만 심하게 불협화음을 일으킬 때가 많았다. 또 각기 다른 두 가정에서 태어난 자녀들과의 관계도 쉽지는 않았다. 그럼에도 두 사람은 사랑으로 수많은 갈등을 극복해 갔다. 이러한 과정을 통해서 그는 인간이 살아가며 겪는 가장 기본적인 부부관계와 가정 문제에 대해서 고뇌하며 실제 경험에서 비롯된 설교를 했다.

두 사람은 어려운 상황에서도 창조적으로 행복을 만들어 갔다. 좋은 영화가 개봉하면 둘이서 조용히 극장에 가기도 했다. 필자가 새문안교회에서 사역할 때 황 사모의 주선으로 부교역자들과 함께 영화 〈늑대와 춤을〉을 본 적이 있었다.

황산성 사모는 1973년에 서울가정법원과 서울민사지법의 세 번째 여성 판사로 재직했다. 1979년 변호사 사무실을 개업했고 한국여성법률연구회 회장을 역임했다. 1980년에는 민주한국당 전국구 국회의원이 되었다.

김동익 목사와 결혼할 당시 그녀는 국회의원이었다. 그녀는 결혼 후에도 계속해서 활발하게 사회 활동을 했다. 1989년에 MBC 여론광장 사회자로 프로그램을 진행하였고 동아일보 객원 편집위원을 지냈다. 1992년에는 KBS 사랑방 중계와 MBC의 문화가 산책을 진행하며 활발하게 방송 활동을 전개했다. 김영삼 전 대통령 때 1993년 2월부터 12월까지 제5대 환경처 장관을 역임했다. 1994년에는 한국변호사협회 회장을 역임했다. 그녀는 바쁜 생활 중에도 꾸준하게 저술 활동을 했다. 《사랑의 길》, 《여성 그리고 오늘에 말한다》, 《사랑하고 미워하는 것은》, 《엄마는 변호사라면서 왜 그리 모자라》 등을 저술했다.

그녀는 바쁘게 사회 활동을 하는 중에도 교회와 사회봉사 활동을 꾸준하게 했다. 그녀는 매주 수요예배 여성 찬양대에서 봉사하고 교회의 다양한 행사에 참여했다. 그녀는 경제적으로 넉넉했지만 청렴하게 살았다. 그러나 남을 섬기는 일에는 최선을 다했다. 그녀는 운전기사를 시켜서 청량리에서 '밥퍼' 사역을 하던 최일도 목사에게 쌀을 가마니로 보내줬다. 부교역자들이 함께 족구를 한다는 것을 알고 모든 교역자에게 운동복을 선물해 줬다. 외국에 다녀올 때는 부목사들은 물론 전임전도사까지 꼼꼼하게 선물을 챙겨줬다.

필자는 황 사모가 환경처 장관이 되었을 때 새문안교회 전임전도사로 사역하고 있었다. 장관이 된 후 그녀는 새문안교회 교역자를 장관실에 초대했다. 예배를 드린 후에 그녀는 "하나님과 목사님들 앞에서 3일을 장관으로 일한다고 해도 깨끗한 장관이 되겠다"고 약속했다. 그녀는 예배 후에 롯데호텔에서 교역자들에게 식사를 대접했다. 그때 장관 비서처럼 보이는 사람이 식사비용을 지불하려고 했다. 그러나 그녀는 "이것은 공적인 일이 아니고 사적인 일이므로 제가 개인적으로 부담하는 것이 맞다"며 식사비용을 지불했다.

황 사모는 하나님과 교역자 앞에서 약속한 것처럼 정직하고 깨끗하게 장관직을 수행했다. 그러나 매월 객원 기자들에게 관례로 지급하는 돈을 지급하지 않은 일이 기자들과 감정적인 싸움으로 발전하여 10개월 만에 장관직에서 내려왔다.

그녀는 사회에 진출하는 많은 사람을 무료로 상담하고 도와줬다. 그녀는 사회 활동을 활발하게 하면서도 교회밖에 모르는 남편의 뒷바라지를 하려고 힘을 쏟았다. 그녀는 때로 교회에서 김동익 목사를 보호하기 위해서 악역을 자처했다.

그녀는 때로 솔직하고 직설적인 화법으로 인해서 어려움을 겪었다. 그러나 그녀는 정직했고 능력이 있었다. 그녀는 자신의 일을 유능하게 하면서도 김동익 목사의 돕는 배필(EZER) 역할을 성실하게 수행했다. 그녀는 진주보다 더 귀한 현숙하고 유능한 사모였다(잠 31:10).

◈ 한 알의 밀알

김동익 목사는 55년 6개월의 짧은 인생을 살았다. 그러나 한 사람이 겪기에는 너무 많은 고통스러운 일들을 겪었다. 성향이 매우 대조적인 두 아내와 사는 것이 행복과 동시에 고뇌의 날들이었다. 또한, 두 가정에서 합해진 다섯 명의 자녀들과 함께 사는 것은 행복인 동시에 쉽지 않은 날들이었다.

그러나 그는 끝까지 참고 인내하며 자신에게 주어진 상황에 감사하며 사역에 충실했다. 자신의 인생에 불어오는 행복과 불행의 바람을 마주쳐서 항해했다. 그리고 그것을 통해 가정의 소중함과 인간의 고통을 더 깊이 공감했다. 그는 이러한 인간 이해를 바탕으로 교인들을 돌보며 목회했다. 그는 상처 입은 치유자로서 사람들을 치유하는 설교를 했다. 그의 깊이 있는 설교는 고통 중에 있는 성도들을 위로했다. 그의 고통은 교회를 성장시키는 밑거름이 되었다. 그는 조부 김선명 영수와 같이 자신의 전 생애를 하나님의 영광과 교회를 위해서 한 알의 밀알이 되었다.

김동익 목사의 학문 여정

◈ 목사를 꿈꾸다

　김동익 목사의 아버지 김희용 목사는 장남을 하나님의 종으로 드리기로 서약했다. 그는 아버지의 뜻에 따라서 어려서부터 목사가 되겠다는 꿈을 가지고 성장했다. 그가 중, 고등학교와 대학교에서 사학을 전공한 것은 목사가 되기 위한 학문의 여정이었다. 그는 대학을 나와서 ROTC로 군 생활을 마치고 장로회신학대학교 신대원(M.Div.)에 입학하게 된다. 본격적으로 목사가 되기 위한 길을 걸어가기 시작한 것이다. 그는 목사 안수를 받은 후 도미하여 석사와 목회학 박사과정을 수료했다.

◈ 진주중·고등학교

　김동익 목사는 1961년에 진주중·고등학교를 졸업했다. 이 학교는 1925년에 항일민족학교라는 건학정신을 바탕으로 유능한 인재 양성을 목표로 세워진 학교다. 이 학교는 고종의 국장(國葬)에 다녀온 경상도 유림(儒林)들이 세웠다. 그들은 나라 잃은 울분을 토하면서 조국의 독립은 오직 교육에 있다는 데 뜻을 같이하여 민족 자본을 모아서 학교를 세웠다.
　1980년 고교 평준화 이전에 진주고등학교는 서울대학교에 170명을 보낼 정도로 경남 최고의 명문 고등학교였다. 이 학교는 경남 지역은 물론 대한민국의 굵직한 회사 회장과 정치가 등을 대거 배출했다.

　김동익 목사는 학교의 교훈과 같이 성실, 근면, 협동 정신을 가지고 성장했다. 학창 시절부터 그는 후배들에게 복음을 전하는 학생으로 유명했다. 그는 매사에 모범적이고 성적이 뛰어났다. 그 결과 연세대학교 사학과에 입학할 수 있었다. 그가 연세대학교 사학과에 입학하게 된 이유는 목사가 되기 전에 인문학적 소양을 쌓기 위함이었다.

◈ 연세대학교 사학과

　김동익 목사가 고등학교와 대학교에 다니던 시절은 정치적으로 격변의 시기였다. 1960년 그가 고등학교 3학년 때 4.19 혁명이 일어났다. 1961년 그가 대학에 입학했을 때 5.16 군사 쿠데타가 있었다. 1964년 그가 대학교 4학년 때는 6.3 사태가 있었다.

　4.19 혁명은 1960년에 이승만 정부가 3월 15일에 부정선거를 계획하고 있을 때 이에 대응해서 일어난 민주화 운동이었다. 5.16 군사 쿠데타는 1961년 5월 16일 새벽에 박정희 소장과 육사 출신 장교들이 윤보선 대통령의 제2 공화국을 무너뜨리고 정권을 장악한 사건이다. 6.3 사태는 대한민국 정부가 굴욕적인 한일 협정을 체결했을 때 학생들이 일어나 대일 굴욕외교반대 시위와 정권 타도를 외쳤다. 그러자 정부는 6월 3일에 계엄령을 선포하여 무력으로 시위를 진압한 사건이었다.

　대학생 김동익이 목사가 되려는 꿈을 이루기 위해서 편하게 앉아서 공부만 하기에는 너무나 험난한 격동의 시절이었다. 그는 ROTC

장교훈련을 받고 있었기 때문에 이러한 사건이 일어났을 때 시위에 가담할 수 없었다.

그러나 사학을 전공했던 그는 이러한 혼란한 시절에 복음과 조국의 관계에 대해서 고민하며 아파했다. 그는 이러한 역사의 전환기에 20대를 보내며 많은 갈등과 고뇌를 느끼며 살았다고 회고했다.

그때 그는 톨스토이 작품을 읽으면서 자신의 혼란스러웠던 생각과 장래 문제가 정돈되었다고도 고백했다. 그는 톨스토이의 인생론을 읽으며 사람이 자기의 인생을 행복하게 만들기 위해서 세 가지 과제가 충족되어야 한다는 것에 관심을 가지고 읽었다. 그것은 '어떻게 사느냐', '누구와 함께 사느냐', '무엇을 위해 사느냐'였다. 그때 그는 무엇을 위해서 살 것인가와 행복한 삶을 위해서 어떻게 살아야 할 것인지를 톨스토이에게 배웠다.

그는 '인간은 무엇을 위해서 살고 무엇을 위해서 죽을 것인가'라는 질문을 통해 삶의 의미와 목적을 발견하며 사는 것이 행복하다는 것을 깨달았다. 그리고 인간은 진리를 추구하고 정의와 사랑을 실천하며 살아갈 때 행복하다는 것을 깨달았다. 사랑은 상대가 좋아서 사랑하는 것이 아니라 그 자체를 최고의 선으로 알고 사랑하는 것임을 가슴에 새겼다.[*]

그는 이때 목사가 되고자 하는 꿈이 있었기 때문에 하나님의 영광을 위해서 일생을 살아갈 것과 진리와 정의와 사랑을 실천하며 살아가려고 결심했다. 그의 집안 가훈은 '사랑과 정의'였다. 그는 집안의 가훈을 따라서 자신의 좌우명을 '사랑과 정의'로 삼았다. 그는 '사랑'

---

[*] 김동익, "스무 살의 독서", 〈동아일보〉(1993. 3. 3.), 13면.

은 이해하고 아픔을 견디는 것이며 희생하는 것이라고 정의했다. '정의'는 성경의 표준에 맞추어 사는 행동이라고 정의했다.*

◈ 장로회신학대학 신대원 논문

김동익 목사는 연세대학교를 마치고 ROTC 장교로 군 생활을 했다. 군 복무를 마치고 본격적으로 목사가 되기 위해서 1967년 3월에 장로회신학대학교 신학대학원에 입학했다. 그는 1970년 2월 26일에 장로회신학대학 신학대학원을 졸업하면서 목회학 석사학위(M.Div.) 논문을 썼다. 논문의 주제는 〈고대 동양 선교 연구〉이며 부주제는 '7, 8C Nestorian church의 중국 선교를 중심으로'였다.

이 논문은 마삼락 박사**가 지도하였으며 장로회신학대학 신학대학원 '가작 논문'으로 선정되었다. 마삼락 박사는 이 논문 추천의 글을 다음과 같이 기술하고 있다. "본인의 생각으로 이 논문은 연구하기 어려운 부분이었으나 자료를 매우 치밀하고 광범위하게 조사하였으며 시대적인 부분이나 연구 분야와 조직에 있어 크게 나무랄 것이 없다고 생각된다. 특별히 경교비의 가치와 선교에 미친 영향을 이해하려고 노력한 점을 높이 생각하여 이 논문을 추천하는 바입니다."***

---

* 김동익, "나의 생활신조", 〈월간 주변인의 길〉(1993. 8.), 5면.
** 마삼락 박사(사무엘 H. 마펫)는 평양장로회 신학교를 세운 마포삼열(사무엘 A. 마펫)의 아들로 한국에서 36년 동안 사역한 아버지의 뒤를 이어서 26년간 사역했다. 그는 1956년부터 1959년까지 경상북도 안동에서 사역했다. 1959년부터 1981년까지 장로회신학교에서 교회사(선교 역사) 교수를 역임했고 장로회신학대 학원장(1966-70)과 협동 학장(1970-2015)을 역임했다. 1973년 설립된 아시아연합신학대학교(ACTS)의 초대 학장으로 섬겼다. 그의 책 2권이 한국어로 나와 있다(사무엘 H. 마펫, 김승곤 역, 《한국의 그리스도인들》, 《햇빛을 받는 곳마다》, 미션아카데미, 2021.).
*** 김동익, '고대 동양 선교 연구'(석사학위 논문, 장로회신학대학, 1970.), 표지 다음 쪽.

이 논문은 김동익 목사가 친필로 쓴 것으로 73페이지 분량으로 되어있다. 논문의 논지는 '고대 동양 사회에 기독교가 어떻게 전파되었으며 왜 쇠퇴하였는가를 연구함으로 오늘날 아시아 선교의 거울을 삼고자 함'이었다.*

논문의 목차는 서론, 1장 동양 선교의 시작, 2장 페르시아(Persia)의 네스토리안(Nestorian)의 역할, 3장 중국 선교의 시작, 4장 교회의 발전과 첫 박해, 5장 교회의 재건과 부흥, 6장 당제국의 붕괴와 기독교의 쇠퇴, 결론으로 구성되어 있다.

김동익 목사는 연세대학교에서 사학을 공부하면서 선교 역사에 관심을 가졌다. 그것을 바탕으로 석사 논문을 네스토리안 교회의 중국 선교 역사에 관해서 썼다. 지금도 네스토리안 교회는 관심 있는 사람만 조금 알 뿐 많은 사람이 잘 알지 못한다. 그는 일찌감치 역사를 전공한 사학도답게 남들이 별로 관심을 가지지 않은 교회 선교 역사 분야에 관심을 가지고 논문을 썼다.

이 논문은 초기 기독교의 기독론 논쟁의 결과로 생긴 네스토리안 교회와 그 교회의 선교 역사를 기술하고 있다. 특별히 논문 2장에서 이것을 기록하고 있는데 그 내용은 다음과 같다.

초기 동방교회에는 기독론에 대해서 두 가지 신학적인 흐름이 있었다. 하나는 안디옥 학파이고 다른 하나는 알렉산드리아 학파다. 안디옥 학파는 예수님의 '인성'을 강조했다. 알렉산드리아 학파는 예수님의 '신성'을 강조했다. 네스토리우스(Nestorius)는 안디옥 학파의 대표로서 428년에 콘스탄티노플 총주교가 됐다.

---

* 김동익, 위의 논문, '논문을 쓰면서'

콘스탄티노플은 동로마제국의 수도였다. 그러므로 콘스탄티노플의 총주교는 로마의 감독과 맞먹는 자리였다. 안디옥과 알렉산드리아는 모두 동로마에 속했다. 이들은 서로 콘스탄티노플 총주교가 되려고 경쟁했다. 그러나 대부분 안디옥 학파가 콘스탄티노플 총주교가 됐다.

이에 대해 안디옥 학파와 알렉산드리아 학파 사이에 감정적이고 정치적인 갈등이 심했다. 이러한 갈등은 기독론 논쟁으로 발전했다. 안디옥 학파를 대표하는 네스토리우스는 예수의 신인양성(神人兩性)을 주장하며 예수의 '인성'을 강조했다. 그리고 마리아는 그리스도의 어머니(Christokos: bearer of Christ)라고 했다. 이에 대해서 알렉산드리아 학파를 대표하는 키릴(Cyril)은 예수의 신인양성 가운데 '신성'을 강조했다. 그리고 마리아는 하나님의 어머니(Theotokos: bearer of God)라고 했다.

이 갈등을 해결하기 위해서 A.D.431년 에베소 공의회가 열렸다. 이 공의회에서 네스토리우스를 이단으로 정죄하고 파문했다. 그러나 이 논쟁은 그것으로 끝나지 않고 계속해서 진행되다가 A.D.451년에 칼케돈 공의회에서 드디어 끝이 난다. 칼케돈 공의회에서 그리스도가 '한 위격 안에 두 본성(신성과 인성)'을 가지신 분임을 주장한다. 그리고 마리아는 '하나님의 어머니'이심을 주장한다.

일부 동방교회 사람들은 칼케돈 공의회에서 결정한 두 본성론을 배격하고 단성론(Monophysitism)을 따른다. 이들을 단성론파라고 불렀다. 단성론파는 성육신의 의미를 강하게 살리기 위해서 그리스도 안에서 신성과 인성의 '통일성'을 강조했다. 이집트, 에티오피아, 아르메니아 교회는 단성론을 택했다. 이들이 바로 네스토리우스파였다.*

칼케돈 공의회는 네스토리우스파가 가톨릭의 일치를 깨뜨리고 제국의 통일성을 위협한다고 하여 이단으로 정죄하고 추방했다. A.D.498년에 네스토리우스 교회는 페르시아 교회를 시작했다. 네스토리우스 교회는 7세기경에 옛 실크로드를 중심으로 기독교공동체인 수도원 형식을 빌려 신앙생활을 영위하면서 페르시아와 중앙아시아 여러 나라에 복음을 전파했다.

6~7세기에 페르시아에 있던 네스토리안 교회는 아시아 선교의 주도적 역할을 담당했다. 그들은 위구르와 몽골, 중국과 티베트, 동인도를 거쳐 신라 시대에 경교(景敎)라는 이름으로 한반도 땅까지 선교영역을 확장했다.

김동익 목사는 그의 논문 3장부터 6장까지 네스토리안의 중국 선교 역사를 기술했다.

3장에서 기독교 중국 선교가 당(唐) 제2대 황제 태종(太宗) 때 선교의 자유를 허락하였고 태종의 후원으로 중국에 최초 네스토리안 교회가 지어졌음을 기술했다.

4장에서 태종의 아들 고종(高宗)의 종교관용 정책으로 네스토리안 기독교가 전국 각지에 전파되었으나 황후 무후(武后)가 불교를 지원하면서 기독교는 심하게 탄압을 받고 교회 존속이 위태롭게 되었음을 기술했다.

5장에서 현종 때 외래종교에 대한 관용 정책으로 교회가 재건되고 대종(代宗)과 덕종(德宗) 시대에 걸쳐 약 40년간 기독교가 가장 발전

---

* 이형기, 《세계 교회사(1)》(서울: 한국장로교출판사, 1999.), 344-54.

하였음을 기술했다.

6장에서는 현종(806~820)의 호불정책과 도교 신봉자 묵종의 기독교 탄압으로 중국 역사에서 기독교가 쇠퇴했음을 기록했다. 네스토리안 기독교는 10세기경에 중국에서 사라지고 13세기경에 이슬람 세력에 의해서 사라졌다.*

김동익 목사는 이 논문의 결론에서 중국에서 네스토리안 교회가 사라진 원인을 다음 네 가지로 정리했다. 첫째로 우월의식과 국수주의적 비타협적인 중국인의 국민성을 지적했다. 둘째는 황실과 권력층 중심의 위로부터 선교를 지적했다. 그 결과 복음이 대중 속으로 들어가지 못했다. 셋째로 7세기부터 중앙아시아의 국제 정세가 변하여 이슬람교에 의한 종교적 통일정책으로 페르시아의 지원을 받을 수 없었던 정치적 이유를 들었다. 넷째는 중국기독교를 도교사상에 토착화시키려고 하는 오류를 지적했다. 그 결과 경교 사찰이 도교 사찰로 변하는 엉뚱한 결과를 낳게 되었다.**

이렇게 네스토리안 교회가 중국에서 사라졌지만 그들의 선교 열정과 선교 방법은 이 시대에 새롭게 조명되고 있다. 그들은 '선교는 정복이 아니라 함께 더불어 사는 것'이라는 선교신학을 가지고 열정적으로 선교했다. 그 결과 짧은 시간에 넓은 지역을 선교할 수 있었다. 그러나 그들이 위로부터 선교를 지향하며 민중 속으로 파고 들어가지 못한 것과 자신의 본질을 잃어가면서까지 토착화하려고 했던 노력이 교회를 약화시켰다.

김동익 목사는 이 논문을 쓰면서 기독교는 선교 활동의 토대 위에

---

* 김상길, "세미레치예로 동진한 동방 기독교", 《제5회 세미레치예 학술 세미나》(2019. 11. 20.), 106.
** 김동익, 위의 논문, 62-67.

역사가 형성되고 있다는 사실을 강조하고 있다. 그는 네스토리안 교회를 연구하며 선교 열정과 올바른 선교 방법을 깨닫고 목회 현장에서 실천하게 된 듯하다.

◈ 미국에서 학위 과정

김동익 목사는 1973년에 미국으로 유학을 떠났다. 1974년 5월에 미국 피츠버그신학대학교(Pittsburgh Theological Seminary)에서 신학석사과정(Th.M.)을 수료했다. 피츠버그신학교의 학풍은 성경과 에큐메니칼 정신으로 이루어져 있었다. 이 학교 출신으로 유명한 사람은 벤저민 워필드(Benjamin B. Warfield)와 A.A. 핫지가 있다.

김동익 목사는 피츠버그신학대학교에서 교회사를 전공했다. 그는 학부에서 역사를 전공하고 장로회신학대학교 신학대학원에서 교회사에 관심이 많았기 때문에 교회사를 선택한 것으로 생각한다. 그는 전공을 통해 복음주의적이며 에큐메니칼 신학을 연구하며 균형 잡힌 통전적 신학을 세워갔다.

김동익 목사는 1974년 봄에 피츠버그신학대학교를 마치고 1974년 가을에 미국 밴더빌트대학교(Vanderbilt University)에 입학했다. 그리고 1976년 2월에 밴더빌트대학교에서 목회학 박사과정(M.Div.)을 수료하고 박사학위를 받았다.

밴더빌트대학교는 테네시주 내쉬빌(Nashville)에 있으며 미국 남부를 대표하는 명문대학이었다. 감리교 주교 홀랜드 맥킨 타이어가 당시 미국의 최고 갑부였던 밴더빌트를 설득하여 1861년부터 밴더빌트대학교의 설립을 추진했다. 이 대학은 1873년에 남 감리교단(South

Methodist Episcopal Church) 지도자를 양성할 목적으로 개교했다. 하지만 1893년에 이사회와 남 감리교 사이의 반목이 심해져 감리교에서 손을 뗴었다.

이 대학은 감리교 특성에 따라서 에큐메니칼 신학을 기초로 한 진보적인 면이 강했다. 김동익 목사는 이 대학에서 연합과 일치, 사회정의와 약자에 대한 관심과 환경보전에 대해서 학문의 깊이를 더해가며 에큐메니칼 신학을 정립했다.

◈ 하나님의 꿈

김동익 목사가 미국에서 유학한 기간은 약 3년이다. 약 1년 만에 피츠버그신학대학교에서 교회사를 전공하여 석사과정을 수료했다. 그 후 약 1년 반 만에 밴더빌트대학교 목회학 박사과정을 수료했다.

김동익 목사가 유학을 떠난 이유는 어렸을 때부터 훌륭한 목사가 되고자 하는 꿈을 이루기 위함이었다. 그러므로 그는 미국에서 공부하며 건강한 목회를 준비하는 훈련을 계속했다.

그는 미국에서 공부하는 동안에도 교회 사역을 중단하지 않았다. 그는 자신의 꿈을 이루기 위해서가 아니라 하나님의 꿈을 이루기 위해서 학문했다. 그는 미국에서 공부하는 동안 교회사에 대한 깊이를 더했다. 그리고 에큐메니칼 정신을 더 넓게 했다. 그는 부모로부터 복음적인 뿌리 깊은 신앙의 바탕 위에 학문을 공부하며 신앙과 신학을 더 깊고 넓게 확장시켰다. 이렇게 그는 극단적인 보수주의나 자유주의에 빠지지 않고 균형 잡힌 신학을 세웠다. 그의 균형 잡힌 신학은 그가 사역했던 교회를 건강한 신학적 기초위에 세우는 힘이 되었다.

김동익 목사의 목회 여정

◈ 살아있는 목회 교재

김동익 목사는 아버지의 서원대로 어려서부터 목사가 되는 것을 꿈꾸었다. 그리고 목사인 아버지로부터 목회자의 사명 의식과 목회 방법과 목회자의 자세를 몸으로 배우고 터득했다. 그는 가는 곳마다 교회를 부흥시키는 아버지를 만났다. 그의 아버지는 그에게 목회가 무엇인지 가르쳐 준 살아있는 교재였다.*

그는 그 당시 한국 교회의 거목 강신명 목사로부터 이론이 아닌 목회 실제를 체득했다.

◈ 강신명 목사의 영향

김동익 목사는 강신명 목사를 아버지처럼 존경했다. 그는 대학 4년간 새문안교회를 출석하면서 강 목사의 설교를 들었다. 강 목사는 '한 알의 밀알'(요12:24)을 강조하였는데 그는 "그 말씀이 오래도록 귓전을 울린다"고 했다. 한 알의 밀은 그의 조부 김선명 영수의 삶의 모토였기 때문에 더 강하게 그의 가슴에 자리 잡았을 것이다.

김동익 목사는 강신명 목사의 설교를 통해서 설교가 무엇이고 어

---

* 한종호, "이달의 설교자, 새문안교회 김동익 목사", 《그말씀》, 137.

떻게 설교해야 하는지를 생각했을 것이다. 강 목사의 설교는 조용하고 강조점이 분명했다. 강 목사의 설교는 간결했고 설득력과 호소력이 있었다. 강 목사는 이론보다 실제 생활에 더 큰 관심을 가지고 교인을 가르쳤다. 강 목사는 설교를 통해서 신앙의 안목으로 나라와 민족을 바라보며 예언자적 설교를 했다. 그때 그는 강 목사의 설교를 들으며 목사의 길이 무엇인지를 마음으로 느꼈을 것이다. 그 후에도 그는 인생의 중요한 결정을 할 때마다 강 목사의 조언을 듣고 순종했다.

1976년 5월에 대학에 남느냐, 서울에 있는 교회로 가느냐, 포항제일교회로 가느냐를 고민할 때 강신명 목사의 권면에 따라서 포항제일교회로 갔다. 그로부터 5년 후에 포항제일교회 사역을 마치고 새문안교회로 부름을 받았다. 강 목사의 후임 목사가 된 것이다. 강 목사는 소천하시기 전까지 5년간 새문안교회 원로목사로 김동익 목사에게 많은 것을 가르쳐 줬다. 강신명 목사는 목사 김동익의 표상으로서 그의 목회 여정에 지대한 영향을 끼쳤다.*

◈ 기초를 든든하게 세웠다

김동익 목사가 중고등학생 때 교회 봉사를 어떻게 했는지 알 수 없다. 그러나 분명한 것은 학우들에게 열심히 전도하였고 그들과 같은 교회에서 신앙생활을 한 것이다.

그는 또한 열심히 공부했다. 그는 새문안교회에 다니면서 대학부에 나와서 봉사했거나 찬양대를 했거나 교육부에서 봉사했다는 기록

---

* 김동익, "참 목회자상 일깨운 강신명 목사님", 《빛과 소금》(1993년 4월호), 180-183.

은 없다. 아마 그는 연세대학교에 다니면서도 작은 기숙사 방에서 공부에 전념한 것 같다. 그의 연세대학교 사학과 학우였던 신촌장로교회 안병원 장로는 연세대학교에 다닐 때를 떠올리며 그에 대해서 다음과 같이 말했다. "그는 지방에서 올라와서 영어 발음이 미진한 것을 채우기 위하여 열심히 공부했다. 그는 점잖았고 온화한 미소를 띠고 있었다. 그는 목회자가 되기 위해서 사학을 공부한다고 말했다. 졸업 후에도 그를 만났는데 그는 인품이 매우 좋았다."*

그는 먼 미래를 제대로 준비하기 위해서 촌음을 다투어 공부하며 미래를 준비했다. 목사가 되려는 사람은 대부분 교회 봉사에 열중하느라 학교 공부를 등한시하는 경우가 많다. 그러나 목사가 되려고 하는 사람은 김동익 목사와 같이 학문의 기초를 쌓기 위해서 공부에 전념해야 할 필요가 있다. 교회에 사판(事判)뿐 아니라 이판(理判)과 같은 지도자가 많이 나와야 하기 때문이다. 그는 중고등학교와 대학교 때 열심히 공부하여 잘 준비된 목사로 성장했다.

◈ 신촌교회에서

김동익 목사가 신촌교회에서 사역할 때 교회 담임목사는 홍종각(洪鍾珏) 목사였다. 홍 목사는 평양신학교를 졸업하고 1965년 11월 26일에 신촌장로교회 4대 목사로 부임하여 22년간 사역했다. 홍 목사는 사역하는 동안 현재의 예배당을 건축했다. 그는 1987년 1월에 정년퇴임을 1년 앞둔 시점에서 퇴임하겠다는 의사를 표명하였고

---

* 안병원(신촌장로교회 원로장로), 2022년 5월 18일에 전화 통회로 증언해 주신 내용이다.

1988년 1월 1일에 원로목사로 추대되었다. 그는 믿음과 신용을 강조했다. 그는 목회자에게는 뛰어난 말솜씨나 잔재주보다는 진실하고 솔직한 모습이 더욱 필요하다고 말했다.

홍종각 목사는 설교집《전진하는 교회》(서울: 기독 문화사) 1, 2권을 남겼다. 홍 목사는 중후한 인품의 소유자로 신촌장로교회 부흥과 발전에 지대한 역할을 했다. 그가 사역하는 동안 신촌장로교회는 성인 출석 인원 200명대에서 900명대로 성장했다. 그는 복음주의 설교로 교회의 기초를 든든하게 하였고 많은 사람에게 감동을 줬다.

김동익 목사는 홍 목사로부터 교회 사랑의 정신과 심방과 믿음과 신용과 복음주의 설교에 영향을 받은 듯하다. 그러나 그는 미국 유학을 마치고 돌아와서 신촌교회에서 설교를 한 후 홍 목사와의 관계를 더는 지속하지 않았다.

◈ 청년대학생에 깊은 애정

김동익 목사는 1967년 12월부터 1973년 5월 31일까지 신촌교회에서 교육전도사와 교육목사로 사역하면서 연세대학교에서 전임조교 및 전임강사로 교양학부에서 종교 과목을 강의했다. 그리고 학생회관 상담소에서 사역했다. 그는 연세대학교 교목실을 담당하던 반피득(Peter van Lierop) 선교사와 매우 가깝게 지냈다. 그는 대학교에서 학생들을 가르치고 교회에서 대학 청년부를 담당하며 청년 선교에 대한 중요성을 인식했다. 그는 청년들에게 관심이 깊었기 때문에 가는 곳마다 청년대학생 사역을 했다. 미국에 가기 전에 신촌장로교회에서 교육목사로 대학 청년부 사역을 했고, 박사학위를 마치고 고국에 들어와서 남대문교회에서도 교육목사로 대학 청년부 사역을 했다.

포항제일교회에서도 교회학교 교육의 중요성을 강조하여 교육관을 설립하고 교회학교가 크게 성장했다. 교회학교 찬양단도 육성했다. 새문안교회에서도 교회학교 교육과 대학 청년부 사역을 강조했다. 교회가 부흥하면서 예배 숫자가 늘어갈 때 마지막 예배는 대학, 청년부 예배로 청년들의 눈높이에 맞추어서 설교했다.

그는 목회하면서 젊은 교회를 지향했다. 그가 새문안교회를 목회할 때 출석 인원 80% 이상이 39세 미만의 젊은이로 구성되어 있었다. 그는 교회가 젊은 교회로 변모하며 역동성을 갖기를 희망했다.*

이렇게 그가 청년들에게 깊은 관심과 애정을 갖게 된 것은 연세대학교에서 강사로 강의하며 대학 청년 선교의 중요성을 인식했기 때문이었다.

◈ 목사 안수와 미국 목회

김동익 목사는 1971년 10월에 서울 서노회에서 목사 안수를 받았다. 드디어 어렸을 때부터 꿈꾸던 꿈이 이루어졌다. 긴 여정을 거쳐서 목사가 된 것이다.

그러나 그는 단순하게 목사가 되는 것이 꿈은 아니었다. 하나님께 쓰임 받는 좋은 목사가 되는 것이 그의 꿈이었다. 아직도 준비해야 할 것이 너무 많다고 생각하여 그는 미국으로 유학을 떠났다.

그는 유학하는 동안에 하나님께 귀하게 쓰임 받는 도구가 되기를

---

* 손동주, "특별인터뷰: 새문안교회 김동익 목사", 〈기독교 저널〉(1994. 4. 4.), 11면.

소원하며 학업에 매진했다. 또한, 학문과 목회를 균형 있게 배우기 위해서 학업과 교회 사역을 병행했다. 그는 1973년 9월부터 2년간 미국 타이오네스타 교회의 협동목사로 사역했다. 1974년 9월부터 1년간 미국 힐우드교회 교육목사로 사역했다.

1974년에는 내쉬빌 초교파한인교회 창립멤버로 참여했다. 그는 미국 교회에서 사역하면서 미국 교회로부터 다양한 목회 현장을 경험하며 목회를 위한 수련 과정을 밟았다. 특히 그는 미국 내쉬빌에서 각 마을에 있는 교회들이 연합해서 장애인들을 섬기는 사회봉사를 배웠다.

◈ 남대문교회 교육목사

김동익 목사는 미국에서 공부를 마치고 1975년 말에 한국으로 돌아왔다. 그는 한국에 돌아와서 6년간 사역했던 신촌교회 홍종각 목사를 찾아뵙고 인사를 드렸다. 홍 목사는 그에게 설교를 시켰다. 한국으로 돌아온 후 첫 설교였다. 교인들의 반응은 뜨거웠다. 그는 신촌교회 교인들에게 존경과 신뢰와 사랑을 받았다.

김동익 목사는 1976년 1월부터 6개월간 남대문교회에서 교육목사로 사역하여 중, 고등부를 담당했다. 그 당시 남대문교회 담임목사는 배명준 목사였다. 배명준 목사는 남대문교회 제7대와 9대 담임목사로 1949년 12월부터 1979년 12월까지 사역했다. 중간에 제8대 담임목사로 김태묵 목사가 1954년 4월부터 1957년 5월까지 3년간 동사목회를 하다가 도미(渡美)했다. 비록 배명준 목사와의 만남은 짧았지만 그의 신실함을 배웠다.

◈ 포항제일교회 담임목사

김동익 목사는 1976년 2월에 목회학 박사과정을 수료했다. 그는 한국에 들어와서 연세대에 남아서 신학을 가르치는 교수가 될지 아니면 목회의 길을 걸어갈지를 고민했다. 그리고 어려서부터 꿈꾸어 왔던 목회의 길을 걸어갈 것을 결단했다.

그때 당시 고등검찰청 차장검사이며 청와대 민정수석을 지낸 이진우 장로가 그를 찾아왔다. 그는 이명박 전 대통령의 선배이자 소망교회 창립멤버였다. 그는 포항제일교회 출신으로 5대째 하나님을 섬기며 3대째 장로를 배출한 집안사람이었다. 그의 동생 이대공 장로는 포항제일교회 안수집사로 시무하고 있었다.

이진우 장로는 김동익 목사와 대화한 후에 그의 인격과 신앙과 실력에 반했다. 그래서 이진우 장로는 그에게 포항제일교회에 가서 사역할 것을 간청하며 그를 포항제일교회에 강력하게 추천했다. 그는 서울에 남느냐 지방으로 가느냐를 두고 고민했다. 그때 강신명 목사를 만나 면담한 후 강 목사의 권면에 순종하여 포항제일교회로 가서 사역할 것을 결심했다.

김동익 목사는 1976년 6월에 포항제일교회 담임목사로 사역을 시작했다. 그때 그는 역사와 전통이 있는 중대형 교회를 이끌어 나가기에는 다소 어렸다. 그러나 그는 훌륭한 장로님들을 만났다. 장로님들은 그의 동역자인 동시에 그의 든든한 보호자 역할을 해줬다. 장로님들은 나이가 어린 목사를 존경하고 인정해 주며 따라줬다.

장로님들은 김동익 목사와 같이 사역하면서 그의 나이가 어리다는 생각을 해본 적이 없었다고 했다. 장로님들은 그가 마음껏 목회할 수 있도록 지지해 주고 협력을 아끼지 않았다. 그가 곤란한 일을 당했을 때는 자신들의 모든 힘을 쏟아서 그를 도왔다. 훌륭한 목사에 훌륭한 장로들이었다.

그들은 하나 되라는 주님의 말씀을 따라서 혼연일체가 되어 하나님의 교회를 섬겼다. 하나님은 사랑으로 하나 된 교회를 축복하셨다. 그 결과 교회가 빠르게 성장했다.

◈ 새문안교회 담임목사

김동익 목사는 1981년부터 17년간 새문안교회 담임목사로 사역했다. 강신명 목사는 은퇴할 시점에 포항제일교회에서 사역하고 있던 그를 자신의 후임으로 세우고 싶어 했다. 그러나 그의 나이가 너무 어려서 그를 바로 후임으로 세우지 못하는 것을 안타까워했다.

강 목사의 은퇴 후 새문안교회 당회는 1년간 담임목사를 모시지 못하고 진통을 겪었다. 그 후 서정한 장로의 소개와 6명의 장로님으로 구성된 인사위원의 노력으로 김동익 목사를 담임목사로 모셔오게 되었다. 새문안교회 장로들은 담임목사의 동반자와 협력자로 힘을 모았다. 하나님께서 이런 교회에 풍성한 은혜를 주셔서 교회가 급격하게 성장하는 열매를 거두게 되었다.

◈ 짧고 굵게 살다

김동익 목사는 하나님께 만남의 복을 받았다. 그는 태중에서 하나님을 만났다. 그리고 훌륭한 부모를 만났다. 그는 그 시대의 거목이었던 강신명 목사를 만났다. 그는 신대원을 다닐 때 마삼락 선교사를 만났다. 그는 연세대학교에서 역사의 인물들과 대학생들을 만났다. 그리고 미국 유학길에서 세계적인 석학들을 만났다. 그들은 모두 김동익 목사의 목회 스승이었다.

　그는 좋은 교회와 장로님들과 성도들을 만났다. 그는 목회자의 길을 걷기 위해서 많이 준비하고 크게 쓰임 받았다. 그의 성공적인 인생은 모두 다 하나님의 은혜로 이루어진 것이었다. 그는 잘 준비된 그릇으로 일찍 사역을 시작했고 짧은 기간에 많은 일을 했다. 그는 짧고 굵게 인생을 산 사람이다.

김동익 목사의 사역은
하나님이 오랫동안 준비한 것이었다

Part 2.
김동익 목사의 설교, 신학과 사역

4장

김동익 목사의 설교

샘물과 같은 설교

"오호라 너희 모든 목마른 자들아 물로 나아오라 돈 없는 자도 오라 너희는 와서 사 먹되 돈 없이 값없이 와서 포도주와 젖을 사라 너희가 어찌하여 양식이 아닌 것을 위하여 은을 달아주며 배부르게 하지 못할 것을 위하여 수고하느냐 내게 듣고 들을지어다 그리하면 너희가 좋은 것을 먹을 것이며 너희 자신들이 기름진 것으로 즐거움을 얻으리라 너희는 귀를 기울이고 내게로 나아와 들으라 그리하면 너희의 영혼이 살리라 내가 너희를 위하여 영원한 언약을 맺으리니 곧 다윗에게 허락한 확실한 은혜니라"(이사야 55:1-3)

◈ 쉽고 깊이 있는 설교

김동익 목사의 설교는 언어의 완급이나 고저나 제스처가 별로 없다. 그는 유머나 만담과 같은 재미있는 이야기도 별로 하지 않는다. 그는 조용하고 천천히 부드럽게 말한다. 그는 사람들의 감정을 자극하거나 위압적으로 설교하지 않는다. 그의 설교는 그의 성품과 맞닿아 있다. 그의 설교는 사람들을 이해시키고 설득하여 스스로 결단하도록 동기 유발에 강조점을 두었다. 하나님의 말씀을 삶의 정황 속에서 스스로 적용하도록 조용히 설득한다.*

---

* 한종호, "이달의 설교자, 새문안교회 김동익 목사", 《그말씀》(두란노서원, 1993년 1월호), 141.

그는 원고에 매이지 않고 성도들의 얼굴과 눈을 보고 설교한다. 눈과 눈이 마주치는 설교를 통해서 성도들은 각자 자신에게 대화를 걸어오는 듯한 느낌을 받았다. 성도들은 그에게서 존중받는다는 느낌을 받았다.

그는 아이들도 알아들을 수 있을 정도로 쉽게 풀어서 설교했다. 그러나 내용의 깊이는 깊었다. 그러므로 그의 설교는 지식인이나 일반인 모두에게 감동을 줬다. 그는 성도들의 심령을 포용력으로 다독거려가며 부드럽고 조용히 설교했다. 그의 설교는 성도들의 감정을 격하게 자극하지 않았다. 그러나 사람들의 심령에 샘물과 같이 스며들어서 생명을 살리고 성도들의 삶을 변화시켰다.

◈ 미리 계획하고 미리 준비하다

물은 생명과 풍요의 원천이다. 물은 생명의 근원이다. 물은 만물이 생명을 연장하는 데 절대적으로 필요한 것이다. 사람은 물을 마시지 않고는 살 수 없다. 우리의 영적인 생활도 마찬가지다. "내가 주는 물을 마시는 자는 영원히 목마르지 아니하리니"(요 4:14) "사람이 물과 성령으로 나지 아니하면 하나님의 나라에 들어갈 수 없느니라"(요 3:5) "나를 믿는 자는 성경에 이름과 같이 그 배에서 생수의 강이 흘러나오리라"(요 7:38)

여기에서 물은 우리가 보통 마시는 '물(Water)'이 아니라 '진리(Truth)'를 말하는 것이다. "진리는 예수 그리스도다"(요 14:6) "성령은 진리의 영이다"(요 16:13) "진리는 성 삼위일체 하나님이다. 진리는 하나님의 말씀이다"(시 119:160)

김동익 목사는 설교가 진리를 전하는 행위라고 생각했다. 그러므로 목회의 핵심은 설교라고 했다. 설교는 진리를 전하는 것이기 때문에 교회를 교회 되게 하고 교인을 그리스도인 되게 하는 최선의 사역이라고 했다. 그러므로 목회자는 하나님이 쌓아두신 깊은 물 곳간에서 솟아나는 샘물을 끌어올려 교인들에게 진리의 생수를 마시게 하는 사역에 최선을 다할 것을 주장했다. "사람의 마음에 있는 모략(생각)은 깊은 물 같으니라 그럴지라도 명철한 사람은 그것을 길어내느니라"(잠 20:5)

설교가 고여있는 물이 아닌 샘물이 되려면 끊임없는 연구와 묵상을 통해서 교인들의 삶의 정황에 맞게 전해야 한다고 했다. 김동익 목사는 자신이 전하는 설교를 샘물과 같이 깊고 신선한 설교로 만들기 위해서 설교를 미리 계획하고 준비하고 묵상하며 곱삭히는 작업을 했다. "명철한 사람의 입의 말은 깊은 물과 같고 지혜의 샘은 솟구쳐 흐르는 내와 같다"(잠 18:4)

그는 즉흥적으로 설교하지 않았다. 그는 1년간 설교할 것을 미리 계획했다.* 그 결과 균형 잡힌 설교를 할 수 있었다. 그는 설교를 금요일이나 토요일에 준비하지 않고 월요일에 미리 준비했다. 그는 목회 초기부터 매주 목요일에는 긴급 상황을 제외하고 심방과 상담과 행정을 하지 않는 휴무일로 정하고 설교 준비에 매진했다. 필자가 사역할 당시에 그는 토요일에 교회에서 진행되는 결혼 주례도 하지 않고 설교 준비에 온 힘을 쏟았다.

그의 설교가 샘물과 같을 수 있었던 비결은 설교 준비를 위한 시간

---

* 김동익, "설교계획을 세워 목회하자", 〈기독교 신문〉(1991. 3. 10.), 7면.

을 정하여 미리 계획하고 준비하며 깊은 묵상과 사색을 통해 성도들의 가슴과 삶 속에 전했기 때문이다.

◈ 설교의 다양성과 균형성

김동익 목사는 설교의 다양성과 균형을 강조했다. 그는 1년 52주 중 외부 강사나 부교역자 설교나 출장 등을 빼고 48주 설교계획을 미리 세웠다. 그는 전도 설교와 교육 설교와 치유 설교와 예언 설교를 돌아가면서 편중되지 않게 설교했다.

그는 1년에 12주는 교회력에 맞춘 설교를 했다. 12주는 기독교 기본 교리를 설교했다. 12주는 개인 생활 변화와 12주는 교회 공동체와 사회생활에 관한 설교를 했다.

그는 7년을 한 사이클로 해서 설교했다. 이러한 다양성과 균형과 조화가 성도들을 한쪽으로 치우치지 않게 한다고 생각했다. 그래서 설교자 스스로 균형 있는 설교 커리큘럼을 미리 계획하고 만들 필요성을 강조했다.*

그는 3대지 설교를 했다. 그는 본문을 연구하여 전체 주제를 찾고 소주제 3개를 잡았다. 그리고 소주제별로 살을 붙이고 이야기를 통해서 성도들이 알아듣기 쉽게 설교했다. 그는 설교 25분을 5분은 서론으로, 5분은 새 신자를 위한 내용으로, 5분은 기존 신자를 위한 내용으로, 5분은 공동체를 위한 내용으로, 5분은 결론으로 구성했다. 그는 짜임새 있는 설교가로 소문이 났다.**

---

* 한종호, "이달의 설교자, 새문안교회 김동익 목사", 《그말씀》(두란노서원, 1993년 1월호), 138.
** 송현옥, "새문안의 샘터", 《목회와 신학》(1990년 7월), 169.

이렇게 미리 계획하고 미리 준비하고 곱씹히고 균형 잡히고 짜임새 있는 그의 설교는 성도들에게 다양한 미네랄이 골고루 들어있는 샘물과 같은 설교였다. 그의 샘물과 같은 설교는 사람들의 속을 시원하게 해 주었고 생명을 살렸다. 사람들은 그의 설교를 통해서 생수의 근원이신 예수를 마셨다. 그의 샘물과 같은 설교는 성도들의 영적 세계를 열었고 거듭남을 경험하게 했다. 그의 샘물과 같은 설교는 성도들의 배에서 생수의 강이 흘러넘치게 했다. 그것은 교회의 성숙과 성장으로 이어졌다. 그의 설교가 사람들을 변화시키고 성숙하게 할 수 있었던 이유는 그가 하나님의 말씀에 강력한 능력을 믿고 확신하며 설교했기 때문이다.

◈ 삶이 곧 설교다

김동익 목사는 자신이 설교한 대로 살아가려고 몸부림쳤다. 그는 자신이 설교 기계가 되어가는 것을 염려했다. 그는 설교보다 목사의 도덕적 삶을 더 중요시했다. 그는 자신의 삶이 곧 설교라고 생각했다. 그는 설교한 말씀대로 살아내는 것이 설교의 완성이라고 생각했다. 설교자의 삶이 샘물과 같이 깨끗할 때 설교가 진짜 설교가 되고 교인들이 그 진리의 샘물을 마시고 생명을 얻게 될 것이라고 생각하며 바르게 살아가려고 애를 썼다.

위로와 소망의 설교

"찬송하리로다 그는 우리 주 예수 그리스도의 하나님이시요 자비의 아버지시요 모든 위로의 하나님이시며 우리의 모든 환난 중에서 우리를 위로하사 우리로 하여금 하나님께 받는 위로로써 모든 환난 중에 있는 자들을 능히 위로하게 하시는 이시로다"(고후 1:3,4).

◈ 그의 삶은 위로의 메시지였다

김동익 목사의 설교는 복음적이며 대중적이라는 평을 받았다. 복음은 사랑이다. 복음은 희생과 헌신이다. 예수님의 사랑과 희생과 헌신으로 인해서 천국이 이 세상에 들어왔다. 사망 가운데 빠져있는 모든 인류는 사랑과 희생과 헌신의 복음이 필요하다. 이 땅에 있는 것은 죄의 결과로서 인류 속으로 들어온 죽음과 고통과 눈물이다. 사람들에게는 이 세상에서 죽음의 공포와 세상에서 겪는 고통과 눈물에 대해서 위로가 필요하다.

예수님은 위로자로 이 땅에 오셔서 죽음의 공포와 고통과 눈물에 젖어있는 사람들을 위로하셨다. 예수님은 자신이 인류의 죄를 지시고 고통을 당하심으로 인류에게 생명의 길을 열어주셨다. 예수님은 고통과 눈물에 젖어있는 사람들을 위로하시고 눈물을 닦아주셨다.

예수님은 보혜사(保惠師) 성령을 우리에게 보내주셨다. 보혜사는 위로자다. 보혜사 성령님은 지금도 우리 곁에 서서 우리를 위로하신다(요 14:16-18). 복음적인 설교는 예수님과 성령님과 같이 생명과 위로를 전달하는 것이다.

김동익 목사의 설교는 생명과 위로를 전달했다. 그는 예수님과 같이 십자가를 지는 고통과 성령께서 위로하시는 것을 경험하며 체험적인 설교를 했다. 그가 고통 중에 경험한 위로의 메시지는 대중에게 생명과 위로와 희망이 되었다.

김동익 목사의 설교는 욥과 같은 그의 처절한 삶에서 나온 신앙고백이었다. 그는 목사가 되기에는 부족함이 없이 모든 것을 다 갖추었다. 그는 3대째 목사의 가정에서 자랐다. 그는 키도 크고 잘 생겼다. 그는 명문대를 나왔고 미국에서 박사학위까지 받은 인재다. 그는 훌륭한 목사가 되기에 전혀 부족함이 없어 보였다. 그러나 하나님은 그를 참 목자로 빚으시기 위하여 욥과 같은 연단을 허락하신 것 같다. 그는 젊어서 사랑하는 아내를 잃고 처절한 고통 가운데서 죽음과 인생의 의미를 깊이 체험했다.

포항제일교회에서 사역할 때 심방 중에 인덕동에서 차를 후진하다가 어린아이를 친 사고로 인해서 그는 평생 죄스러운 마음과 통회하는 마음을 가지고 살아갔다. 그는 성향이 매우 대조적인 아내와 함께 살면서 사랑의 고뇌를 깊이 느꼈을 것이다. 두 가정에서 하나로 합한 자녀들과의 관계 속에서도 깊은 고통을 경험했을 것이다. 그는 목회자로서 참으로 겪기 힘든 일들을 몸으로 체험했다.

그러나 하나님께서는 그의 상하고 통회하는 심령을 멸시하지 않고 오히려 은혜를 부어주셨다(시 51:17). 하나님께서는 그를 기가 막힐 웅덩이와 수렁에서 끌어 올리시고 그의 발을 반석 위에 두사 그의 걸음을 견고하게 하셨다(시40:2). 그는 인간으로서 감당하기 힘든 상황

속에서도 자신의 인생에 불어오는 불행과 행복의 바람을 마주하며 믿음의 항해를 계속했다.

그는 마지막까지 참고 인내하며 자신에게 주어진 사역을 신실하게 감당했다. 그가 그렇게 처절한 고통 중에서 견딜 수 있었던 것은 하나님을 향한 믿음 때문이었다. 그는 고난 중에 "내가 가는 길을 그가 아시나니 그가 나를 단련하신 후에는 내가 순금같이 되어 나오리라"(욥 23:10)고 고백했던 욥과 같이 그에게 닥쳐오던 모든 시련을 하나님의 단련하심으로 받아들이고 정금처럼 빚어져 갔다. 그는 고통의 순간에 무릎을 꿇고 기도하며 하나님의 크신 위로를 체험했다.

그는 자신의 고통을 통해서 성도들의 고통을 더 깊이 이해하고 공감할 수 있었다. 그는 성도들의 상황을 이해하고 공감하는 것을 바탕으로 설교했다. 자만하지 않게 하시려고 육체의 가시를 주셨다고 고백했던 바울과 같이 그는 자신에 처한 모든 고통스러운 사건을 하나님의 은혜로 받아들였다(고후 12:7,10).

그는 자신의 강한 것이 아니라 자신의 약한 것을 설교했다. 그의 설교는 약하고 고통 중에 있는 성도들을 위로했다. 그의 설교는 성도들에게 하늘에서 보내시는 위로의 메시지가 되었다. 그의 삶 자체가 위로의 메시지였다. 그의 설교와 삶은 절망에 빠진 성도들의 가슴을 위로로 적시고 소망을 갖게 했다.

◈ 최후의 순간까지 위로를 설교하다

김동익 목사는 죽음의 순간까지 복음을 통해서 성도들을 위로했다. 그는 죽음 직전까지 복음을 설교했다. 복음으로 성도들을 위로하는 설교는 그의 삶의 이유였고 의미였다.

그는 1997년 9월 9일에 심한 고통으로 갑자기 병원에 입원했다. 진단 결과는 신장암과 대퇴부 고관절암 말기였다. 의사는 수술이나 치료 방법은 기대하기 어렵고 6개월 이상을 생존하기 어렵다고 말했다.

그러나 그는 절망적인 순간에도 성도들에게 위로와 소망의 설교를 하기로 결단했다. 그는 자신을 위해서 기도하러 온 당회원들에게 한 가지 소원을 말했다. 그의 소원은 "병세가 아무리 심해도 생명이 붙어 있는 동안에 일주일에 한 번은 설교할 수 있도록 해달라"는 것이었다.

그는 수술을 성공적으로 마치고 2주 만에 병원에서 퇴원했다. 그러나 신장 제거와 오른쪽 다리 윗부분 대퇴부 20cm를 수술한 후유증으로 온몸에 고통이 계속되었다. 수술 2개월이 지난 후에도 심한 통증으로 인해서 진통제를 복용해야 했다. 한 달에 한 번씩 한 주간 동안 입원하여 고통스럽게 항암 주사를 맞았다. 그러한 상황 속에서 그는 한 주일도 빠지지 않고 설교했다. 그는 마지막 순간까지 자신이 온몸으로 체험한 예수 십자가의 복음을 전했다.

그는 설교에 목숨을 걸었다. 그리고 설교를 위해서 온 정성을 다 쏟았다. 그의 설교는 그의 생명이었다. 설교는 그에게 삶의 존재 이유였다. 그는 마지막 순간까지 "너희는 위로하라 내 백성을 위로하라"(사 40:1)는 말씀대로 성도들을 위로한 설교자였다.*

그는 모든 것이 평안하고 건강한 상황에서 위로의 설교를 한 것이 아니었다. 그는 그가 당하는 모든 환난과 고통 중에서 몸으로 체험한 복음을 통해서 성도들을 위로한 것이었다.

---

* 김동익, 《하나님과 씨름하다》(서울: 쿰란출판사, 1998.), 3-5.

예언자적 설교

◈ 요한계시록 강해

2021년 4월 8일에 새문안교회 김명옥 공로권사를 만났다. "김동익 목사의 설교 중에 가장 기억에 남는 것이 무엇이냐?"는 나의 질문에 김 권사는 이렇게 대답하셨다.

"매주 수요예배 때 요한계시록을 강해하신 것이 기억에 남습니다. 그는 땅 삼 분의 일이 타 버리고 각종 푸른 풀도 타버리고 강들의 삼 분의 일과 물 삼 분의 일을 쓰게 된다(계 8:7-11)고 설교하셨어요. 그러면서 쓰레기 처리와 환경 보존에 대해서 말씀하셨는데 지금 세상이 그렇게 되어가고 있는 것 같아요."

김동익 목사는 멀리 내다보며 자연환경 문제나 교회와 세상의 부패에 대해서 변혁을 외쳤다. 그러나 교회와 세상을 향한 그의 설교는 단순하게 비판을 가하는 것이 아니었다. 그는 부드럽고 단호하게 교회와 세상을 향해 대안을 제시했다.

◈ 교회의 변혁을 향하여

김동익 목사는 기복적인 설교와 성공주의 설교가 난무하던 시절에 건강한 신학과 성경 중심의 설교를 하려고 애를 썼다. 그는 말씀이 삶의 현장에서 살아서 생동하는 설교를 하려고 힘을 쏟았다. 그는 스스로 말을 잘하는 것보다 도덕성이 뛰어난 설교자가 되고자 노력했다.

그는 목회자들의 도덕성 결여에 대해서 걱정하며 도덕성 회복을 외쳤다. 그는 목사의 인격과 경건과 윤리의 중요함을 외쳤다. 목사의 성적 타락에 대해서 걱정하며 목회자들의 거룩함을 외쳤다. 그는 목사들의 정직성 회복을 외쳤다. 그렇지 않으면 한국 교회의 위기가 찾아올 것을 지적했다.

김동익 목사는 목사들의 교파주의에 대해서 염려하며 일치와 협력을 강조했다. 한국의 에큐메니칼 운동조차도 교파 간 나눠먹기식의 연합에 대해서 우려를 표하며 진정한 일치를 강조했다. 그는 도덕적으로 부패한 시대를 향하여 도덕성 회복을 외치며 이것을 위해서 교회가 앞장서야 한다고 주장했다.[*]

김동익 목사는 총회장과 부총회장의 부정선거를 회개하고 공명선거를 통해 교회의 거룩성을 회복할 것을 주장했다.[**] 그는 총회의 정, 부총회장 선거 쇄신을 주장했다. 교회의 선거가 공명정대할 때 당선된 교단장만이 교회를 교회 되게 하는 지도자가 될 수 있다며 교회의 바른 선거풍토를 세우고 실현할 것을 외쳤다.[***]

그는 도덕적 불감증에 걸려 총체적으로 부패한 사회를 개혁하기 위해서 먼저 교회가 도덕성 회복을 해야 한다고 했다. 교회는 한 사회의 양심인데 교회가 양심 역할을 하지 못하면 그 사회는 정신적 구심

---

[*] 김동익, "도덕성 회복, 교회가 앞장서야", 〈크리스천 신문〉(1990. 2. 3.), 1면.
[**] 김동익, "기독교 2000년을 앞두고 있다", 〈기독교 신문〉(1990. 9. 9.), 4면.
[***] 김동익, "바른 교회 선거풍토를", 〈기독교 신문〉(1991. 9. 9.), 7면.

점을 잃는다며 교회 개혁을 주장했다. 교회의 개혁은 목회자의 도덕성 개혁에서부터 시작되어야 한다고 강조했다.*

그는 한국 사회에서 교회에 대한 신뢰도가 말로 할 수 없을 정도로 떨어지게 된 것은 대부분 교회 지도자들의 책임이라고 했다. 사회로부터 교회의 신뢰도를 회복하기 위해서 가장 먼저 교회 최고 지도자들이 도덕적으로 개혁이 일어나야 할 것이다. 한국 교회는 김동익 목사가 주장했던 교단장의 부정선거가 사라지고 공명선거가 이루어지는 것부터 개혁이 일어나야 할 것이다.

김동익 목사는 교회의 2/3나 되는 여성들과 젊은이들이 교회의 의사 결정에 참여할 수 있어야 한다는 것을 주장했다. 그는 당회와 노회와 총회에 여성들과 청년들의 참여가 강화될 때 교회가 새로워지고 선교의 열정이 일어날 것이라고 강조했다.**

그러나 한국 교회는 여전히 여성과 젊은이들이 교회 의사 결정에 뒤로 밀려 있다. 그 결과 교회는 점점 힘을 잃어가고 있고 노령화되어 가고 있다. 총회에 참석하는 여성 총대는 극소수다. 총회 총대로 참석하는 평균 연령은 62세다. 한국 교회는 여전히 교회 의사 결정에 젊은이들이 소외되고 있다. 지금 한국 교회는 김동익 목사와 같은 주장을 하는 사람이 더 그리운 시대다.

김동익 목사는 수(數)와 양(量)의 귀신에 홀려 있는 것과 같은 교회를 향하여 많은 수의 교인과 많은 양의 부동산에 집착하는 것을 버리라고 했다. 교회가 물량주의를 버리고 질적으로 성숙해질 때 선교적 사명을 감당할 수 있을 것임을 강조했다. 교회는 미래를 위해서 부

---

* 김동익, "교회는 도덕성 회복에 앞장서야", 〈크리스천 신문〉(1993. 5. 1.), 3면.
** 김동익, "여권신장에 관심을 갖자", 〈기독교 신문〉(1994. 5. 20.), 7면.

동산을 축적하기보다는 인재를 양성하는 것에 중점을 두어야 할 필요성을 강조했다.

❖ 정치와 사회의 변혁을 향하여

김동익 목사는 정치 지도자들의 도덕적 타락을 비판했다. 정치 지도자가 되고자 하는 사람은 가장 먼저 도덕성을 갖출 것을 요청했다. 폭력과 속임수를 버리고 민주적이고 정직한 정치를 해야 할 것을 주장했다. 폭력은 도덕성이 결여된 힘의 사용이라고 말했다. 정치를 잘하거나 못하는 것보다 더 중요한 것은 도덕성이라고 말했다. 도덕성을 상실한 정치는 나라를 망치고 국민을 파괴한다고 했다. 정치 지도자들을 향해서 가장 먼저 국민이 공감할 수 있는 도덕성을 갖춘 정치를 하라고 권면했다.

또한, 정치인들이 국민 위에 군림하려는 자세를 버리고 국민을 섬기는 자세를 갖추라고 말했다. 정치인들에게 언론의 자유와 인권 신장을 보장하고 나라의 주권을 국민에게 되돌려 줄 것을 요청했다.[*] 그는 광화문 한복판에 있는 교회 목사로 광화문 정치에 관심을 가지고 나라와 민족의 역사와 미래를 위해서 예언적 설교를 했다.

김동익 목사는 정치와 사회 변혁에 대해서 여러 잡지와 신문을 통해서 예언자적 목소리를 내었다. 그는 전두환 씨가 권력 유지를 위해서 사용했던 강권 정치와 비리와 인권 유린에 대해서 비판했다. 그는 전두환 씨에게 알렉산더 대왕의 일화를 소개하며 "승리를 도둑질해

---

[*] 김동익, "권력은 정통성과 도덕성을 갖추어야 한다", 〈월간 조선〉(1994.)

서는 안 된다"고 했다. 그리고 정권의 도덕성과 "정당한 과정만이 정당한 결과를 낳는다"는 역사적인 교훈을 말했다.*

김동익 목사는 노태우 씨가 대통령 재임 중에 5년간 5천억 원의 비자금을 조성한 사건을 바라보며 그의 도덕성 결여와 도덕적 불감증 현상을 비판했다.

김동익 목사는 정치 지도자들을 향하여 거짓을 버리고 진실하게 말하고, 말한 것을 지키라고 권면했다.** 또한, 정치인들의 돈 선거를 비판하며 정직과 도덕성 회복을 말했다. 도덕적 결핍이나 도덕 불감증은 정치와 사회의 문제만이 아니고 국민 모두의 문제임을 자각하고 국민 모두의 의식 대전환이 이루어져야 한다는 것을 강조했다. 그리고 잘 사는 것보다 바르게 사는 방법, 수단보다는 정당한 과정을 중요시하는 가치관과 도덕성을 키워나가야 할 것을 주장했다.***

김동익 목사는 나라의 미래를 위해서 장례문화를 개선할 것을 제안했다. 모든 묘지의 규격화, 평준화를 주장했다. 이에 대한 실행을 국립묘지부터 묘지의 크기를 달리하는 것을 바꾸어 규격화, 평준화를 실시할 것을 제안했다. 더불어 납골당을 지역별로 세우고 한시적 묘지 제도를 도입할 것을 주장했다. 그는 묘지 개선을 위한 의식 개혁운동을 교회가 먼저 앞장서자고 했다.****

1990년대에 들어서 이혼이 급증하는 것을 바라보며 부부의 성결과 기본윤리를 강조했다. 그리고 이혼 사유 중 중요한 이유가 되는 과다

---

* 김동익, "승리를 도둑질하지 말라", 〈민주일보〉(1990. 1. 6.), 2면.
** 김동익, "국민은 투명유리를 좋아한다", 〈민주일보〉(1990. 2. 6.), 2면.
*** 김동익, "도덕적 회복이 시급하다", 〈뉴스메이커〉(1995. 11. 9.), 96.
**** 김동익, "장묘문화 개선해야 한다", 〈서울신문〉(1996. 10. 26), 10면.

혼수 폐습을 없애자고 제안했다.* 그는 나라와 민족을 끌어안고 기도하며 사회 문제 해결을 위한 구체적인 제안을 제시하며 예언자적 소리를 조용히 그러나 강하게 부르짖었다.

◈ 예언자적 메시지가 그리운 시대

교회가 세상의 신뢰를 상실하고 세상이 교회를 걱정하는 시대가 되었다. 그 이유는 다양하지만, 핵심적인 이유는 교회의 도덕적 타락에 있다. 교회 속에서 먼저 도덕적인 갱신이 일어나야 한다. 그리고 사회를 향하여 도덕성 회복을 외쳐야 한다. 바른 설교는 하나님의 사랑을 말하는 것인 동시에 죄의 결과 사람들 속에 만연해 있는 문제를 지적하고 바로 잡는 예언자적 소리를 내는 것이다.

현재 한국 교회 설교는 지나치게 기복주의화 되었다. 교회의 설교가 지나치게 물질적 성공과 긍정주의에 만연해 있다. 교회의 메시지가 영지주의자들처럼 영적인 면만 강조하는 경향이 강하다.

게다가 교회의 도덕적 타락이 심각하다. 세상이 교회를 향하여 '너희나 잘하라'고 말하는 시대가 되었다. 교회가 세상을 걱정하는 것이 아니라 세상이 교회를 걱정하는 시대가 되었다. 진리를 가지고 있으나 진리대로 살지 않고 맛을 잃은 소금처럼 세상에 버림받고 짓밟히는 시대가 된 것이다.

이러한 시대에 김동익 목사와 같이 교회와 세상을 향하여 담대하게 예언자적 메시지를 외치는 사람이 더욱 그립다.

---

* 김동익, "혼수 폐습을 없애자", 〈기독교신문〉(1990. 5. 20.), 4면, 〈서울신문〉(1996. 9. 21), 10면.

핸디캡을 딛고 위대한 설교자로 서다

◈ 음치 김동익 목사

김동익 목사는 사역했던 교회마다 창의성과 조직력을 바탕으로 찬양대를 크게 육성시켰다. 찬양대는 예배의 거룩함을 더했고 교회 성장의 중요한 요소가 되었다. 그는 찬양을 좋아했다. 그러나 그는 찬양을 잘하지는 못했다. 그의 아버지 김희용 목사는 악기도 잘 다루고 노래를 잘해서 가수가 되고자 하는 고민을 했던 것을 생각하면 그가 노래를 잘못했다는 것이 잘 믿어지지 않는다.

그는 음치였다. 그는 예배 시간에 찬송을 조용히 불렀다. 그의 찬양 소리는 옆에 있는 사람도 잘 들을 수 없었다. 그는 초등학교 1학년 때 소풍 가서 노래를 부른 적이 있었는데 그때 "누님 날 장가보내주오"라는 옛날 노래를 불렀다고 한다. 그러자 학부모들이 배꼽을 잡고 웃었고 어머님께 혼이 나고 선생님께 꿀밤을 받았다고 한다. 그때부터 그는 노래 부르는 것을 즐기지 않았다고 한다.

그럼에도 교회 특별한 행사나 일이 있을 때 권사님들은 그가 찬양하는 소리를 듣기 원했다. 그는 언제나 "나는 음치여서 찬양을 잘하지 못한다"며 권사님들의 요청을 한사코 거부했다. 그러면서 "은퇴할 때 찬송가를 부르겠다"고 약속했었다. 그런데 그 누구도 그가 은퇴할 때 부르겠다는 찬송 소리를 듣지 못했다.

그가 일생 목숨을 걸었던 설교는 하늘나라에서 하지 않아도 될 것이다. 그곳엔 설교가 필요하지 않을 것이다. 그는 그곳에서 설교 대신 하나님을 찬양하고 있을 것이다. 그는 이제 음치를 벗어나 찬양을 매우 잘할 것 같다. 우리는 천국에서 그가 약속했던 찬양을 듣게 될 것이다.

그는 자신이 찬양을 잘하지는 못했지만 사역하는 교회마다 창의성과 조직력으로 어디에 내어놓아도 뒤지지 않을 매우 뛰어난 찬양대를 육성했다. 그는 자신의 핸디캡을 승화시켜서 교회를 이롭게 했고 그것은 교회 성장으로 이어졌다.

❖ 천천히 속삭이듯 말하다

한국 교회에서 설교를 잘한다고 하는 목사님들은 대부분 말을 잘한다. 이동원 목사는 신학생들이 가장 설교를 잘하는 목사로 뽑았는데 그는 달변가였다. 영락교회와 갈보리교회에서 목회하며 뛰어난 설교가로 이름을 떨쳤던 박조준 목사 역시 달변가였다. 소망교회를 담임했던 곽선희 목사 역시 달변가였다. 대부분 유명한 설교가는 달변가나 웅변가의 성향을 띠었다.

한편 김동익 목사는 달변가나 웅변가는 아니었다. 그의 말은 때로 어눌한 것처럼 들렸다. 그는 조용히 그리고 천천히 속삭이는 것처럼 말했다. 그러나 그의 설교는 확신이 있었다. 그의 설교는 깊은 감동이 넘쳤다. 그의 설교는 달변가들의 그것보다 청중들에게 더 깊은 신뢰를 줬다.

그의 설교는 사람들의 가슴속에 조용히 말하고 성도들이 스스로 결단하도록 했다. 그의 설교는 사람들에게 위로와 희망을 줬다. 그의 설교는 성도들에게 긍정적인 동기를 불어넣어 줬다.

그의 설교는 포항제일교회와 새문안교회가 크게 성장하는 데 매우 중요한 역할을 했다. 설교는 말로만 하는 것이 아니다. 설교는 인격과 삶으로 하는 것이다. 그의 설교에는 그가 평생 살아온 삶과 인격이 묻어났다. 그의 설교는 그가 많이 읽고 사색하고 고민한 결과물이었다. 그의 어눌한 것 같은 어투와 조용히 그리고 천천히 말하는 것은 그의 설교를 더 진실하게 느끼게 했다. 설교가로서는 핸디캡처럼 보이는 그의 어투와 말의 속도는 오히려 설교를 빛나게 했다.

◈ 상처(傷處) 입은 치유자

김동익 목사가 목회하고 설교하는 데 가장 큰 핸디캡처럼 보이는 것은 그의 상처(喪妻)였다. 젊어서 아내를 잃은 그는 내면에 깊은 상처(傷處)를 입었다. 그는 상처(喪妻)로 인한 마음의 상처(傷處)로 인해서 고통이 깊었다. 그는 아내의 죽음이 마치 자신의 잘못으로 인한 것일지도 모른다는 생각으로 괴로워했다.

그가 그 고통과 아픔을 딛고 일어서는 것은 쉬운 일이 아니었다. 고통 중에도 계속해서 설교하는 것이 가장 견디기 어려운 일이었다. 그러나 그는 고통 중에 하나님께서 자신의 깊은 내면의 상처(傷處)를 치료해 주시는 주님을 경험했다. "여호와는 마음이 상한 자를 가까이 하시고 충심으로 통회하는 자를 구원하시는도다"(시 34:18)

그 결과 그는 예수님과 같이 상처 입은 사람이 다른 사람을 치유하고 회복시키는 상처 입은 치유자가 되었다. 자신과 같이 아내나 남편이나 자녀나 주변의 사랑하는 사람들을 먼저 떠나보내고 애통해 하는 사람들의 고통에 깊이 공감했다. 그의 공감은 사람들에게 진정한 위로를 줬다. 상처 입은 자의 공감과 위로는 상처 입은 자를 치유했다.

김동익 목사는 항상 건드리면 터질 것 같은 엷은 미소를 띠고 다녔다. 그는 자신의 삶 속에서 고뇌한 문제를 담담하게 성경을 풀어서 해답을 제시했다. 그의 설교는 가정의 문제에 대해서 지식을 넘어 실제 아픔을 해결해 주는 삶의 지표가 되었다. 가정의 문제로 인해서 아파하는 사람들은 그의 설교를 들으며 치유되었다. 그는 삶의 실제상황 속에서 일어나는 문제를 가지고 용서와 관용과 사랑을 설교했다. 그의 설교는 상처 입은 자를 치유하고 상처 입은 가정을 회복시켰다. 욥과 같이 그의 삶은 곧 설교가 되었다.

하나님은 그의 가장 치명적인 고통을 통해서 생명의 열매를 거두셨다. 하나님은 그의 핸디캡을 도구로 하여 그를 위대한 설교자로 빚으셨다. 김동익 목사는 인간적으로 보면 핸디캡이 전혀 없는 것 같았다. 그는 목사로서 갖출 것을 다 갖춘 듯했다.

그러나 그에게도 말할 수 없는 핸디캡이 많았다. 그 역시 질그릇으로 빚어진 인간이기 때문에 깨어지기 쉬운 약점을 많이 가지고 있었다. 그러나 그는 자신의 핸디캡에 집중하지 않고 자신의 핸디캡을 사용해서 일하시는 하나님께 집중했다. 그는 질그릇 속에 보배가 있음을 알고 믿었다(고후 4:7). 그는 자신의 핸디캡으로 인해서 낙심하지 않고 함께 하시는 하나님으로 인해서 믿음으로 일어나 위대한 설교자가 되었다.

열한 권의 설교집을 출간하다

　김동익 목사는 설교를 목회의 핵심이라고 생각했다. 그는 평생 설교를 즐기고 설교를 위해 전력투구했다. 그는 설교하지 않는 것을 고통스럽게 생각했다. 그는 최후 생명이 다하는 날까지 설교했다. 그는 설교를 위해서 살고 설교를 위해서 죽었다.
　그는 열한 권의 설교집을 우리에게 남겼다. 그가 남겨놓은 주옥같은 설교를 통해서 설교다운 설교를 만나볼 수 있기를 바란다. 열한 권의 설교집에 대한 배경과 구성과 핵심 설교 내용을 살펴보고자 한다.

◈ 제1권 행동하는 그리스도인

　김동익 목사의 첫 번째 설교집은 1887년 9월 27일 새문안교회 창립 100주년을 기념하며 하나님께 감사와 찬양과 영광을 올려드리기 위해서 출간한 것이다. 이 책은 새문안교회 강단과 기독교방송과 극동방송을 통해서 그의 설교를 듣고 은혜를 받은 많은 성도와 동역자들이 책으로 출판해 달라는 요청에 응해서 출판한 것이다. 이 설교집은 출간 후에 불과 몇 개월 만에 재판을 찍었다.
　김동익 목사는 설교를 준비할 때 하나님의 말씀을 오늘의 삶과 상황 속에 어떻게 적용하느냐에 관심을 두었다. 그는 설교를 준비할 때마다 "하나님의 말씀은 살아있고 활력이 있어 좌우에 날 선 어떤 검보다도 예리합니다"(히 4:12)라는 말씀을 늘 가슴에 새겼다.

그는 설교란 인간의 삶을 변화시키고 새 세계로 향한 희망과 용기를 북돋워 주어야 하는 것이라고 생각했다. 그리스도인은 믿음을 계속해서 삶 속에서 표현해야 하는 동적 상태에 있어야 한다고 했다. 그래서 첫 번째 설교집 제목을 《행동하는 그리스도인》이라고 붙였다.

이 설교집은 5부로 구성되어 있으며 총 46편의 설교가 실려있다. 1부 주제는 '오늘을 말한다'로 9편의 설교가 있다. 2부 주제는 '예수! 사형선고 받다'로 8편의 설교가 있다. 3부 주제는 '곤고한 날에 생각하라'로 10편의 설교가 있다. 4부 주제는 '무엇이 삶을 아름답게 하는가'로 9편의 설교가 있다. 5부 주제는 '믿음의 위력을 가지자'로 10편의 설교가 있다.

첫 번째 설교집 서문에서 그는 아버지 김희용 목사와 어머니 이상순 사모의 기도에 감사를 드리고 있다. 이 책의 표지 그림은 그의 누이 김화자 권사가 그렸다. 김동익 목사는 이 설교집을 새문안교회 믿음의 선배들에게 헌정했다.

◈ 제2권 어둠 속의 변혁

김동익 목사는 설교집 제1권을 출판한 후에 많은 사람의 지지를 받았다. 그래서 1888년 5월에 설교집 제2권을 출간했다. 이 설교집은 어둠이 짙게 깔린 80년대 상황 속에서 그리스도인들이 지녀야 할 가치관에 대해서 그의 담담하면서도 힘찬 목소리를 실었다.*

이 설교집은 '이 시대를 어떻게 살아야 할 것인가'를 주제로 편집

---

* 〈중앙일보〉(1988. 6. 13.), 8면.

한 것이다.* 설교집 제2권은 4부로 구성되어 있으며 31편의 설교가 실려있다. 1부 주제는 '행복을 원합니다'로 6편의 설교가 담겨있다. 2부 주제는 '문명을 변화시키다'로 8편의 설교가 담겨있다. 3부 주제는 '지금은 어느 때입니까'로 10편의 설교가 실려있다. 4부 주제는 '불이 붙었습니다'로 7편의 설교가 실려있다.

'어둠 속의 변혁'은 3부 16장에 실려있는 설교 제목이다. 이 설교 본문은 사무엘상 3장 1-4절이다. 본문을 중심으로 엘리 제사장 시대와 종교개혁 시대의 종교적 도덕적 어둠을 빗대어 현대의 어둡고 암울한 상황을 지적하고 있다. 이 시대의 어둠을 말씀의 빛으로 변혁시킬 수 있음을 설교하고 있다.

이 설교는 1987년 10월 25일 설교로 35년 전에 한 설교인데 현시대에도 동일하게 적용할 수 있다. 이 설교는 현시대에 다시 들어야 할 것이다. 이 설교집은 황산성 사모가 원고를 교정했고 김동익 목사가 존경하였던 강신명 목사에게 헌정했다.

◈ 제3권 인간의 위기와 하나님의 기회

김동익 목사의 세 번째 설교집은 1988년과 1989년에 새문안교회에서 설교했던 내용과 신문과 잡지에 기고했던 글을 모은 것이다. 세 번째 설교집 《인간의 위기와 하나님의 기회》는 47편의 설교를 모아서 편집한 것이다.

제3권은 7부로 구성되어 있다. 1부 주제는 '인간의 위기와 하나님

---

* 〈조선일보〉(1988. 6. 11.), 10면.

의 기회'로 6편의 설교가 실려있다. 2부 주제는 '고통에도 뜻이 있다'로 7편의 설교가 실려있다. 3부 주제는 '성숙한 신앙, 성숙한 교회'로 6편의 설교가 실려있다. 4부 주제는 '주여! 나를 새롭게 하소서'로 6편의 설교가 실려있다. 5부 주제는 '기뻐하라! 기뻐하라!'로 6편의 설교가 실려있다. 6부 주제는 '한국 교회를 생각하며'로 6편의 설교가 실려있다. 7부 주제는 '우리나라, 우리 민족'으로 10편의 설교가 실려있다. 6부와 7부는 김동익 목사가 신문과 잡지에 기고했던 글들로 그 시대를 향하여 예언자적인 증언을 한 것이다.

《인간의 위기와 하나님의 기회》는 제1부에서 두 번째로 실린 설교 주제를 제목으로 정한 것이다. 이 설교는 창세기 50장 15-21절을 중심으로 1980년 3.1절을 맞이하며 설교한 내용이다. 이 설교에서 김동익 목사는 요셉의 생애를 통해 인간이 위기를 당할수록 하나님께서는 인간을 더 사랑하시고 강한 능력으로 역사하신다고 말하고 있다.

이 설교집은 호주 선교 100주년을 기념하며 경남지역 선교를 위해서 헌신했던 선교사들과 김동익 목사의 할아버지 김선명 영수와 황산성 사모의 아버지 황성욱 목사에게 헌정했다.

◆ 제4권 문제를 풀어가라

김동익 목사의 네 번째 설교집은 1992년에 출간했다. 이 설교집은 문제를 안고 살아가고 있는 현대인들에게 하나님의 말씀을 통해서 문제 해결의 방법을 제시하여 용기와 희망을 전해주기 위한 설교다.

제4권《문제를 풀어가라》는 7부로 구성되어 있으며 총 41편의 설교가 실려있다. 1부 주제는 '문제를 풀어가라'로 5편의 설교가 있다.

2부 주제는 '지금은 어느 때인가'로 8편의 설교가 있다. 3부 주제는
'생기를 불어넣자'로 7편의 설교가 있다. 4부 주제는 '기독교 고전을
찾아서'로 4편의 설교가 있다. 여기에서는 《그리스도를 본받아》, 《참
회록》, 《천로역정》, 《실낙원》을 다룬다. 5부 주제는 '하나님의 세계'로
6편의 설교가 있다. 6부에는 7편의 절기 설교가 실려있다. 7부 주제
는 '야고보와 대화'로 야고보서를 중심으로 4편의 설교가 실려있다.

김동익 목사는 이 설교집 서론에서 아버지 김희용 목사와 어머니
이상순 사모의 기도에 감사하고 아내 황산성 사모의 내조에 감사 인
사를 했다. 그리고 원고 정리와 타자를 쳐준 이연순 집사에게 감사 인
사를 했다.

◈ 제5권 약점 때문에 괴로워 말라

제5권은 1992년 5월 5일에 발행한 설교집으로 자신의 약점 때문에
괴로워하는 사람들을 향하여 설교하고 있다. 김동익 목사는 이 설교
집에서 자신의 약점을 극복해 나갈 수 있는 길을 제시하고 있다. 그는
인류 역사에 위대한 발자취를 남긴 사람은 약점이 없는 사람이 아니
고 오히려 약점을 극복해 나갈 수 있는 믿음과 지혜가 있던 사람들이
라고 말한다. 이 설교집은 인생의 문제들에 대해서 하나님의 말씀으
로 해답을 주고 삶의 방향을 제시해 주고 있다.

제5권 설교집 《약점 때문에 괴로워 말라》에는 51편의 설교가 실려
있다. 이 설교집은 1년 52주간 매주 설교한 것을 책으로 묶은 것이다.

'약점 때문에 괴로워 말라'는 6월 넷째 주 설교 제목이었다. 이 설
교는 누가복음 19장 1-10절을 중심으로 설교한 것이다. 이 설교에서

삭개오는 직업과 신체상의 약점이 있었지만, 그 약점 때문에 오히려 예수님을 만날 수 있었다고 했다. 삭개오는 예수님을 만난 후 약점이 강점으로 변화되었음을 보여줬다. 또한, 약점을 극복하기 위해서는 용기와 모험과 회개가 필요하다고 말하고 있다. 약점은 오히려 예수님을 만나고 은혜를 입는 도구가 됨을 밝히며 약점 때문에 낙심하거나 괴로워하지 말라고 권면하고 있다.

김동익 목사는 서문에서 아버지 김희용 목사와 어머니 이상순 사모에게 감사드리고 있다.

◈ 제6권 고통 때문에 더 잘된 이야기

김동익 목사는 당시를 "설교의 위기 시대"라고 정의했다. 그럼에도 "설교는 목회의 핵심이며, 교회를 교회 되게 하고, 사람을 그리스도인답게 하는 최선의 사역"이라고 말하고 있다. "아무리 시대와 사회가 달라져도 목회자는 설교 없이 목회할 수 없다"고 말한다. "목사는 설교의 권위를 회복하고 감명 깊은 설교를 하기 위해 더욱 분발해야 할 때"라고 말하고 있다.

이를 위해서 첫째, 설교자 자신의 영성과 소명 의식이 투철해야 할 것을 말하고 있다. 둘째, 청중에 대한 예리한 분석이 있어야 한다고 말하고 있다. 셋째, 설교의 다양성과 전달 방법의 갱신이 있어야 한다고 말하고 있다. 이 책의 서론은 김동익 목사의 설교론을 강연하고 있는 듯한 느낌이 든다.

제6권《고통 때문에 더 잘된 이야기》는 1992~1993년 상반기에 새문안교회 강단에서 전했던 61편의 설교를 실었다. 이 설교집은 제5권

《약점 때문에 괴로워 말라》와 비슷한 구조를 띠고 있다. 이 설교집이 다른 책과 다른 점은 1월부터 12월까지 각 달의 주제를 정하고 그 주제와 절기에 따라서 설교한 것이다. 특히 절기 설교에 집중되어 있다. '고통 때문에 더 잘된 이야기'는 6월 첫 주에 사도행전 28장 1-10절을 중심으로 성령강림 주일의 설교 제목이었다.

이 설교를 통해서 김동익 목사는 바울의 앞길이 막히고 추운 환경에 처해 있었고 병들어 있었지만, 성령 하나님께서 그 고통을 통해 선을 이루신 것을 상기하며 교인들에게 위로의 메시지를 전하고 있다.

김동익 목사는 설교집 서론에서 아버지 김희용 목사와 어머니 이상순 사모에게 감사 인사를 하고 있다. 특별히 이 설교집 출판을 위해 협조한 황산성 사모에 대해서 감사 인사를 하고 있다. 나는 1993년 새문안교회 전임전도사로 사역하던 시절에 이 설교집 원고를 교정했다. 되돌아보면 귀한 일에 쓰임 받았음이 영광이다.

◈ 제7권 새 힘을 얻으리라

제7권《새 힘을 얻으리라》는 1994년 7월부터 1995년 9월까지의 설교를 주제별로 분류하여 총 8부로 되어있다. 제1부는 '기독교 기본 교리'를 9주에 걸쳐서 설교한 내용을 실었다. 제2부는 열등감, 두려움, 실패, 근심 등 '인생을 살아가는데 발생하는 문제에 대해서' 4주간 설교한 내용이다. 제3부는 '어떻게 하면 삶을 성공할 것인가'에 대해서 5주간 설교한 내용이다. 제3부 세 번째에 이사야 40장 27-31절을 중심으로 한 설교 '새 힘을 얻으리라'를 책의 제목으로 정한 것이다. 제4부는 죄의식과 우울증과 고독과 분노에 대한 치유 설교다. 제5부는

'믿음을 더하소서'라는 주제로 5편의 설교가 있다. 제6부는 '주의 일을 하게 하소서'라는 주제로 5편의 설교가 실려있다. 제7부는 '처음 이야기'라는 주제로 첫 기적, 첫 계명, 첫날에, 첫사랑, 첫 시험 등 5편의 재미있는 제목의 설교가 실려있다. 제8부에는 7편의 '절기 설교'가 실려있다.

제7권 《새 힘을 얻으리라》는 속기사이고 속기 사무소를 운영하고 있던 이미정 집사가 설교를 들으며 속기한 것을 그대로 설교집으로 출판한 것이다. 그러므로 설교 원고와 다소 차이가 있고 사투리나 틀린 발음이 그대로 있어서 어색한 감도 있지만, 원고보다 더 생동감 있는 것이 특징이다.

이 설교집은 1994년 11월 9일에 소천하신 김희용 목사의 1주기를 맞이하여 아버님을 추모하는 마음으로 출판한 것이다.

◈ 제8권 내가 너와 함께 한다

제8권과 제9권은 1997년 김동익 목사가 암 선고를 받고 세브란스 병원에서 고통 중에 기도하며 발간한 설교집이다. 이 설교집은 김동익 목사가 수술한 후유증으로 온몸에 통증이 계속되고, 한 달에 한 번씩 항암 면역 주사를 맞고 있던 상황에서 설교한 내용이다. 그의 존재 이유는 설교였다. 그는 데카르트의 명언을 빌려 "나는 설교한다. 그러므로 나는 존재한다"고 말했다. 그는 말이 아닌 몸으로 체험한 복음을 전했다. 그 결과물이 설교집 제8권과 제9권이다.

제8권의 설교집은 3부로 구성되어 있으며 35편의 설교가 실려있다.

제1부는 '어떤 용기를 가지고 사는가'라는 주제로 11편의 설교가 실려있다. 제2부는 '내가 너와 함께 한다'는 주제로 12편의 설교가 실려있다. 제3부는 '삶의 조화'라는 주제로 12편의 설교가 실려있다.

제8권《내가 너와 함께 한다》는 제2부의 첫 번째 설교 제목이다. 이 설교는 이사야서 41장 8-16절을 중심으로 설교한 것이다. 그는 이 설교 서론에서 1981년 3월에 포항제일교회에서 사역하고 있을 때 새문안교회의 청빙을 받고 특별 기도를 하고 있을 때 이 말씀을 받았다고 고백하고 있다. 김동익 목사는 영적인 문제가 생기면 24-4110번으로 전화를 하라고 말한다. 24는 이사야서를 말하고 4110은 41장 10절을 의미한다.

이 설교집의 교정은 김동문 목사가 했고 이연순 집사와 이미정 집사가 수고했음을 밝히고 있다. 특별히 병상에서 고통을 같이하면서 위로와 힘이 되어준 황산성 사모에게 감사 인사를 하고 있다.

◈　제9권 하나님과 씨름하다

제9권은 제8권과 함께 김동익 목사가 살아계신 동안에 마지막으로 내놓은 설교집이다. 그는 인생의 마지막 순간을 설교로 불태웠다. 그는 지팡이를 짚고 설교하고 휠체어를 타고 설교했다. 그의 마지막 설교집 9권은 1997년 12월에 세브란스 병원에서 머리말을 기록하여 출판했다.

제9권은 그가 암 수술을 받고 항암 치료를 받기 전에 설교한 내용과 암 수술을 받고 설교한 내용이 포함되어 있다. 제9권은 3부로 구성되어 있으며 34편의 설교가 실려있다. 1부 주제는 '십자가를 지고 가다'로 12편의 설교로 구성되어 있다. 2부 주제는 '하나님과 씨름하다'로 12편의 설교로 구성되어 있다. 3부 주제는 '주기도문 강해'로 10편의 설교로 구성되어 있다.

제9권 《하나님과 씨름하다》는 제2부 마지막에 나오는 설교 제목이다. 이 설교는 창세기 32장 22-32절을 중심으로 야곱이 얍복 강가에서 하나님과 씨름했던 장면을 통해 하나님의 말씀을 전하고 있다. 설교의 서론은 성경 본문을 해석하는 것으로 시작한다. 그리고 이어서 자신의 수술 과정을 통해 하나님과 씨름했던 내용을 간증하고 있다.*

◇ 제10권 너 하나님의 사람아, 제11권 빛나는 얼굴

제10권과 제11권은 김동익 목사가 별세하신 후에 황산성 사모가 유고집으로 발간한 설교집이다.

황산성 사모는 평생 설교에 목숨을 걸었던 그의 정신을 기리기 위해서 1998년 11월에 장로회신학대학에서 〈제1회 김동익 목사 기념 설교대회〉를 개최했다. 그리고 그의 유품 정리를 하다가 남겨진 설교 노트를 발견하고 제10권 《너 하나님의 사람아》와 제11권 《빛나는 얼굴》이라는 제목으로 1999년 3월에 두 권의 설교집을 발간했다.

제10권 《너 하나님의 사람아》는 3부로 구성되어 있으며 26편의 설교가 실려있다. 제1부는 '깨어있으라'는 주제로 9편의 설교가 실려있다. 제2부는 '너 하나님의 사람'이라는 주제로 9편의 설교가 실려있다. 제3부는 '물가에 심은 나무'라는 주제로 8편의 설교가 실려있다.

---

* 김동익, 《김동익 목사 설교집 제9권, 하나님과 씨름하다》(서울: 쿰란출판사, 1998.), 288-92.

'너 하나님의 사람아'는 제2부에서 6번째로 실린 설교다. 이 설교는 디모데전서 6장 11-14절을 설교한 설교 제목이다.

제11권《빛나는 얼굴》은 3부로 구성되어 있으며 26편의 설교가 실려있다. 제1부는 '빛나는 얼굴'이라는 주제로 9편의 설교가 실려있다. 제2부는 '하나님의 손'이라는 주제로 9편의 설교가 실려있다. 제3편은 '에스겔의 생명 운동'이라는 주제로 8편의 설교가 실려있다.

◈ 출판을 기다리는 설교 원고들

김동익 목사의 설교 한편은 8~12페이지로 구성되어 있다. 각 설교는 설교 제목과 성경 본문을 싣고 있다. 서론에서는 설교 주제와 맞는 이야기를 하고 설교의 목적을 밝힌다. 본론은 설교의 목적을 이루고자 삼 대지로 나누어 설교한다. 각 대지에 묵상한 말씀을 중심으로 주로 성경 예화를 사용한다. 그리고 결론을 말한다.

나는 1993년에 김동익 목사의 설교집 5권을 만드는 일에 동참한 적이 있다. 그는 묵상한 말씀을 대학노트에 만년필로 쉬지 않고 써 내려갔다. 그때는 오늘날처럼 컴퓨터로 썼다 지웠다 할 수 있는 시절이 아니었다. 가끔 예화를 첨부할 때는 작은 글씨로 노트 왼쪽에 써넣었다. 그렇게 첨부한 글씨는 어디에 넣어야 할지 그의 비서였던 이연순 집사가 판단하기 어려웠다. 나는 이러한 것을 적절한 곳에 첨부하며 문장을 부드럽게 만드는 작업을 했다.

아직도 책으로 출간되지 못한 김동익 목사의 설교가 여러 권의 대학노트에 기록되어 있다. 누군가의 수고와 헌신을 통해 그가 기록한 설교집이 출간되어 역사 속에 남을 수 있기를 기대한다.

5장

김동익 목사의 신학

균형 잡힌 신학

◈ 조부와 부친의 영향을 받은 통전적 신학

김동익 목사의 신학은 한국장로교회의 보수신학을 기본 바탕으로 하고 있다. 그러나 근본주의적 보수신학에 머물러 있지 않고 복음주의 신학과 에큐메니칼 신학이 조화를 이룬 균형 잡힌 통전적 신학(Wholistic Theology)을 가지고 있었다.

그의 신학과 신앙은 조부 김선명 영수와 부친 김희용 목사로부터 이어져 내려온 것이었다. 김선명 영수는 뜨거운 기도의 사람이었다. 그는 신유 은사를 통해서 사람들을 치유했다. 그는 주님의 몸 된 교회를 세웠다. 개종과 기도와 교회를 세우는 정신은 할아버지의 정신으로부터 아버지 김희용 목사로 이어졌다.

아버지 김희용 목사는 전도사와 장로로 교회를 섬겼다. 그는 늦은 34살에 신학을 공부하여 47세에 목사가 되었다. 그는 가는 곳마다 교회를 크게 성장시켰고 예배당을 건축했다. 은퇴 1년 전부터 대구 성로원을 인수하여 사회복지 사역을 했다.

김희용 목사는 교회를 중시하는 동시에 사회의 문제에 관심을 가졌다. 그는 복음주의자인 동시에 사회를 향한 구제 사업과 연합과 일치 정신이 강했다. 그는 교단이 통합과 합동으로 분열되는 것에 대해서 가슴 아프게 생각했다. 김동익 목사의 균형 잡힌 신학은 할아버지와 아버지를 통해서 혈통으로 계승된 것이었다.

◈ 연세대학교의 영향

그는 목사가 되기 전에 인문학적 소양을 쌓기 위해서 연세대학교 사학과에 입학했다. 연세대학교에서 역사를 전공하며 세계를 보는 관점이 확장되며 에큐메니칼 영향을 받았다. 연세대학교와 새문안교회를 설립한 언더우드 선교사는 복음주의와 에큐메니칼 정신이 균형을 갖추고 있는 통전적 선교사였다.

연세대학교에서 사학을 전공한 김동익 목사는 연세대를 창립한 언더우드 선교사의 영향을 받았다. 언더우드 선교사는 보수적인 신앙을 가진 사람이었다. 그는 세례와 직접적인 복음 전파를 중요하게 여겼다. 그러나 그의 신앙은 근본주의적 보수신앙이 아닌 열린 보수신앙을 가지고 있었다. 그는 전도 외에도 교육과 문화와 사회사업을 중요하게 생각했다. 그리고 교회 일치와 협력을 위한 사역에 헌신했다.

훗날 김동익 목사는 연세대 동문회보에 언더우드의 복음주의적인 면과 에큐메니칼적인 면을 기술했다. 그는 언더우드의 전도와 교육과 봉사와 연합과 일치 정신을 본받자고 말했다. 그의 신학은 연세대에서 역사를 전공하면서 언더우드의 간접적인 영향을 받은 통전적 신학이었다.*

◈ 강신명 목사와 장신대의 영향

그는 연세대학교에서 수학할 때 4년간 강신명 목사가 목회하시던

---

* 〈연세대동문회보〉 "연세인물열전 23"(1996. 1. 1.), 4면; "연세인물열전 24"(1996. 2. 1.), 4면.

새문안교회에 출석했다. 강신명 목사는 한국 교회의 에큐메니칼 선구자였다. 그는 복음을 강조하는 동시에 복음을 삶으로 나타내는 일치와 연합과 세상의 빛과 소금이 되는 것을 강조했다. 강 목사의 신학은 복음주의와 에큐메니칼 신학이 조화된 통전적 신학이었다. 강 목사의 총애를 받고 그를 존경하였던 김동익 목사는 강 목사의 영향을 받아 복음주의적 에큐메니칼 신학이 더 견고해졌다.

그는 장로회신학대학에서 이종성 교수가 조직신학 교수로 활동하던 시대에 신학을 공부했다. 이종성 교수는 장로회신학대학교에서 통전적 신학 확립에 총력을 기울였다. 김동익 목사는 장로회신학대학교 신학대학원 과정에서 이종성 교수로부터 영향을 받아 복음주의적 에큐메니칼 신학을 견고히 세웠다. 그의 신학은 좌로나 우로 치우치지 않는 통전적 신학이었다.

◈ 피츠버그 신학대학과 밴터빌트 대학교의 영향

김동익 목사는 1973년에 미국 피츠버그신학대학교(Pittsburgh Theological Seminary)에서 신학 석사과정(Th.M.)을 수료했다. 이 학교는 개혁주의 전통을 가진 신학교로 미국 신학교 중에서 가장 많은 목회자를 배출한 복음주의적인 신학교였다. 그와 동시에 신학교 학풍은 성경과 에큐메니칼 정신으로 이루어져 있었다. 그는 이 대학교에서 복음주의적이며 에큐메니칼 신학이 균형 잡힌 통전적 신학을 세워갔다.

김동익 목사는 1974년 가을에 미국 밴터빌트대학교(Vanderbilt University)에 입학하여 1976년 2월에 목회학 박사학위(D.Min.)를 받았다. 밴더빌트대학교는 남 감리교단(South Methodist Episcopal Church) 지도자를 양성할 목적으로 세워졌다. 이 대학은 감리교 특성에 따라서 신학적으로 개방적이었다. 특정 신학이나 사상만을 고집하지 않고 신학적 다양성을 인정했다. 이 대학의 학풍은 에큐메니칼 신학을 기초로 한 진보적인 면이 강했다.

김동익 목사는 이 대학에서 연합과 일치, 사회정의와 약자에 대한 관심과 환경보전에 대해서 학문의 깊이를 더해가며 에큐메니칼 신학을 정립했다. 하나님은 그를 복음주의의 신학 바탕 위에 에큐메니칼 정신을 세움으로 좌로나 우로 치우치지 않는 통전적 신학을 겸비한 사람으로 만들어 가셨다.

◈ 내쉬빌 한인교회를 창립

김동익 목사는 1974년 11월에 김찬희, 박성상, 나채운 목사 등과 함께 Trinity 미국 장로교회 채플에서 초교파 내쉬빌 한인교회를 창립했다. 내쉬빌 한인교회는 김찬희 목사가 담임목회를 했다.

김동익 목사는 당시에 힐우드 교회 교육목사였다. 그는 자신이 속한 교회가 있었지만, 한인들이 미국 내쉬빌 지역에 모이는 것을 보고 다른 목사들과 협력하여 교회를 창립한 것이다.

그가 살아간 삶의 발자취 속에 자신과 다른 배경을 가진 사람이라고 해도 복음 전파를 위해서는 기꺼이 협력하는 에큐메니칼 정신을 실천한 모습이 나타난다.

◈ 통전적 신학을 겸비하다

　김동익 목사는 한국장로교회의 전통적인 복음주의 신학 바탕 위에 에큐메니칼 신학을 겸비한 통전적 신학을 가진 신학자이며 목회자였다.
　그는 극단적 근본주의자도 아니고 극단적 자유주의자도 아니었다. 그는 복음주의와 에큐메니칼 신학의 장점을 섭렵하여 조화와 균형을 겸비한 통전적 신학을 기초로 목회 현장에서 신학을 실천한 목회자였다.

성경적 교회관

김동익 목사는 신학이 있는 목회를 했다. 그는 목회하면서 교회의 본질과 사명에 집중했다. 새문안교회에 부임할 때 환영예배와 여러 모임에서 자신의 교회관을 피력했다. 그는 자신의 교회관을 기초로 목회할 것을 자연스럽게 성도들에게 전했다. 이를 통해서 건강한 교회관이 성도들의 삶 속에 스며들도록 노력했다. 그의 교회관은 다음과 같다.*

◈ 교회는 그리스도의 몸이다

김동익 목사는 교회는 그리스도의 몸이라고 했다. 몸에는 생명이 있어야 한다. 교회의 생명은 예수 그리스도의 영, 곧 성령이다. 성령이 강하게 역사하는 교회가 될 때 그리스도의 생명력을 갖출 수 있다.

생명이 있는 곳에는 성장이 있다. 성령이 역사하는 교회는 그리스도의 몸을 닮아가도록 성장해야 한다. 교회를 그리스도의 몸이라고 하는 그의 교회관은 에베소서 1장 23절에 나온 것이다. "교회는 그의 몸이니 만물 안에서 만물을 충만하게 하시는 이의 충만함이니라" 교회를 그리스도의 몸이라고 생각하는 것은 교회를 건물이나 조직으로

---

* 이 글은 미국 수도 노회 개회예배에서 설교한 것을 정리한 것이다. 김동익 목사의 교회관은 새문안교회 100년사에도 나온다.(교회역사자료편찬위원회,《개정증보판 새문안교회 100년사》(서울: 예송미디어, 2019.), 456-57.

생각하는 것을 부정하는 것이다.

교회는 예수 그리스도를 구주(救主)로 믿는 사람들이다. 교회를 사람으로 생각하는 교회관은 매우 중요하다. 교회를 사람으로 생각한다는 것은 사랑의 관계를 중시하는 것이다. 교회 속에는 무조건적이고 이타적인 하나님의 사랑이 있어야 한다. 이렇게 교회를 사람으로 생각하는 것이 성경적 교회관이다.

또한, 그의 교회관은 성령을 강조한다. 성령은 교회의 생명력이다. 성령은 그리스도의 몸에 생명력을 불어넣는다. 교회는 성령이 있을 때 살아있는 공동체가 된다. 성령이 없는 교회는 교회가 아니다. 성령 없는 교회는 생명이 없는 죽은 공동체다. 성령이 살아서 생동하는 진정한 교회는 성장, 성숙해진다.

성장의 목표는 그리스도의 몸을 닮아가는 것이다. 그의 교회관은 그가 사역하는 교회마다 크게 성장시킨 신학적 근거가 됐다. 그가 포항제일교회와 새문안교회에서 목회하는 기간에 교회는 성령의 공동체임을 강조했다. 그는 성령 집회와 금요철야와 8.15 전교인 금식기도를 강조했다. 그는 기도로 교회에 생명력을 불어넣었고 교회를 성장시켰다. 그 성장은 단순한 외적 성장만이 아니라 그리스도의 몸을 닮아가는 질적 성장이었다.

◈ 교회는 하나의 공동체다

교회는 그리스도의 몸이고 그리스도의 몸에 붙어있는 지체다. 몸에는 많은 지체가 있는데 그 지체들은 서로 연결되어 있다. 교회는 그리스도와 연결되어 있는 동시에 지체들이 서로 연결되어 있다. 교회는 서로 연결되어 공동체를 이룬다. 교회 공동체는 살아있는 유기체다. 유기체는 각각 떨어져 있지 않고 하나로 연결되어 있다.

김동익 목사는 교회의 하나 됨과 유기체를 고린도전서 12장 12-13절로 설명했다. "몸이 하나인데 많은 지체가 있고 몸의 지체가 많으나 한 몸임과 같이 그리스도도 그러하니라 우리가 유대인이나 헬라인이나 종이나 자유인이나 다 한 성령으로 세례를 받아 한몸이 되었고 또 다 한 성령을 마시게 하셨느니라"

그는 교회 분열을 안타깝게 생각했다. 그는 한국 교회의 개교회주의와 개교파주의를 매우 부정적으로 생각했다. 그래서 그는 교회의 연합과 일치를 강조하였고 이를 위해서 힘을 쏟았다. 교회가 연합하고 일치를 이루어 선교할 때 교회의 신뢰도를 높일 수 있다고 말했다. 그는 모든 교회는 교파나 신앙 성향이나 민족이나 인종이나 나라는 달라도 그리스도 안에서 하나가 될 것을 주장했다.

◈ 교회는 선교 공동체다

김동익 목사는 '교회는 선교'라고 했다. 그리스도의 몸은 그리스도의 일을 해야 하는데 그것은 바로 선교다. 그리스도의 몸인 교회의 최대 사명은 선교다(막 1:38).

그는 예수 그리스도께서 복음을 전파하실 때 말로만 전하신 것이 아니고 몸으로 섬기는 생활을 통해서 전파하셨음을 강조했다. 그는 교회는 복음 전파와 사회봉사를 통해서 하나님의 의를 세우는 선교 공동체임을 강조했다. 그는 복음 전파와 사회봉사와 사회정의를 세우는 것을 분리해서 생각하지 않았다. 그만큼 그의 교회관은 건강한 것이었다.

김동익 목사의 교회관은 교회의 본질이 선교라는 것이었다. 그는 "불은 탈 때 존재하는 것처럼 교회도 선교할 때 존재한다"는 에밀 브룬너의 말을 자주 인용했다. 그는 이 말을 통해서 교회의 존재 이유를 분명하게 했다.

그는 선교는 교회의 여러 사역 중 하나가 아니라 교회가 교회 되게 하는 본질이라고 생각했다. 따라서 교회의 모든 조직은 선교를 위해서 체계화되어야 한다고 주장했다. 그는 '교회는 선교'라는 교회관에 따라서 목회하였고 열심히 선교했다. 교회의 본질을 강조하는 선교적 교회관은 교회의 선교 열정에 불을 지폈다.

그는 가족 전도를 위해서 가족교회를 주창하며 해마다 가족 찬양대회를 개최했다. 구역의 연합과 성장을 위해서 구역합창대회를 개최하기도 했다. 그는 부흥사경회 기간을 총동원 전도대회 기간으로 삼아서 부흥회를 이웃을 전도하는 계기로 삼았다. 그리고 선교 훈련을 위한 선교 강좌를 개설하고 선교대회를 개최했다.

이처럼 그는 선교를 목회 사역의 핵심에 두었다. 그 결과 그가 사역하는 교회마다 선교에 열심히 임하여 교회가 크게 성장하였고 하나님의 나라가 넓게 확장되는 역사가 나타났다.

포용적 목회관

◈ 폭넓은 포용력

김동익 목사의 목회 철학과 목회 방법은 전 교인을 끌어안는 폭넓은 포용력에 바탕을 두고 있다.* 그는 교인 모두가 교회 공동체 속에서 즐겁고 평안하고 행복감을 느낄 수 있도록 목회하려고 힘을 쏟았다.

또한, 모이는 곳마다 사랑이 넘치고 성령의 역사가 충만한 교회가 되게 했다.** 그는 부자나 가난한 사람이나 많이 배운 자나 못 배운 사람이나 좌파나 우파나 할 것 없이 모두를 끌어안는 목회를 지향했다.

이것은 그의 마음이 좁은 상태에서는 불가능한 것이었다. 그만큼 그의 마음이 넓었다는 것이다. 그는 매사에 한쪽으로 치우치는 것을 경계하며 모든 교인 한 사람 한 사람을 중시했다.

◈ 보수와 진보를 포용하다

김동익 목사의 포용적 모습은 설교 내용에서 짙게 나타났다. 그의 설교는 복음적인 동시에 전체를 아우르는 것이었다. 그의 설교는 좌

---

* 교회역사자료편찬위원회,《개정증보판 새문안교회 100년사》(서울: 예송미디어, 2019.), 456.

** 포항제일교회 100년사 사료편찬위원회,《포항제일교회 100년》(포항: 삼양문화사, 2005.), 204-05.

편향적이거나 우편향적이지 않았다. 그래서 교회 구성원은 좌, 우가 서로를 존중하며 신앙생활을 같이할 수 있었다. 진보적인 성향을 소유한 사람이나 보수적인 성향을 소유한 사람들이 조화롭게 신앙생활을 했다.

물론 다양한 정당의 정치인들도 함께 신앙생활을 했다. 그러나 그는 정치와는 불가근불가원(不可近不可遠)했다.

◈ 지역성을 타파하다

새문안교회는 경상도와 전라도 출신 교역자들이나 성도들이 함께 조화롭게 신앙생활을 했다. 심지어 전라도 출신 목사가 소외되지 않도록 전라도 출신 교역자 자리를 마련해 놓고 있었다. 김동익 목사는 지역성을 타파하고 인재를 실력대로 고르게 등용하는 탕평책(蕩平策)을 사용했다. 조선 시대 영조와 정조가 당쟁의 폐해를 없애기 위해서 사용했던 정책은 교회를 평화롭고 건강하게 만들었다.

지역성과 당파를 타파하는 것은 한국 사회가 풀어가야 할 과제 중 하나다. 교회에서부터 지역성과 당파 타파를 시도할 때 한국 사회가 화합과 일치를 이루며 건강한 사회가 될 것이다.

◈ 포용적 교회 전통

필자가 새문안교회에서 처음 사역을 시작할 때 크게 느낀 것은 새문안교회의 조화로움이었다. 새문안교회는 화려하지도 않고 누추하지도 않으나 품위와 아름다움이 있다. 새문안교회에는 유명한 대학을 졸업한 유능하신 분들이 많이 있다. 그러나 그분들은 겉으로 화려하지 않고 겸손한 모습이었다.

새문안교회는 좀 덜 배우거나 가난해도 부끄럽지 않고 기쁘고 행복하게 신앙생활을 할 수 있는 교회다. 이러한 포괄적인 성향의 교회 모습은 오랜 역사를 지나오면서 잘 다듬어진 교회 전통일 것이다.

그와 동시에 새문안교회를 목회한 목회자들의 영향이 컸을 것이다. 김동익 목사님의 포용적 목회관은 새문안교회가 포용적인 교회가 될 수 있도록 영향력을 끼쳤을 것이다.

◈ 포용성의 출처

포용성은 그리스도의 사랑에 그 뿌리를 두고 있다. 예수님의 품은 넓었다. 누구나 회개하는 자는 다 감싸고 덮어주셨다. 그 누구든 민족과 신분의 고위를 막론하고 모두를 사랑하셨다. 포용성은 그리스도 예수의 용서와 사랑에서 나온다. 주님께서 교회에 주신 가장 위대한 계명(The Great Commandment)은 사랑이다(마 22:37-40).

하나님 사랑과 이웃 사랑은 복음의 핵심이다. 복음은 곧 예수 그리스도다. 예수 그리스도의 핵심적인 정신은 십자가다. 십자가를 지고 가는 교회는 용서와 사랑이 나타나는 포용성이 넓은 교회다. 참다운 어머니 교회의 모습은 개교회 이기주의에서 벗어나 어머니의 넓은 품과 같이 넓은 포용성을 가지고 교회와 사회를 사랑하고 섬기는 것이다.

◈ 포용적인 목회관

새문안교회의 포용적 모습은 김동익 목사 이전부터 시작되었다. 그 이전에 사역하셨던 강신명 목사 역시 포용적 목회관을 가지고 사역하셨다. 그의 영향력이 전 교회에 전해진 것이다.

강신명 목사는 1979년 포항제일교회에서 목회를 하고 있었던 김동익 목사에게 '목회자가 갖추어야 할 네 가지 덕목'을 말해줬다. 첫 번째는 신앙은 복음적이며 목회는 포용적이어야 한다. 둘째는 교인 한 사람 한 사람을 사랑해야 한다. 셋째는 목사는 자기 교회 하나만 생각하지 말고 그리스도의 몸 된 모든 교회에 관심을 가져야 한다. 넷째로 목사와 교회는 사회에서 지도적인 역할을 해야 한다.

강신명 목사의 이러한 정신은 김동익 목사의 목회 덕목으로 이어져 포용적 목회관을 가지게 된 것이다. 이처럼 강신명 목사의 포용적 목회관은 김동익 목사에 의해서 계승 발전되었다.*

◈ 한국의 어머니 교회

그들의 포용적인 목회관은 새문안교회를 한국의 어머니 교회로 성장, 성숙시켰다. 어머니의 마음은 따뜻하고 넓다. 어머니는 자식의 잘못을 너그럽게 용서하고 감싸며, 자식을 끝까지 사랑한다. 새문안교회가 예수님과 강신명 목사와 김동익 목사가 전해준 포용성을 견고히 지켜갈 때 한국의 어머니 교회로 존경받고 인정받게 될 것이다.

---

* 교회역사자료편찬위원회, 《개정증보판 새문안교회 100년사》, 417.

대중적 설교관

◈ 복음주의적 대중적 설교

사람들은 김동익 목사의 설교를 복음주의적이며 대중적 설교라고 평가했다.* 그의 설교는 성경과 그리스도의 십자가 복음과 사랑에 기초하고 있다.

김동익 목사는 대중이 관심을 가지는 주제를 가지고 대중이 알아듣기 쉽게 설교했다. 그의 설교는 지식인부터 어린아이까지 누구에게나 감동을 줬다. 필자가 포항제일교회에서 만난 오나미혜 장로는 "그의 창세기 강해 설교를 들으며 영적 세계가 열렸다"고 고백했다. 그가 알아듣기 쉽게 풀어서 설교했기 때문에 알아들을 수 있었고 듣는 귀가 열려서 하나님의 말씀을 이해하기 시작했다는 것이다.

우리의 영적인 귀가 열리고 영적인 눈이 보이게 하는 것은 성령님께서 하시는 역할이다. 그러나 교인들이 알아듣고 볼 수 있도록 쉽게 설명해 주는 것은 설교자의 역할이다. 김동익 목사는 성경을 대중이 알아듣기 쉽게 설교하였기 때문에 그의 설교를 들은 많은 사람이 영적인 세계를 보고 들을 수 있었다.

김동익 목사는 매달 한 주일은 대예배 설교를 부교역자에게 맡기고 교육부를 돌면서 설교했는데 가장 먼저 유치부 설교를 했다. 나는

---

* 교회역사자료편찬위원회, 《개정증보판 새문안교회 100년사》(서울: 예송미디어, 2019.), 456.

주중에 설교 본문과 제목을 받으러 갔다. 유치부 아이들에게 어떻게 설교하실 것인지 염려가 되었다. 그래서 교사를 시켜서 설교 주제에 맞추어서 그림을 그려드릴까 여쭈었다. 그는 웃으며 "괜찮아요, 그냥 할게요"라고 대답했다.

주일이 되어 김동익 목사를 유치부에 모시고 갔다. 설교 시간이 되자 키가 183cm가 넘는 그가 유치부 아이들이 앉는 작은 의자에 앉아서 아이들과 눈높이를 맞추고 설교를 시작했다. 그는 아이들이 알아듣기 쉬운 말로 스토리 중심의 설교를 했다. 유치부 아이들은 아무도 떠들지 않고 그의 설교에 빠져들어 갔다.

이렇게 매달 유년부, 초등부, 소년부, 중등부, 고등부 설교를 하셨다. 김동익 목사는 아이들과 학생들의 수준에 맞추어서 설교했다. 그 결과 유치부부터 중고등부 아이들은 그의 설교에 집중해서 들으며 은혜를 받는 모습을 볼 수 있었다. 그는 설교를 은혜롭고 쉽게 했다. 그의 설교는 다양한 형편에 있는 사람들과 다양한 나이의 사람들에게 적용되었다. 그러므로 사람들은 그의 설교를 대중적이라고 평가했다.

◈ 신학에 기초한 설교

김동익 목사의 설교는 그의 신학을 바탕으로 해서 나온 것이었다. 그는 한국 목회자들이 신학이 없는 설교를 하는 것을 염려했다. 그의 신학은 전통적인 장로교 보수신학에 기초하고 있다. 그와 동시에 현실과 사회 문제에 관심을 가지는 에큐메니칼 신학이었다. 그러므로 그의 설교는 매우 복음적이고 그와 동시에 사회에 대한 관심과 일치와 협력을 강조하는 통전적 신학에 기초한 설교였다.

김동익 목사는 설교를 목회의 핵심이며 교회를 교회 되게 하고 사람을 그리스도인 되게 하는 최선의 사역이라고 생각했다. 그는 설교 준비에 많은 기도와 시간을 할애하여 혼신의 힘을 쏟았다.

그는 자신이 감히 하나님의 말씀을 증거한다는 감격과 두려움 가운데 기도하며 성경을 연구하고 묵상했다. 그는 설교할 때 원고를 보지 않고 청중들의 눈을 바라보며 설교했다. 그만큼 그의 설교는 깊은 묵상을 통해서 자신의 마음과 삶에 적용된 설교를 했다. 그가 설교 시간에 청중들을 바라보는 것은 청중을 존중하는 것이었다. 그는 설교 도중에 내용이 잘 생각나지 않을 때는 눈을 깜빡거리며 생각을 되살려서 설교를 이어갔다.

그는 설교 내용과 설교 전개 방법과 설교 전달 방법의 다양성을 시도했다. 그의 설교를 듣는 사람은 크게 감동을 하고 삶이 변화되었다. 많은 사람이 그의 설교를 듣기 위해서 교회로 몰려왔다. 그가 사역하는 동안 포항제일교회와 새문안교회는 그의 설교를 통해서 크게 성장했다.

❖ 설교의 특징

김동익 목사의 설교는 복음적이었다. 그는 성경에 기초한 설교를 했다. 성경 본문을 깊이 묵상하고 본문 속에서 하나님께서 말씀하시고자 하는 것을 전했다. 복음은 사람들을 위로하고 격려했다. 복음은 사람들의 생명을 살렸다.

김동익 목사의 설교는 지성적이었다. 그는 한국 서점가에서 가장 책을 많이 읽는 목사로 뽑혔다. 그는 저녁 12시부터 새벽 4시까지 독서를 했다. 그는 하루에 네 권에서 일곱 권의 책을 읽었다. 그의 설교는 많은 양의 독서에서 나오는 지성적인 설교였다. 그 결과 지성인들이 교회로 몰려왔다.

김동익 목사의 설교는 감동이 있었다. 그는 단순히 지식을 전달하는 설교를 경계했다. 그는 성도들의 삶의 문제에 동정심을 가지고 고난과 아픔을 나누려는 자세를 가지고 설교했다. 그는 성도들의 고통에 공감하고 그들의 입장에 서는 역지사지(易地思之)의 마음을 가지고 설교했다. 그 결과 그의 설교는 청중들을 감동하게 했다.

김동익 목사의 설교는 사람들에게 위로와 희망을 줬다. 그의 설교는 병든 사람과 세상을 치유하는 위로와 소망이 넘쳤다. 그의 설교는 긍정의 메시지였다. 그는 말씀을 통해서 현실의 어려움을 내일의 소망으로 극복할 수 있도록 힘을 실어 줬다. 그것이 성령의 능력으로 가능함을 알고 그는 기도에 힘을 쏟았다. 그는 약간 어눌한 듯한 말로 설교했지만, 성령께서 사람들을 감동케 하고 사람들을 변화시키셨다.

◈ 설교의 중요성

김동익 목사는 설교란 하나님의 말씀과 인간의 삶의 정황을 접목하는 것이라고 했다.* 그는 설교자의 가장 중요한 사명은 복음을 전하고 영혼을 구원하여 하나님의 백성이 되게 하는 것이라고 했다. 설교는 목회의 핵심이며 교회를 교회 되게 하고 사람을 그리스도인 되게

---

* 송현옥, "새문안의 샘터", 《목회와 신학》(1997년 10월), 168-69.

하는 최선의 사역이라고 생각했다.

그는 목회자는 설교를 통해서 하나님의 말씀을 선포하고 청중은 설교를 통해서 하나님을 만나고 하나님의 사람으로 성숙해간다고 생각했다. 그는 그 어떤 인간의 말보다 하나님의 말씀이 강력한 능력이라고 확신했다.

그는 기독교 2,000년 역사에서 설교만큼 강력한 영향력을 끼친 것은 없다며 설교의 중요성을 강조했다. 그러므로 목회와 목회자의 핵심 사역은 설교라고 했다. 그래서 그는 설교자가 살아계신 하나님과 만남이 있어야 하고 말씀에 대한 확고한 신념과 열정이 있어야 한다고 주장했다. 더불어 설교자는 말씀의 권위를 믿어야 하며 청중에 대한 이해가 있어야 한다고 했다.*

◈ 설교의 권위는 하나님의 말씀

그는 설교의 권위를 하나님과 말씀에 두었다. 설교자의 가장 중요한 사명은 하나님의 말씀을 온전하게 전하는 것이다. 여기에서 설교자의 권위가 나오는 것이다. 그는 설교의 중요성을 인식하고 설교 준비에 혼신의 힘을 쏟았다. 그럼에도 그는 설교를 준비하기에 부족한 시간과 너무 많은 설교 횟수에 대해서 안타까워했다.

그는 매월 첫 주 주보에 한 달간 성경 본문과 설교 제목을 올려놓았다. 그는 매주 월요일에 설교 초안을 준비하여 설교 요약을 주보에 실었다.

---

* 한종호, "이달의 설교자, 새문안교회 김동익 목사", 《그말씀》(1993년 1월호), 134-37.

그는 목회하는 동안 설교에 삶의 의미를 부여했다. 그는 설교를 가장 우선시했다. 그는 두려움과 떨림으로 설교했다. 그리고 그는 설교의 완성은 삶의 현장이라고 생각했다. 그는 설교자의 인격과 삶이 메시지라고 생각했다. 그는 자신이 설교한 대로 살아가기 위해서 애를 썼다. 무엇보다도 사랑과 정의의 삶을 살고자 애를 썼다. 그래서 많은 사람은 그를 언행이 일치하는 사람이라고 평했다. 그는 설교의 중요성을 알기에 목숨이 다하는 최후의 순간까지 설교했다.

통전적 선교관

❖ 선교적 목회

김동익 목사의 교회관은 곧 그의 선교관이었다. 그는 '교회는 선교'라고 했다. 교회는 선교하시기 위해 이 땅에 오신 그리스도의 몸이다(막 1:38). 교회는 선교할 때 그리스도의 몸 다워진다. 그는 교회의 본질은 선교라고 생각했다.*

그의 목회는 선교적 목회였다. 그는 포항제일교회에서 사역하는 동안 한 교회를 목회한다는 생각보다는 포항제일교회를 통해 포항 시민 전체를 목회한다는 생각으로 목회했다. 포항제일교회는 20만 포항 시민 전체를 위해 봉사했다. 그 결과 포항제일교회는 포항 시민들의 사랑받는 교회가 되었다. 그리고 교회도 급격하게 성장했다.**

그는 새문안교회를 목회하면서 새문안교회 한 곳만 목회하는 것이 아니라 서울 도심 중심지를 목회한다는 생각으로 목회했다. 그는 광화문 일대 직장인들을 선교하기 위해서 목요 직장인 예배를 만들었다. 그는 한국에서 가장 처음 세워진 새문안교회 담임목사답게 한국 사회 전체를 생각하며 목회했다.

그는 한국 교회를 향해서 믿음과 함께 행함을 통해서 선교할 것을 강조했다. 특히 통일을 대비하기 위해서 민족 복음화를 가속시켜야

---

* 김동익, "한국 교회의 선교적 과제", 〈기독교 신문〉(1994. 11. 27.), 7면.
** 포항제일교회 100년사 사료편찬위원회, 《포항제일교회 100년》(포항: 산양문화사, 2005.), 210.

한다고 강조했다. 그는 남한 인구의 절반 이상이 크리스천이 되어야 통일 이후에 민족을 복음화시킬 수 있다고 말하며 민족 복음화를 강조했다.*

◈ 세상 섬김을 통한 민족 복음화

김동익 목사는 한국 교회와 미국, 유럽 교회에서 복음 전파 열정이 식어가는 것에 대해서 우려했다. 1980년대까지 선교 열정이 왕성했으나 1990년대에 교회 성장이 둔화하는 현상을 위험한 징조라고 지적했다. 모든 교회와 노회와 총회에서 전도부서 활동이 관심권 밖으로 밀려나고 있는 것을 안타깝게 생각했다. 그는 아직도 많은 사람이 예수를 믿지 않고 있음을 상기하며 '땅끝까지 이르러 내 증인이 되라'는 선교적 사명을 강조했다.

김동익 목사는 한국 교회가 다시 초대교회의 복음 선교 열정을 회복해야 할 것을 호소했다. 교회는 선교할 때 교회다워지고 선교의 열기가 식을 때 권위주의화 되고 세속화되었음을 지적했다. 선교의 열정이 일어날 때 교회가 부흥하고 역사가 새로워진다고 했다. 그래서 그에게서 목회의 최종적인 목적은 선교였다.

김동익 목사는 모든 예배 시간에 드리는 대표 기도에서 선교를 빠뜨리지 않도록 했다. 교회가 가야 할 방향을 분명하게 한 것이다. 그는 단순히 말로만 선교하는 것이 아니라 자신이 만난 예수를 삶으로 증거 해야 한다고 했다.

---

* 김동익, "한국 교회의 선교적 과제", 〈기독교 신문〉(1994. 11. 27.), 7면.

그는 한국의 모든 교회와 노회와 총회를 향하여 복음 전파의 열정을 회복할 것을 호소했다.* 이를 위해서 그는 교회가 세상을 섬겨야 한다고 했다. 예수님은 복음 전파를 하실 때 말로만 하신 것이 아니고 섬기는 생활을 통해서 하셨다(막10:45).

한국 교회 역사를 살펴보면 교회가 가장 부흥하고 선교가 활발하게 전개되었던 시기는 교회가 민족의 고난을 자기 고난으로 인식하여 십자가를 지고 민족을 섬길 때였다고 말했다. 그리고 부정과 불의가 난무한 세상에 하나님의 진리와 정의를 세울 것을 주장했다.** 그는 환경오염 문제의 심각성을 일깨우며 교회의 환경보전 책임을 역설했다.*** 그는 이렇게 통전적 선교신학을 가지고 사역했다.

◈ 현지교회와 협력 선교

김동익 목사는 국내 선교뿐 아니라 해외 선교에도 특별한 관심을 가졌다. 그가 말하는 해외 선교 방향은 협력과 일치의 에큐메니칼 선교다. 그가 이러한 선교신학을 정립한 것은 신대원 졸업 논문을 쓸 때였던 것으로 생각된다.

그는 네스토리안 교회가 중국을 선교한 역사를 논문으로 썼다. 네스토리안 교회는 경교(景敎)라는 이름으로 한반도 땅에까지 선교했다. 그들은 타민족과 현지 문화를 존중하며 복음을 전했다. 그들은 현지인들과 싸우지 않고 함께 더불어 사는 선교 방법을 택했다.

---

* 김동익, "전도하는 교회로 거듭나자", 〈크리스챤 신문〉(1995. 10. 21.), 3면.
** 김동익, "예수의 일을 하는 교회", 〈기독교 신문〉(1995. 6. 18.), 7면.
*** 김동익, "교회는 환경보전에 관심을", 〈기독교 신문〉(1995. 11. 15.), 7면.

김동익 목사는 선교사들끼리 경쟁하지 말고 서로 돕고 연합할 것을 강조했다. 이를 위해서 선교사뿐 아니라 선교사들을 파송한 선교기관이 연합하는 선교 정신을 가지고 협력할 것을 주장했다. 그는 선교사들과 선교 후원기관이 서로 협력할 것을 말하는 것에서 한 걸음 더 나아가 현지교회나 현지 교단과 협력 선교할 것을 주장했다. 그는 현지교회와 협력 없이 선교사가 독단적으로 사역하는 것을 경계했다.

지금은 세계 어디를 가도 현지교회가 세워져 있다. 그러나 대부분 한국 선교사는 현지에 있는 기존 교회와 연합하지 않고 사역하고 있다. 태국과 필리핀 교회는 개신교 교파들이 연합해서 단일 교회를 이루었다. 그러나 이런 지역에서 사역하는 한국 선교사들은 현지교회와 아무런 관계를 갖지 않고 한국 교파를 이식하고 한국 교단 신학교를 세우고 있다. 이런 일로 인해서 한국 선교사들은 현지교회 지도자들에게 반발과 빈축을 사고 있다.

과거 19세기 교파 이식 선교를 답습해서는 안 된다. 오늘날 선교는 현지교회와 협력관계를 가지고 진행되어야 한다. 김동익 목사는 현지교회의 리더십을 키워주고 현지교회를 부흥시키고 발전시켜 가는 차원에서 선교를 진행해야 한다고 주장했다.[*]

김동익 목사는 1987년 새문안교회 100주년 기념으로 태국에 조준형 선교사를 파송할 때 태국 장로교단과 협약을 맺고 선교사를 파송했다. 그 결과 태국 선교는 한국 교회 선교지 중에서 가장 모범된 선교 지역으로 손꼽히고 있다.

필자의 선교 초기에 김동익 목사가 블라디보스토크를 방문하여 선

---

[*] 김동익, "바른 해외 선교의 길", 〈기독교 신문〉(1995. 7. 30.), 7면.

교사들에게 식사 대접을 하며 일치와 협력을 강조하며 이렇게 말했다.

"우리 교회는 여러분과 경쟁하며 교회를 하나 세우기 위해서 선교사를 보낸 것이 아닙니다. 우리는 교단과 교파의 벽을 뛰어넘어 여러분과 함께 사역하고 싶습니다. 그리고 한 걸음 더 나아가 러시아 현지교회와 함께 사역하고 싶습니다."

그의 선교 정책을 따라서 필자는 블라디보스토크에서 사역하고 있던 선교사들과 범교단적으로 협력하여 연해주 신학교를 세웠다. 필자는 현재 볼고그라드에서 교단이 다른 러시아 복음주의 침례교회와 함께 사역하고 있다. 필자가 러시아 교회와 에큐메니칼 선교를 할 수 있는 것은 그의 선교 정신과 맥을 같이 한다.

그의 선교 정책은 매우 합리적이고 건강하다. 한국 교회는 선교할 때 그의 선교 정책에 귀를 기울여야 한다. 한국 교회 선교가 건강해지기 위해서는 그의 선교관을 배울 필요가 있다. 현대 선교는 깃발을 꽂는 선교에서 꽂혀 있는 깃발을 휘날리게 하는 선교로 바뀌어야 한다.

◈ 선교지 언어와 선교 현장 연구의 중요성

김동익 목사는 바른 선교를 위해서 선교사들의 선교 현지 언어의 중요성을 강조한다. 언어가 잘되지 않으면 현지교회와 협력할 수 없다. 더불어 선교사들은 선교 현지 문화를 파악하는 것에 우선순위를 두어야 한다. 현지어와 현지 문화를 알지 못하고 선교하는 선교는 토착화하기 어렵다. 그러므로 선교사와 선교 기관은 현지어를 익숙하게 익히는 것에 가장 우선순위를 두어야 한다.

해외 선교는 선교지 연구와 선교 정보 교환을 위한 연구가 반드시 필요하다. 그는 선교를 주먹구구식으로 하지 말고 연구하고 정보를 교환하며 제대로 할 것을 주장했다. 이러한 연구와 정보 교류를 통해 해외 선교가 양적 성장에서 질적 성장으로 확대되어야 함을 강조했다.

선교지에서 언어와 문화이해의 중요성은 아무리 강조해도 지나치지 않다. 먼저 선교 기관에서 선교사들에게 충분한 언어연수 시간과 선교 현장 연구를 위한 시간을 배려할 필요가 있다. 선교사들이 선교지에 가자마자 선교사들에게 선교 열매를 묻지 말고 선교지에 적응하고 언어를 습득할 때까지 기다려야 한다. 선교사는 선교지 언어와 문화와 선교 현장 연구에 최선의 노력을 기울여야 한다.

김동익 목사는 1995년에 대한예수교장로회 총회 선교부장을 역임했다. 그는 이때 이미 일치와 협력 선교를 주장했다. 특히 선교지 교회와 협력 선교할 것을 주장했다. 그는 통전적 신학(Wholistic Theology)에 따라서 복음 전파와 일치와 협력을 떼어서 생각하지 않았다. 통전적 선교(Wholistic Mission)일 때 건강하고 바른 선교가 진행될 수 있다. 지금 한국 교회 선교는 그의 통전적 선교관에 관심을 가지고 배워야 할 것이다.

6장

김동익 목사의 사역

신촌교회 사역

◈ 신촌교회

신촌교회는 월남 피난민들이 중심이 되어 1955년 8월 25일에 마포구 동교동 선우중원 장로 집에서 유봉렬 목사의 인도로 25명이 예배를 드리며 시작했다. 피난민들은 이북 서북지역 출신들이 주류를 이루었다. 1955년 10월 8일에 서대문구 창천동 임야 639평을 매입하였고 1988년 7월 3일에 현재의 예배당을 헌당했다.

신촌교회는 1대 장세용 목사, 2대 김치은 목사가 시무했다. 이 시기는 신촌교회 개척기였다. 3대 김경하 목사가 시무하던 시기는 교회 정착기였다. 4대 홍종각 목사가 시무하면서 본격적으로 교회가 성장기에 들어섰다. 홍 목사가 22년간(1965~1987년) 시무하는 기간에 약 1,000명이 출석하는 교회로 성장했다.

홍 목사는 공부와 목회에 전념했다. 그는 명예욕이 없었고 교회를 매우 사랑했다. 그는 외부 사역을 자제하고 오직 목회에 전념했다. 그는 은퇴하는 날까지 교인들을 심방하며 모든 가정의 아이들까지 관심을 가지고 사랑했다. 그는 교회 직분자들을 위해 기도하며 그들이 충성할 수 있도록 독려하였으며 그들을 칭찬했다. 그는 교인들에게 참된 목회자로 존경을 받았다.* 김동익 목사는 홍종각 목사가 목회하

---

* 오창학, 《신촌교회 50년사》(서울: 성문문화사, 2007.), 123–53.

던 시기에 신촌교회에서 교육전도사와 교육목사로 사역했다.

◈ 신촌교회 근처 거주지

김동익 목사는 신촌 로터리 근처 동교동에 부모님이 마련해 준 집에서 거주했다. 그 집은 신촌교회 근처에 있었다. 이 집은 그가 신대원을 졸업할 즈음에 신촌교회 사역을 위해서 부모님이 구입해 준 것이었다.

동교동 집에 살 때 김동익 목사는 동생들과 함께 살며 동생들을 돌보았다. 그가 신촌교회에서 사역할 때 그의 동생들은 신촌교회 교사로 사역했다. 신촌교회 김성의 장로의 증언에 의하면 당시에 여동생 하나와 남동생 둘이 신촌교회 교회학교 교사로 사역했다고 한다.[*]

김동익 목사는 물론 도명자 사모 또한 시동생들을 잘 섬김으로써 동생들 또한 형과 형수를 존경했다. 그 덕분에 이들을 중심으로 가족의 결속력을 매우 강하게 할 수 있었다.

◈ 신촌교회 교육전도사, 교육목사

김동익 목사는 1967년 장로회신학대학교에 다니며 10월 1일부터 신촌교회에서 유년부(교회학교)와 중고등부 교사로 사역을 시작했다. 1967년 12월 10일부터 1971년 10월 31일까지 약 4년간 교육전도

---

[*] 김성의 장로는 신촌교회 은퇴장로이다. 필자는 2022년 5월 15일 신촌교회 교역자실에서 그를 만났다. 당시 그는 91세였으나 아주 정정하셨고 기억력도 또렷했으며 일주일에 한 번은 낚시하러 다닐 정도로 건강했다.

사로 사역했다. 1971년 10월에 서울 서노회에서 목사 안수를 받은 후에 1971년 11월부터 1973년 5월 31일 미국으로 유학을 떠나기 전까지 약 1년 반 동안 교육목사로 사역했다.*

◈ 신촌교회 교육부 성장

김동익 목사는 신촌교회에서 약 6년간 교육부에서 사역했다. 이때 유년부 부장은 차재언 장로였고 부감은 김성의 장로였다. 그가 사역했던 기간에 신촌교회 유년부 학생은 약 200명 이상이었고 중고등부 학생은 약 70~100명이 출석했다.**

김성의 장로의 증언에 의하면, 김동익 목사는 학생들에게 친절하였고 아이들이 알아듣기 쉽게 설교를 매우 잘했다고 한다. 덕분에 유년부와 중고등부가 해마다 성장했다. 그는 친교와 단합을 강조하며 교사들과도 가까이 지냈다. 여름에 교사들과 함께 남해안으로 휴가를 가기도 했다. 그는 교사들 약 10가정과 함께 '방주 클럽'을 만들어 오랫동안 우정을 나누었다.

◈ 김동익 목사와 고무신

김성의 장로의 증언에 의하면, 김동익 목사는 매우 신사적이지만 가끔 고무신을 신고 다녔다고 한다. 그와 고무신은 그다지 조화롭게 느껴지지 않는 것 같다. 그러나 고무신은 그의 소박함과 민족성과 대

---

* 오창학, 위의 책, 164.
** 오창학, 위의 책, 182.

중성을 느끼게 한다. 그의 성격은 외유내강(外柔內剛)형으로 심성은 여자처럼 부드러웠으나 사역할 때는 뚝심 있게 밀어붙였다고 했다.

포항제일교회 사역*

◈ 포항제일교회 이대공 장로와의 만남

필자는 2021년 봄에 포항제일교회 이대공 원로장로를 만나기 위해서 포항을 방문했다. 그를 통해서 김동익 목사가 시무할 당시의 포항제일교회 자료를 수집하기 위함이었다.

이대공 장로는 포항에서 사회적 지명도가 높은 분이셨다. 그래서 일반적으로 만나기 쉽지 않다고 했다. 그러나 나는 김동익 목사의 넷째 동생 김동원 장로의 소개로 그를 만날 수 있었다.

이 장로는 시간을 30분 단위로 쪼개 사람들을 만나는 매우 바쁜 분이었다. 감사하게도 그는 나와 아내를 무척 환대해 주셨다. 그는 아내 오나미혜 장로와 함께 영일대 호텔에서 우리에게 식사 대접을 해주시며 무려 4시간 동안 김동익 목사와 포항제일교회에 대해서 다양한 이야기를 들려주셨다.

이 장로 부부는 김동익 목사에 대해서 최고의 찬사를 아끼지 않고 다음과 같이 말했다. "그는 깨끗한 사람이었다. 그는 교회를 가장 많이 성장시킨 목사였다. 그는 전설적인 목사였다. 그는 그 이전에도 없었고 이후에도 없을 뛰어난 목사였다."

이 장로는 《포항제일교회 100년》과 김동익 목사가 시무하셨던 기

---

* 사역 포항제일교회 100년사 사료편찬위원회, 《포항제일교회 100년》(포항: 삼양문화사, 2005.), 203-221. 참조

간의 당회록을 복사해 주셨다. 그리고 박정희 대통령이 열한 번 투숙했다고 하는 영일대 호텔 스위트룸에 묵을 수 있도록 배려해 주셨다.

이 장로는 포항제일교회 구 예배당 건물도 보여주시려고 했지만 시간과 상황이 맞지 않아 보여주시지 못했다. 그는 못내 아쉬워하시며 포항제일교회 예배당에 얽힌 기적을 들려주셨다.

6.25 전쟁 중에 경상북도 포항시는 항공기의 폭격으로 인해서 시가지 전체가 파괴되어 잿더미로 변했다. 그러나 경상북도 포항시 북구에 위치한 포항제일교회 예배당만 항공기 폭격에서 파괴되지 않고 유일하게 남았다.

당시 폭격기에 탑승했던 UN군 항공 조종사는 예배당 건물인 것을 발견하고 폭격을 하지 않고 건물을 피해 갔다. 이것은 세계 전쟁사에서 전무후무한 일로 축복받은 교회라는 제목으로 당시 타임지 표지에 실리기도 했다. 포항제일교회 예배당은 포항의 전쟁 역사 속에서 남겨주신 하나님의 역사하심이었다. 이 예배당은 포항 시민들이 자랑하는 역사가 되었다.

포항제일교회는 용흥동에 새 예배당을 건축하면서 이 기적의 예배당을 소망교회에 매각했다. 새 예배당을 건축하는데 건축비용이 부족해서 매각했지만 많은 교인은 매우 아쉬워했다. 경제적인 측면보다 더 중요한 것은 하나님께서 이루신 역사다. 하나님의 역사는 돈으로 살 수 없는 것이기 때문이다.

◈ 포항제일교회 담임목사

포항제일교회는 포항에서 역사를 자랑하는 교회다. 포항제일교회는 1905년 5월 14일에 미국 선교사 안의와(安義窩, James Edward Adams) 목사와 서성오, 김상오 씨가 함께 포항교회라는 이름으로 시작했다. 약 15년간 포항교회는 조직교회로 성장하여 1920년에 김병호 목사가 1대 담임목사로 사역했다.

포항제일교회는 대구와 경북지역에서 3.1운동을 주도적으로 이끈 교회였다. 또한, 신사참배를 반대하며 조국을 사랑하는 정신이 강한 교회였다.

포항제일교회는 지금도 교회의 선교적 사명을 감당하고 있다. 그 결과 포항지역에 14개 교회와 해외 10개국에 29개 교회를 설립했다.

포항제일교회는 2018년 9월부터 박영호 목사가 16대 담임목사로 섬기고 있다. 김동익 목사는 1976년 6월 27일에 제11대 담임목사로 부임했다. 그때 그의 나이는 33세였다.

역사와 전통을 자랑하는 포항제일교회가 젊은 목사를 청빙하는 것은 모험이었다. 그러나 소망교회 창립 멤버이자 이대공 장로의 큰 형이었던 이진우 장로의 적극적인 추천과 시무장로들의 합의로 김동익 목사를 담임목사로 청빙하는 것을 추진했다. 그의 설교를 들은 교인들의 반응이 매우 좋아서 당회는 그를 담임목사로 청빙했다.

◈ 포항제일교회가 크게 성장하다

김동익 목사가 포항제일교회에서 약 5년간 사역하는 동안 교회는 크게 성장했다. 그가 시무하는 동안 시무장로가 9명, 안수집사가 28명, 권사가 25명 증원되었다. 5년간 62명의 항존직을 세웠다는 것은 교인이 그만큼 빠른 속도로 증가했다는 증거다. 부임 당시에 출석 교인이 500명 정도였으나 5년 후에 1,700명으로 성장했고 교회학교 학생은 1,500명으로 성장했다. 이렇게 교회학교가 성장함으로 교회학교와 찬양대와 기도실과 도서관을 위해서 1980년 5월에 교회 창립 75주년 기념 교육관을 건축하여 봉헌했다.

김동익 목사는 분명한 목회 비전을 가지고 교회가 나아가야 할 방향을 제시했다. 그는 예배와 교육과 선교, 새 신자 양육과 구역조직과 전도회 사회봉사 등 모든 분야에서 교회조직을 강화시켰다. 그리고 그 조직을 운영할 수 있는 사람을 양육하고 역할을 분명하게 제시했다.

그는 행정조직만 강화시킨 것이 아니고 그 조직을 움직이는 진정한 힘을 강조했다. 그것은 바로 사랑과 성령의 역사가 충만한 교회가 되도록 하는 것이었다. 그는 뼈대를 만들고 그 뼈대가 움직일 수 있는 근육을 키워나갔다. 그 결과 교회는 즐겁고 행복하고 건강한 교회가 되었다. 즐겁고 행복한 교회 분위기는 사람들로 하여금 다니고 싶은 교회로 만들었다.

그는 교회 내의 행정조직과 교회 내의 사랑에만 머물지 않고 세상을 향한 사랑과 섬김의 실천을 강조했다. 그 결과 포항제일교회는 사회적 영향력을 확대했다. 교회 분위기는 매우 밝고 사랑이 넘쳤으며 긍정적이고 적극적인 생각으로 가득 찼다.

그 당시 포항제철이 세워지고 포항시가 발전하면서 전국에서 젊은 이와 인재가 모여들었다. 기쁨이 넘치고 성령 충만한 포항제일교회로 사람들이 모여들었고 교회는 빠르게 성장했다. 그가 사역할 때 포항제일교회는 전성기였다.

◈ 교회 성장 이유

　포항제일교회가 성장하는 데에는 이유가 있었다. 김동익 목사는 말씀과 교육에 중점을 두고 목회를 했다. 그는 설교와 교육을 통해서 교인들이 배우고 확신한 일에 거할 수 있도록 혼신의 힘을 쏟았다.
　그는 설교 준비에 많은 기도와 시간을 할애했다. 그는 설교를 통해서 교인들에게 새로운 희망과 소망을 주기 위해서 노력했다. 그는 병든 사람과 병든 세상을 치유하는 예언자적 증언이 필요하다고 주장했다. 그의 설교는 복음적이며 대중적이었다. 그의 설교는 모든 사람이 쉽게 들을 수 있었다. 그와 동시에 그의 설교는 깊은 지성과 영성을 겸비하고 있었다. 설교를 듣는 사람들은 삶의 변화가 일어났다.
　내가 포항을 방문해서 대화를 나누었던 이대공 원로장로는 그의 설교를 들으며 거듭남을 경험했다고 증언했다. 오나미혜 장로는 그의 창세기 강해 설교를 들으며 영적 세계가 열려서 그때부터 예수를 제대로 믿기 시작했다고 했다.
　많은 사람이 김동익 목사의 설교를 듣기 위해서 포항제일교회로 몰려들었다. 포항제일교회 성장의 가장 중요한 이유 중 하나는 바로 지성과 영성을 겸비한 그의 설교에 있었다.
　김동익 목사는 폭넓은 포용력을 가지고 목회했다. 그는 공동체의 화합과 일치를 중시했다. 그는 사람을 차별하지 않고 횡적인 관계 속에서 교회 행정을 처리하는 민주적인 목회를 지향했다. 그는 군림하는 목회자가 아닌 수평적이고 민주적인 목회를 지향했다.
　그가 목회하는 동안 교회는 큰 소리가 나지 않았다. 당회도 서로를 존중하며 평안했다. 수평적이고 민주적인 교회는 서로가 행복하고 기쁜 교회가 되었다. 이러한 교회 분위기는 성장으로 이어질 수 있었다.

김동익 목사는 교회는 예수 그리스도의 몸이며 몸은 생명이 있어야 한다는 것을 강조했다. 그는 성령이 강하게 역사할 때 생명을 살리는 교회가 될 수 있음을 주장했다. 그는 성령의 역사하심을 위해서 금요철야를 비롯한 기도를 강조했다.

현신애 권사를 초청하여 신유집회를 열었으며 서울 금란교회 김홍도 목사를 초청하여 심령부흥집회를 했다. 이러한 성령부흥집회를 통해서 교인들이 영적으로 성장하는 것에 관심을 두었다. 그와 동시에 성경 공부를 강조하여 교인들이 배우고 확신하는 일에 거하도록 힘을 쏟았다. 이렇게 지성과 영성이 조화로운 목회는 교회 성장으로 이어졌다.

김동익 목사는 교회의 선교적 사명을 강조했다. 선교는 교회의 본질이며 교회의 모든 조직과 운영은 선교에 초점을 맞추어야 한다고 했다. 그는 모든 장로가 교인들 몇 가정씩을 맡아서 심방하는 제도를 만들었다. 주일예배 후에는 교구별로 축호전도를 실시했다.

김동익 목사가 제안한 이러한 사역에 장로들이 적극적으로 동참하였고 솔선해서 프로그램을 만들고 열심히 사역했다. 장로들이 장로실에만 앉아서 행정만 할 때 교회는 정체된다. 교회 대표인 장로들이 솔선해서 교인들을 돌보고 전도할 때 교회는 성장으로 이어졌다.

포항제일교회는 포항시를 선교하기 위하여 세상을 향해서 문을 활짝 열었다. 교회는 포항시를 이끌어 가는 지도자들을 초청하여 온 교회가 포항시를 위해서 기도했다. 또한, 영일군(郡)의 기관장과 지방 유지들과 다른 교회 목회자들을 초청하여 나라를 위한 조찬 기도회를 했다. 그 외에 교육계와 해군 장병과 지휘관을 초청하여 나라와 도

시발전을 위해 기도했다. 그리고 남성 성도들 간의 교제와 필요를 위해서 교회 밖에서 모이는 일신회를 만들고 신용협동조합을 설립했다. 이렇게 세상을 향한 관심과 세상의 필요를 채우는 교회는 큰 성장으로 이어졌다.

당시에 포항이 공업 도시로 발전하며 인구가 늘어난 것도 포항제일교회가 크게 성장한 이유가 될 수 있을 것이다. 그러나 포항제일교회 성장은 단순히 인구 증가에 의한 것뿐만 아닌 김동익 목사의 목회 열정과 목사와 장로와 교인들이 적극적으로 협력한 결과였다.

◈ 포항제일교회를 떠나며

김동익 목사는 포항제일교회에서 약 5년간 사역을 하고 있던 1981년 3월 초에 새문안교회로부터 담임목사로 청빙을 받았다. 그가 일주일 동안 특별기도를 하며 고민하고 있을 때 하나님께서 이사야서 41장 9-10절 말씀을 주셨다.* 그리고 미국에서 공부할 때 꿈속에서 새문안교회에서 설교하던 모습이 떠올라 새문안교회로 떠날 것을 결심했다.

포항제일교회는 한국 교계를 위해서 더 크게 쓰임 받는 주의 종이 되시기를 기대하며 김동익 목사를 새문안교회 담임목사로 기쁘게 보내드리기로 했다. 그가 포항제일교회를 떠나기 전날 마지막 설교를 할 때 교인들은 모두 눈물을 흘리며 예배를 드렸다.

김동익 목사가 경주에서 서울로 출발하는 날 경주의 기차역까지

---

* 김동익,《내가 너와 함께 한다》(서울: 쿰란출판사, 1997.), 132.

수십 대의 차량과 수백 명의 교인이 그의 앞길을 축복하며 눈물로 환송했다. 그날 경주역은 포항제일교회를 그곳에 옮겨다 놓은 듯했다고 한다. 그는 교인들 한 사람 한 사람과 포옹하며 석별의 정을 나누었다.

포항제일교회는 목회 초년생인 김동익 목사를 사랑하고 협력하여 훌륭한 목사로 우뚝 서도록 섬겼다. 그리고 포항제일교회는 한국 교회와 새문안교회를 위해서 그를 기꺼이 내어놓았다.

새문안교회 사역*

◆ 김동익 목사 청빙

강신명 목사는 1955년 12월 1일에 새문안교회에 부임했다. 1957년 3월 3일에 4대 위임목사가 되었다. 그리고 1980년 4월 30일에 새문안교회를 은퇴했다. 1980년 5월 1일에 원로목사로 추대되었다. 강 목사는 새문안교회에서 25년간 사역했다.

강신명 목사 은퇴 후에 새문안교회 당회는 인사위원회를 구성하고 담임목사 청빙을 위해서 노력했다. 그러나 1년간 담임목사로 청빙할 만한 목사를 찾지 못했다. 그 정도로 강신명 목사의 뒤를 이어서 새문안교회를 목회할 목사를 모시는 것에 신중을 기한 것이었다.

1981년 초에 새문안교회 인사위원은 김동익 목사를 청빙하기 위해서 포항제일교회를 방문하여 예배를 드렸다. 그들은 그의 설교와 인품을 보고 놀라며 새문안교회의 담임목사는 바로 이분이라고 마음에 정했다.**

새문안교회 인사위원 6명(원일한 장로, 방순원 장로, 서정한 장로, 이한준 장로, 노정현 장로, 오장은 장로) 전원이 합의하여 1981년 3월 22일 당회에 제청한 후 당회원 22명 전원이 동의하여 김동익 목사를

---

* "새문안교회 사역"은 교회역사자료편찬위원회, 《새문안교회 100년사 개정증보판, 1887-1987》 (서울: 예송미디어, 2019.), 454-513쪽을 참조했다.
** 포항제일교회 100년사 사료편찬위원회, 《포항제일교회 100년》 (포항, 삼양문화사, 2005.), 205.

청빙하기로 결의했다.*

◈ 새문안교회 담임목사로 부임

새문안교회는 강신명 목사 은퇴 후 약 1년 만에 새로운 담임목사를 모시게 되었다. 1981년 4월에 새문안교회 당회는 김동익 목사를 담임목사로 청빙하기로 하고 5월 서울노회에 임시목사로 청원하기로 가결했다.

김동익 목사는 1981년 4월 22일에 새문안교회에 부임했다. 그리고 그의 가정은 4월 23일에 새문안교회에서 마련한 사택으로 입주했다. 새문안교회는 1981년 6월 14일에 공동회의에서 투표하여 그를 위임목사로 결정했다. 그 결과 그는 임시 당회장으로 사역하던 강신명 목사를 이어서 정식으로 당회장으로 위임되었다.

김동익 목사가 새문안교회의 담임목사로 부임 후에 바로 위임목사로 결의한 것은 그가 힘 있게 목회하실 수 있도록 하기 위한 교회의 배려였다. 새문안교회는 그의 뒤를 이어서 5대 이수영 목사, 6대 이상학 목사도 부임 즉시 위임목사로 결의했다. 이것은 새문안교회의 아름다운 전통으로 이어지고 있다.

1981년 11월 8일에 김동익 목사가 새문안교회 위임목사로 취임했다. 이로써 그는 새문안교회 5대 위임목사가 되었다.

---

* 대한예수교장로회 새문안교회, 《1981년 새문안 소식》(3월호), 20.

◈ 새문안교회 급성장

김동익 목사는 새문안교회에 부임 후 1982년 1월에 교회 교세를 42% 이상 성장시킨다는 목표를 정했다. 그 당시 1,076세대를 1,500세대로 증가시키고 4,377명 교인을 7,000명으로 증가시킨다는 목표를 세웠다. 그 후 새문안교회는 급격하게 성장했다. 1983년 3월 27일 주일 성례식 때에 학습 200명, 세례 148명, 입교 22명, 총 370명이 성례에 참여했다.

김동익 목사가 새문안교회에 부임하기 전 1980년에는 출석 교인이 2,884명이었다. 그가 새문안교회에 부임한 후 약 1년 만에 출석 교인이 3,071명으로 성장했다. 1987년 그의 목회 7년 만에 출석 교인 6,796명으로 교회가 크게 성장했다. 예배 횟수를 5부로 늘리면서 젊은이들을 위한 예배를 신설했다.

이렇게 교회가 크게 성장한 이유는 하나님께서 이끌어 가시는 정치, 경제, 사회의 시대적인 요인뿐만 아니라 김동익 목사의 선교 열정과 새문안교회 성도들의 헌신 때문이었다.

◈ 새문안교회 성장과 조직

김동익 목사가 새문안교회에 부임한 이후에 교회가 급성장하자 교회는 지도력을 확충했다. 두 사람뿐이었던 부교역자를 20명으로 확충했다. 교인의 숫자가 늘어감에 따라서 항존직도 크게 늘었다. 1981년부터 1987년 사이에 시무장로는 18명, 안수집사는 19명, 시무권사는 20명이 증가했다. 제직의 증가는 교인 수의 증가와 비례하여 늘어났다. 교회의 모든 제직 숫자는 1980년에 432명, 1987년에 1,216명으로 증가했다.

교회가 성장하면서 주차장이 협소해지자 교회 주변에 있는 주차장을 임대하여 교인들이 불편하지 않도록 했다. 또 교인이 늘어가자 교회 기구와 기관들을 새롭게 조직했다.

교회 운영과 관련된 규정과 규약을 정비하는 것도 잊지 않았다. 원활한 교회 운영을 위한 '교회 운영 규정'과 합리적인 장학금 지원을 위한 '새문안교회 장학회 운영규약'을 제정했다. 또한, 묘지 문제로 생겨날 수 있는 분쟁의 불씨를 사전 예방하기 위해서 '새문안교회 묘지 규정'도 제정했다. 김동익 목사는 교회의 조직을 정비하고 그 조직이 원활하게 움직일 수 있도록 운영 규정을 만드는 데 탁월한 사람이었다.

◈ 예배 증가와 찬양대 증가

새문안교회는 교인 수가 증가하자 자연스럽게 예배 횟수를 늘렸다. 예배당 공간을 늘리는 대신에 예배를 3부에서 4부로, 4부에서 5부로 늘려갔다. 1986년 12월 당회에서 주일예배를 5부로 늘리기로 했다.

예배 수가 늘어가자 찬양대 숫자도 예배 숫자만큼 늘렸다. 그 결과 찬양대가 6개로 증가했다. 다섯 개 찬양대가 주일예배를 담당하였고 여전도회 찬양대는 수요예배를 담당했다. 김동익 목사가 시무하는 동안 새문안교회 찬양단이 크게 성장했다.

1984년에는 찬양단 명칭을 순수한 우리말로 바꾸었다. 1부는 하나

(제일, 하나가 되자) 찬양대, 2부는 새로핌(새로 피어남, Seraphim 천사) 찬양대, 3부는 예본('예'수님을 '본'받자) 찬양대, 4부는 새온(새문안교회의 '새'와 100이라는 우리말 '온'을 따름) 찬양대, 5부는 한기림('하'나님을 '한'소리로 '기'린다) 찬양대가 되었다.

◈ 새문안교회의 청년성

김동익 목사는 부임하면서부터 새문안교회 청년성을 강조했다. 주일 마지막 예배는 청년 대학생을 위한 독립된 예배를 만들었다. 그리고 청년들 수준에 맞추어 설교하고 강의할 수 있는 다양한 외부 강사를 초대했다.

예배 전에는 청년 대학생을 위한 성경 공부 시간을 마련하여 청년 대학생을 말씀으로 양육했다. 그는 1980년대 민주화 운동을 하는 청년들을 지지하고 지원하고 보호해 줬다. 그 결과 사회 운동을 하는 청년들이 교회에 몰려들었고 새문안교회 대학 청년부는 약 10년간 심한 몸살을 앓았다.

대학 청년부는 그에게 아픈 새끼손가락이었다. 그러나 그는 끝까지 청년을 사랑했다. 그 결과 새문안교회는 청년 대학생과 젊은 층이 많이 모이는 젊은 교회로 성장했다.

◈ 김동익 목사의 창의적 목회

김동익 목사는 신선한 아이디어를 가지고 새로운 선교 프로그램을 창조적으로 만들었다. 그는 새문안교회가 수도 서울 심장부에 있음을 생각하며 도시 선교 사역을 시도했다.

1983년에 광화문 지역에 있는 직장 신우회 대표를 초청하여 협의회를 가지고 목요일 정오 직장인 예배를 만들었다. 이 예배는 광화문 일대에 있는 관공서와 기업체 근무자들을 선교하기 위한 것이었다. 그리고 광화문 일대에 있는 직장선교회에 매주 교역자를 보내서 설교하게 하는 등 직장선교회를 적극적으로 지원했다. 그는 도심 선교 전략의 하나로 주중예배를 만든 것이다. 그는 선교를 위한 창의적인 전략가였다.

◈ 국내 선교와 해외 선교

김동익 목사의 교회관은 선교적 교회였다. 그는 선교가 없으면 교회가 아니라고 생각했다. 그는 교회의 성장 동력으로 국내 선교와 해외 선교를 진행했다.

그는 위임목사가 되자마자 1981년 5월부터 공산권 동포에게 방송 설교를 시작했다.* 1981년 8월에는 인도네시아와 필리핀 2곳에 교회를 개척하며 해외 선교를 시작했다.** 김동익 목사는 1982년 교회 표어를 '선교하는 교회'로 정하고 국내와 해외를 가리지 않고 선교에 주력했다.

국내에서는 새창원교회와 군산 새문안교회, 새진도교회와 새안교회를 개척했다. 김동익 목사가 시무하던 때 역대 새문안교회 시무목

---

* 대한예수교장로회 새문안교회, 《1981년 새문안 소식》(5월호), 32.
** 위의 책, (8월호), 26.

사들 가운데 그가 국내에 가장 많은 교회를 개척했다.* 그때 새문안교회는 방주호를 건조하여 낙도 선교에 헌신하기도 했다.**

김동익 목사는 남선교회와 여전도회를 7개 선교단체로 확장하여 조직했다. 각 선교단체는 미자립 교회와 기독교 기관 등을 자율적으로 섬기며 다양한 선교 활동에 참여하게 했다. 이렇게 하여 교회의 모든 단체가 직접 선교에 동참할 수 있도록 했다.

새문안교회는 100주년 기념사업으로 1987년에 조준형 선교사를 태국으로 파송했다. 1994년에는 러시아로 정균오 선교사를 파송했다. 1995년에는 C국으로 이태홍 선교사를 파송했다.

◈ 다양한 사역

하나님께서 김동익 목사를 통해서 하신 일은 참으로 다양하다. 그리고 성공적이었다. 그는 성도들의 수련과 영성 훈련을 위해서 새문안 수양관을 설립했다. 또한, 새문안 찬양을 만들어 교회의 역사성을 살리고 교인들에게 공동체 의식을 고양시켰다. 새문안교회 역사성을 이어가기 위해서 《새문안교회 문헌 사료집》과 《사진으로 본 새문안 100년사》를 발간했다. 이외에도 그가 시무하는 동안 진행된 다양한 사역을 기록하기에는 지면이 부족하다.

---

* 새문안교회 역사관 2022년 구술자료 수집사역 조성기 목사 구술면담 동영상 자료(2022. 1. 23.)
** 새문안교회 역사관 2022년 구술자료 수집사역 김용민 목사 구술면담 동영상 자료(2022. 3. 6.)

◈ 협력의 결과

김동익 목사는 새문안교회에서 17년간 사역했다. 그의 사역의 열매는 참으로 풍성했다. 그가 풍성한 열매를 거두며 다양한 사역을 할 수 있었던 것은 하나님의 은혜였다. 그와 동시에 그의 목사다운 탁월한 리더십 때문이었다.

그가 시무하는 새문안교회의 다양한 사역과 열매는 한 사람이 한 것은 아니다. 모든 교회 제직과 성도가 그의 리더십을 따르며 혼연일체가 되어 헌신하였기 때문이다.

◈ 하나님 사랑, 교회 사랑

김동익 목사는 새문안교회 시무 중 마지막 8개월 동안 투병 생활을 하고 1998년 4월 1일에 하나님의 부르심을 받았다.

그는 하나님을 사랑했고 하나님을 사랑하듯이 교회를 사랑했다. 그는 죽는 순간까지 자신보다는 교회를 생각했다. 그는 자신의 가족과 자신의 안위보다 교회를 먼저 생각한 참 목사였다. 그는 사적 이익을 뒤로하고 공적 유익을 앞세워 살아간 참으로 신실한 주님의 종이었다.

서울노회 사역

◈ 서울노회장

1994년 새문안교회에서 제143회 대한예수교장로회 서울노회가 열렸다. 이때 노회장은 이정일 목사였다. 개회예배는 이정일 목사의 인도와 설교, 노정현 장로의 기도로 진행되었다. 김동익 목사는 성찬식을 집례했다. 제143회 노회에서 김동익 목사가 서울노회 노회장으로 선출되었다.*

◈ 서울노회장 사역

1994년 9월에 소망교회에서 제79회 대한예수교장로회 총회가 진행되었다. 그 총회에서 제143회 서울노회 결의 내용이 보고되었다. 이때 특이 사항은 여성 안수를 서울노회에서 청원하여 총회 정치부 안건으로 보고되어 있다는 점이다. 신학교육부 안건으로는 교회행정학과 헌법을 신학교의 필수과목으로 하는 것을 결의한 것이다. 또한, 신학교에서 청각 장애인을 위한 수화 통역 서비스를 제공하는 것을 허락했다. 세계선교부 안건으로는 선교사 후원금을 1,800불로 상향 조정했다.**

---

* 이신규 편, 서울노회 회의록(139-148)(서울: 예수교 장로회 서울노회, 1999.), 199, 203.
** 이신규 편, 위의 책, 206-208.

◈ 말라위에 의료선교사 파송

김동익 목사가 서울노회장을 역임하는 동안 특이한 일은 말라위에 의료선교사를 파송한 것이다. 제8차 한·미 수도노회 선교협의회는 1995년 6월 25~29일에 미국 워싱턴 내셔널 장로교회에서 열렸다.

이 회의에 PCK를 대표해서 서울노회 김동익 목사, 기독교장로회 서울노회장 배성산 목사, 미국장로회 워싱턴 노회장 제임스 알렌 목사 등 한·미 수도노회 대표 20여 명이 참석했다. 이 회의에서 3개 노회 산하 교회들이 협력하여 아프리카 말라위에 의료선교사를 파송하기로 결의하고 예장 총회에서 새문안교회 중고등부에서 성장하여 신본교회 장로로 시무하던 전종한 씨를 선교사로 파송하였다.*

◈ 총회 조직과 운영 개선안

김동익 목사는 서울노회 노회장 사역을 마치면서 1995년 10월 제80회 총회 때 총회 조직과 운영이 개선되어야 한다는 것을 주장했다.

먼저, 총대 숫자를 1천5백 명에서 1천 명 이하로 줄여야 한다고 했다. 둘째, 전국 노회장 회의를 제도화해야 한다고 했다. 총회는 일부 임원이 총회 업무를 대행하지 말고 전국 노회장 회의를 상설화하여 총회를 대행하는 의결기구로 만들 필요가 있다고 했다. 셋째, 총회 기구를 대폭 축소 개편해야 한다고 했다. 그는 총회 기구가 비대화되고 관료화되고 있음을 지적했다. 총회 상납금이 사업보다 기구 유지를

---

* 이신규 편, 위의 책, 240. ; 《한국기독공보》(1995. 7. 8.), 10면.

위해 더 많이 사용될 위험이 있기 때문에 부서와 총무과 간사와 직원 수를 반절로 줄여야 한다고 주장했다. 넷째, 부회장 선거풍토를 개선해야 한다고 했다. 부회장 선거풍토는 교단의 최대 병폐이며 문제점이다. 총회 임원선거조례를 개정하여 금권 타락 선거를 방지하고 공정선거를 위한 선거풍토를 개선해야 교회가 갱신될 수 있다고 주장했다. 그는 교단의 갱신을 통해서 교회의 갱신이 이루어지고 세계 선교의 기치를 높일 수 있다는 것을 주장했다.*

김동익 목사는 서울노회장을 마치며 교단 총회가 어떻게 바뀌어야 할지를 구체적으로 제시했다. 그가 살아계셨다면 총회장을 했을 것 같다. 그래서 그의 주장을 실제 현장에서 실천함으로 한국 교회를 많이 정화시켰을 것이다.

하지만 그는 너무 빨리 떠나셨고 총회 개혁을 위한 그의 제안은 받아들여지지 않았으며 교단 총회 선거는 여전히 금권정치로 치닫고 있다. 교단 정치는 회복 불가능한 상태가 되어 교회의 신뢰도를 낮추고 있으며 세상을 향한 선교에 해악을 끼치고 있다. 대한예수교장로회 총회는 그의 제안을 다시 경청하고 실천할 때 건강해질 수 있을 것이다.

---

* 김동익, "총회 조직과 운영, 개선되어야 한다", 《한국기독공보》(1995. 10. 7.), 3면.

총회 사회부 사역

◈ 총회 사회부장

김동익 목사는 약자와 낮은 자를 사랑했다. 그는 어린이와 여성과 장애인의 권익에 관심을 기울였다. 그는 1994년 9월부터 1995년 9월까지 대한예수교장로회총회 제79회 회기에 총회 사회부장으로 사역했다. 그는 1년간 총회 사회부 부장으로서 분쟁이 있는 곳에 평화를 이루기 위해 노력했고 가난하고 굶주리는 곳에 양식을 제공하기 위해서 힘썼다. 천재지변이나 위기를 당한 사람들에게 선한 사마리아인이 되었다. 약한 자와 위기를 당한 자를 한국 교회가 조직적으로 섬기는 시스템을 만들기 위해서 힘을 쏟았다. 그는 독일과 미국 교회로부터 사회봉사를 배울 수 있도록 안내하여 한국 교회의 사회봉사 발전에 기여했다.

◈ 평화를 위한 노력

김동익 목사는 총회 사회부장을 하는 동안 국외와 국내의 다양한 고난의 현장에 한국 교회가 함께할 수 있도록 힘을 쏟았다. 1994년 12월에 르완다 난민 현장을 방문했다. 그는 르완다 교회 지도자들을 만나서 분쟁 해소를 위해 노력했다. 르완다는 아프리카의 킬링필드 지역으로 불리는 곳이었다. 르완다는 내전으로 100만 명의 사망자와

200만 명의 난민과 50만 명의 고아가 발생했다.

르완다 내전은 후투족과 투시족 간의 갈등에서 시작되었다. 후투족은 르완다 인구의 85%를 차지하고 있는 부족이었다. 소수의 투시족이 반군단체를 형성하여 정부군인 후투족을 공격했다. 그 결과 후투족이 르완다 난민이 되었다. 정권을 잡고 있는 투시족 정부와 후투족의 갈등으로 교회가 파괴되고 사역자들이 살해되었다.

김동익 목사는 투시족 종교지도자들과의 만남과 대화를 통해서 갈등을 해소하고 난민을 복귀시키고 교회를 새롭게 할 방법을 제안하여 긍정적인 반응을 얻었다. 그는 종교지도자들에게 사랑의 공동체 역할을 수행할 것을 요청하는 동시에 르완다 난민구호 프로젝트를 세워서 교육과 교회 재건사업을 전개했다.

그 결과로 1995년 1월에 총회 사회부는 르완다 난민 아동 500명에게 급식을 제공하고 초등학교 교육을 지원했다. 르완다 난민구호를 위해서 긴급구호 물품을 제공했다. 또한, 르완다 교회 재건과 복구 및 희생된 목회자 유가족을 위해서 세계개혁교회연맹(WARC)을 통해 르완다 장로교에 지원비를 보냈다.

김동익 목사는 한국 교회 속에 사회봉사를 전문화하기 위해 국내외에서 부단히 노력했다. 그는 총회 사회부장을 하는 동안 일본 고베 지진 지역의 한인교회와 교포를 섬기는 사역을 진행했다. 전국교회의 협력을 통해서 대구 가스폭발 사고로 인한 피해 가족을 도왔고 삼풍백화점 붕괴로 인한 재해 구호를 교단 차원에서 실시했다.*

---

* 대한예수교장로회 편, 대한예수교장로회 제79회 총회회의록(제80회 총회회의록, 사회부 보고서), 554, 594-78.

◈ 한국 교회 사회봉사 발전에 기여

김동익 목사는 총회 사회부장으로 사역하는 동안 한국 교회 사회봉사 발전을 위해서 크게 공헌했다. 그는 1990년대 한국 교회가 사회봉사의 책임을 수행하기 위해서 미국과 독일 교회의 사회봉사 경험을 한국 교회가 배우고 실행할 수 있도록 노력했다.

그는 목회자와 평신도 지도자들에게 미국 교회의 사회봉사 활동을 배우는 프로그램을 진행했다. 1994년 11월에 한국 교회에서 사회봉사 활동에 관심이 있는 목회자 및 전문가와 함께 LA에 있는 미국 우드론 사회선교센터를 방문했다.

1994년 9월에 독일 교회 사회봉사 전문가를 초청하여 독일 교회의 사회봉사 경험을 배워서 한국 교회 사회봉사 전문화와 성장에 기여했다. 1995년 6월에는 13명의 목회자가 독일 교회 사회봉사 현장을 탐방하여 독일 교회의 사회봉사 사역에 대해서 배웠다.

총회 사회부는 해외 사회봉사 현장을 통해서 배움을 갖는 동시에 한국 교회에 사회봉사를 발전시키기 위한 각종 세미나를 개최했다. 1994년 11월에 장로회신학대학에서 진행된 예수교장로회 교회들의 사회봉사 실태와 과제 심포지엄을 열었다. 또한, 1994년 11월에 사회문화 선교 훈련을 통해 사회봉사를 하지 않고 있던 교회들이 사회봉사를 할 수 있도록 지원했다. 1995년 2월에는 〈사회봉사를 통한 교회 성장〉이라는 주제로 제79회 사회부 정책 세미나를 개최하여 한국 교회 사회봉사 발전에 기여했다.

총회 사회부에서는 교회 사회선교 실현과 사랑의 현장 갖기 운동을 활성화하기 위해서 교회사회총람을 제작하여 전국교회에 보급했다. 그리고 정부의 사회복지정책에 대한 교회의 대응책 마련과 기독교 사회복지 설립을 위한 지침서를 제작하여 전국교회에 배포했다. 《교회와 사회》를 월간으로 발행하여 한국 교회에 교회의 사회봉사 이론과 실천을 안내했다.*

그는 1990년대에 한국 교회가 한국 사회봉사를 해야 할 필요성과 그 방법을 개발하고 안내하는 노력을 했다. 그는 《한국기독공보》를 통해서 한국 교회 사회봉사의 필요성과 방법을 말했다.

◈ 섬기고 봉사하는 교회로

김동익 목사는 사회봉사를 통해서 한국 교회가 연합하고 일치를 이룰 것을 주장했다. 그는 한국 교회는 제2의 종교개혁을 해야 한다고 말했다.

16세기 종교개혁 이후에 개신교회는 분열에 분열을 거듭해 왔다. 교회 간, 교파 간 분열과 대립과 분쟁으로 교회의 공신력이 실추되었다. 특히 한국 교회는 분열의 극치를 이루어 교파 전시장처럼 변했다. 한국 교회는 20세기 교회 일치와 연합 운동에 발맞추어 일치를 이루어야 할 때라는 것이 그의 주장이었다.

한국 교회가 사회봉사를 통해서 연합정신을 증진시킬 수 있고 연합이 증진될 때 교회는 성장할 수 있다. 전국적인 규모의 봉사는 교단 간의 연합을 통해서 할 수 있고 지역적인 봉사는 지역교회들의 연합을 통해서 할 수 있다. 사회봉사를 위해서 연합할 때 연합과 일치가

---

* 대한예수교장로회 편, 대한예수교장로회 제79회 총회회의록(1994년 9월, 사회부 보고서), 554-78.

더 강화될 것이다.

16세기 종교개혁은 믿음을 강조했다. 개신교회는 믿음만을 강조하다가 행위를 소홀히 했다. 믿음은 행위로 나타나야 하는데 삶의 현장에서 믿음의 실천이 약했다. 그 결과 기독교적인 가치관이나 도덕성이 확립되지 못했고 신앙과 행위가 분리되었다. 이른바 신행일치(信行一致)가 필요한 시대다. 섬기는 종으로 오신 예수님과 같이 세상을 섬기는 봉사 활동을 통해 세상의 소금과 빛이 되어야 한다.

예수님은 배고픈 자를 먹이셨고 병든 자를 치료하시며 복음을 전하셨다. 교회도 섬김과 봉사를 통해서 선교해야 한다. 특히 가난한 자, 인권이 유린된 자, 소외된 자, 장애인, 병든 자 등 고통받는 자를 섬겨야 한다. 총회와 노회, 개교회가 연계성을 가지고 협력하여 섬김과 봉사를 진행해야 한다. 한국 교회가 세상을 섬기고 봉사할 때 교회의 생명력을 유지할 수 있을 것이다.*

김동익 목사는 이러한 생각을 가지고 총회 사회부 부장으로 국내 사회봉사와 세계 사회봉사를 위해서 헌신했다. 한국 교회의 도덕적 책임과 사회적 책임이 강조되고 있는 이때 그의 주장이 더 빛을 발한다.

---

* 김동익, "섬기고 봉사하는 교회로", 《한국기독공보》(1995. 1. 14.), 2면.

총회 세계선교부 사역

◈ 총회 세계선교부장

김동익 목사는 교회 사역을 하며 늘 선교에 헌신했다. 그는 '교회는 선교'라는 선교적 교회관을 가지고 국내 선교와 해외 선교에 각별한 애정을 가지고 헌신했다. 포항제일교회에서 사역할 때는 교회를 넘어 포항지역 전체를 목회한다는 생각으로 포항지역 선교에 헌신했다.

새문안교회에서 사역할 때는 새문안교회를 넘어 국내 여러 지역에 교회를 개척했다. 그리고 태국과 러시아와 C국 등 해외 선교 사역에도 힘을 쏟았다. 1996년부터 1997년에는 제81회기 총회 세계선교부장으로서 교단의 세계 선교 발전을 위해서 헌신했다.

◈ 총회 세계선교부장 사역

김동익 목사의 창의적이고 전략적인 모습은 총회 세계선교부장을 할 때도 나타난다. 제81회 총회 이후 1년 동안 사역한 사업경과 보고서에 기록된 그의 특별한 사역 몇 가지를 소개하면 다음과 같다.

첫째는 1997년 4월 10일에 선교신학 수정 및 영역 위원회에서 다룬 '우리의 선교신학'의 국문과 영문을 최종 인준했다.* 1995~1996년

---
* 대한예수교장로회총회 편, 대한예수교장로회 제81회 총회회의록(1996년 9월), 831-833, 894-915.

에 총회 세계선교부에서 강동수 목사를 위원장으로 세우고 서정운, 김종렬, 김명룡, 이형기 교수에게 대한예수교장로회 선교신학 초안을 마련하게 했다. 그 후 총회 세계선교부 선교신학 수정 및 운영위원회가 여러 차례 모임을 통해 '우리의 선교신학'을 인준한 것이다.

교단 선교신학을 세우는 일은 교단 선교정책과 선교 사역 방향을 제시하는 가장 기본적이고 가장 중요한 것이다. 이런 의미에서 교단 선교신학을 제정한 것은 교단 선교 발전에 가장 중요한 토대를 마련한 일이라고 평가할 수 있다.

둘째는 총회 선교사 파송 규정에서 제6장 '현지선교회' 부분을 구체적으로 정리한 것이다. 현지선교회의 목적을 강화하고 명칭과 조직을 어떻게 할 것인지 구체적으로 제시했다. 그 결과 선교지에서 현지선교회 조직을 단기간 내에 구성할 수 있게 되었고, 이는 총회 선교본부와 선교사 간의 협력관계를 안정적으로 만드는 데 도움이 되었다. 파송 규정을 구체화한 덕분에 우리 교단 선교지 현지선교회가 현재에도 활발히 활동할 수 있는 기초가 마련된 것이다.

선교사 규정에서 제8장 '선교사 후원' 부분도 구체적으로 정리해 놓았다. 제8장 43조에서는 선교사와 가족을 위해서 후원금의 2%를 공제하여 의료보험을 실시한 점이 눈에 띈다.* 선교사 규정을 통해서 알 수 있게 된 것은 김동익 목사가 선교사 후원과 선교사 복지를 고민하며 발전시키려고 했던 점이다. 그는 선교사를 파송하고 끝까지 책임지는 것을 중요하게 생각했다. 선교 후원과 의료보험 항목을 신설한 것은 그의 선교적인 정신을 볼 수 있는 부분이라고 생각한다.

---

* 대한예수교장로회총회 편, 대한예수교장로회 제81회 총회회의록(1996년 9월), 833, 892-94.

셋째는 다양한 세계교회와 협력관계를 이루었다. 1997년 3월에 대한예수교장로회와 브라질장로교회와 브라질 상파울로 마젠지 대학에서 선교협의회 모임을 진행했다. 여기에서 양 교회는 그리스도 안에서 하나임을 고백하고 상호협력과 지원을 위한 합의서를 작성했다.

1997년 3월 미국 루이스 빌에서 대한예수교장로회와 한국기독교장로회, 호주연합교회, 미국장로교회, 조선기독교연맹, 재일대한기독교회, 캐나다장로교회, 미국개혁교회, 미주한인장로교회가 함께 모임을 갖고 선교협의회 보고서를 작성했다. 이 보고서에는 세계 선교 협력과 여성의 인권과 평화와 통일 문제를 다루고 있다.

1997년에 대한예수교장로회와 체코형제교회 간에 선교 동역을 위한 선교협정서를 맺었고, 1997년 4월에는 한국장로교회(대한예수교장로회, 한국기독교장로회)와 스위스개신교연맹과 긴밀한 유대와 상호협력을 위한 〈제3차 한·서 교회협의회〉를 진행했다.

대한예수교장로회는 에큐메니칼 정신을 가지고 세계교회와 연대하고 상호협력하는 정신이 있다. 김동익 목사는 세계선교부장으로 사역하며 한국 교회를 세계교회와 연대와 협력 강화에 공헌했다.

◈ 한국 교회의 선교 방향 제시

김동익 목사는 총회 선교부장으로 사역하는 동안 한국 교회의 선교적 사명을 부르짖었다. 다양한 기독교 신문에 국내 복음화의 열정 회복을 외쳤다. 해외 선교에 대해서는 양적 선교에서 질적 선교로 가야 할 것을 주장했다. 선교사의 자질 향상과 선교사 멤버케어(Member care)와 선교사 자녀교육에 관심을 가지도록 한국 교회에 호소했다.

그와 동시에 선교사와 한국 교회가 경쟁을 중단하고 함께 협력하는 선교로 나아갈 것을 제시했다. 그는 무엇보다도 선교사와 한국 교회가 선교 현지교회를 무시하지 말고 함께 사역할 것을 강조했다. 그는 선교지에 한국 교회 교파와 한국 교회 교단 신학교를 세우지 말고 선교 현지교회와 신학교와 협력할 것을 제안했다.[*]

◈ 김동익 목사와 선교

김동익 목사는 새문안교회 100주년 기념으로 1988년에 태국에 선교사를 파송했다. 그때 그는 태국장로교단과 협약을 맺고 선교지 교회와 협력하여 함께 사역할 선교사를 파송했다. 그 결과 태국 선교는 아직도 모범적인 선교지로 꼽히고 있다.

김동익 목사는 1994년에 필자를 러시아 선교사로 파송했다. 그때도 그는 선교사들에게 현지교회와 협력할 것을 주문했다. 그래서 필자는 블라디보스토크에서 교단을 초월하여 한국 선교사들과 블라디보스토크 연해주신학교를 세웠다. 나는 볼고그라드로 선교지를 이동한 후에 러시아에서 150년의 역사를 가지고 있는 러시아 복음주의 침례교회와 협력 선교를 진행하고 있다.

이렇게 새문안교회가 선교사와 현지교회와 협력하는 선교를 하게 된 것은 김동익 목사가 선교 정책을 잘 세워놓은 결과다. 또한, 새문안교회의 특별한 선교 후원과 선교사 복지 역시 그의 영향력이 컸다.

---

[*] 김동익, "바른 해외 선교의 길", 〈기독교 신문〉(1995. 7. 30.), 7면.

그 신실한 믿음의
발자취를 따라가다

Part 3.
김동익 목사를 추억하다

7장

김동익 목사, 그를 추억하다

김동익 목사와 우리 가정

김 재 민

의정부시민교회 원로목사

◆ 새문안교회와의 만남

할머니 댁에서 1932년 전의성결교회가 시작되었기에 저는 모태신 앙으로서 자연스럽게 신앙생활을 했습니다. 저는 교회에서 유치부, 아동부, 중·고등부를 거쳐 대학을 다닐 때까지 성결교회에서 신앙생활을 하며 자랐습니다.

대학 졸업을 앞두고 새문안교회에 출석하던 친구 유진규(새문안교회 은퇴장로)를 따라 1976년부터 새문안교회에서 신앙생활을 하게 되었습니다. 1976년 대학 졸업 후 서초구 방배동에 있는 상문고등학교에서 교사로 2년을 재직했습니다. 1978년 은평구 신사동에 있는 숭실고등학교로 근무지를 옮긴 후 같은 해 11월에 결혼하여 가정을 이루고 새문안교회의 교인으로 적응해 나갔습니다. 처음에는 찬양대에서 봉사하다가 1980년에 1년 동안 교사 교육을 받고 1981년부터 서리 집사로 임명되고 고등부 교사로 봉사를 시작했습니다.

강신명 목사님께서 은퇴하시고 후임으로 김동익 목사님께서 부임하셔서 사역하시는 변화의 시기에 저희 가정은 조금씩 성장해 갔습니다. 1979년 10월 8일에 태어난 큰아들은 1980년 3월 30일에 강신명 목사님으로부터 유아 세례를 받았고 1981년 11월 2일에 태어난 둘째 아들은 1981년 12월 25일에 김동익 목사님께 유아 세례를 받았습니다.

제가 고등부 교사로 봉사하며 한 해 한 해 지나는 동안, 저의 삶에 많은 변화가 생겼습니다. 대학교 3학년 때 경영학을 전공하면서 진로를 놓고 기도할 때 목회자의 길을 갈까를 고민했는데 하나님의 부르심이 없었습니다. 그래서 학교에서 학생들을 가르치면서 복음을 전하겠다는 마음으로 먼저 고등학교 교사의 길을 택하였습니다. 그 대신 결혼하여 하나님께서 아들을 선물로 주시면 목회자로 양육하겠다는 서원을 하고 믿음을 모으는 사람이 되라는 소원으로 아이 이름을 신회(信會)라고 지어 놓았습니다.

새문안교회에서 김동익 목사님의 설교를 통해 은혜를 받고 고등부 교사와 제3남선교회를 통하여 정말로 소중한 분들을 만났습니다. 새문안교회를 조금씩 더 깊이 알아가면서 저의 신앙생활에 많은 변화를 경험했습니다.

그때 국가적으로는 한창 민주화의 열기가 뜨거워지고 있었습니다. 한국 교회 어머니 교회로 창립 100주년을 맞이하는 새문안교회 역사에 눈을 떠가며 신앙인으로 바른 삶과 교회의 사회적 책임에 대해 고민하며 다시 한 번 진로에 대해 고민하며 기도하기 시작했습니다.
저는 기도원에 가서 금식 기도하는 중에 하나님의 부르심을 받고 고등학교 교사의 직분을 내려놓고 37세가 되는 1986년 장로회신학대학원에 입학하여 목회자의 길을 걷게 되었습니다. 1986년 1학년 때에는 교회학교 고등부에서 교사로 봉사하고, 신대원 2, 3학년인 1987년과 1988년에는 새문안교회 중등부 교육전도사로 사역했습니다.

1989년 3월부터 상도교회 전임전도사로 부임하여 1995년 10월까지 부교역자로 사역했습니다. 1995년 11월 첫 주일에 의정부시민교회에 담임목사로 부임하여 위임을 받고 만 24년을 사역했습니다. 2019년 11월 첫 주일, 교회 창립 57주년에 원로 목사로 은퇴했습니다.

◈ 김동익 목사와의 만남

저의 지나온 삶을 이렇게 자세히 돌아보는 것은 저의 삶에 귀하게 자리 잡고 있는 김동익 목사님과의 여러 가지 추억들 때문입니다.

김동익 목사님은 1981년 새문안교회에 부임하시는 해부터 우리 가정의 변화를 지켜보시며 여러모로 힘이 되어주셨습니다.

1981년 11월 2일에 둘째 아들 지회(志會)가 태어났습니다. 태어난 지 10일이 지났을 때 목사님께서 저의 가정에 심방을 오셨습니다. 저희 집은 은평구 신사동에 있었기 때문에 교회에서 거리가 꽤 멀었는데 목사님께서 직접 와주신 것이었습니다. 저는 학교에서 퇴근하기 전이라 심방예배를 드리지 못하고 그날의 상황을 전해 듣기만 했습니다.

심방이 끝나고 돌아가시는 목사님을 현관으로 배웅 나갔다가 방으로 들어오는 제 아내를 향해 큰아들이 방에서 달려 나왔습니다. 마침

산후조리를 돕고 있던 아주머니께서 들고 있던 밥상에 큰아들이 부딪혔고 뜨거운 미역국이 아이의 얼굴과 오른쪽 팔 위쪽에 쏟아지며 화상을 입었습니다. 이 일로 인하여 큰아들은 오랫동안 효자동에 있는 강남의원에서 화상 치료를 받았지만 지금도 그 화상 자욱이 선명하게 남아있어 큰아들의 팔을 볼 때마다 그날 먼 길을 심방해 주셨던 김동익 목사님이 생각납니다.

몇 년이 지나 목사님께서 심방 오셨을 때 큰아들과 둘째 아들이 밖에서 자전거를 타고 놀다가 넘어져 둘째 아들 턱을 다쳐 몇 바늘 꿰맨 자국이 있습니다. 둘째 아들의 턱을 볼 때도 김동익 목사님이 생각납니다. 제 아내는 두 번의 심방 경험을 통해서 심방을 받을 때는 정말 기도로 준비하여 악한 영이 역사하지 않도록 아이들을 잘 돌보아야 함을 이야기합니다.

김동익 목사님께서 부임하신 다음 해 봄에 도명자 사모님께서 별세하셨을 때 목사님의 마음이 얼마나 아프셨을지 지금 생각해 보아도 가슴이 뭉클합니다.
황산성 여사와 재혼하시기 전에 제3남선교회 임원들을 사택으로 초대해서 황산성 여사 가족과의 관계를 비롯하여 재혼의 필요성을 이야기할 때 모두 공감했던 기억이 납니다. 한창 자라고 있는 어린 삼남매를 목회하며 돌보는 것은 혼자의 힘으로는 감당할 수 없는 일입니다. 황산성 여사와 재혼하여 다섯 자녀를 돌보는 것도 힘든 일이었겠지만 황 사모님께서 여러모로 목사님께 힘이 되어 주셨음을 기억합니다.

제가 작은 교회를 목회하면서도 어려웠던 일들이 많았는데 김동익 목사님께서 우리나라의 어머니 교회인 새문안교회에서 17년간 목회하시면서 얼마나 많이 힘드셨을지를 짐작해 볼 수 있습니다.

55세이면 정말 한창때인데 너무나 일찍 하나님께서 목사님을 불러가셨습니다. 제가 담임 목회를 시작한 지 2년이 조금 지났을 때인지라 저의 든든한 버팀목이 없어졌다는 허전함은 이루 말할 수 없었습니다.

제가 신대원에 늦은 나이에 입학하여 공부하였기에 교육전도사로 사역할 마음이 없었으나 김동익 목사님의 권유로 중등부 교육전도사로 2년간 사역하게 되었습니다. 새문안교회 창립 100주년이 되는 1987년부터 1988년까지 중등부 교육전도사로 봉사할 수 있었음은 너무나 감사한 일입니다.

교육전도사로 봉사하는 동안에 김동익 목사님께서 두 차례 저의 목회에 관심을 가져주셨습니다. 한 번은 어느 권사님께서 개척교회를 할 수 있도록 준비가 되어있으니 개척교회를 할 의향이 없는지 물어보셨습니다. 또 한 번은 새문안동산에 있는 교회에 가서 사역하면 어떻겠냐고 물어보셨습니다. 그러나 그때 저는 늦은 나이에 신학 공부를 하고 있어서 공부하는 일이 더 중요하다고 생각했습니다. 저는 신대원을 졸업하고 부교역자 과정을 거쳐 목회 훈련을 받은 후에 목회할 계획이었기에 목사님의 말씀에 따를 수 없어 죄송한 마음이었습니다.

이후에 제가 상도교회에서 부교역자로 7년 사역하고 의정부시민교회로 올 때 목사님께 추천서를 부탁했더니 자세하게 그리고 과분하게 추천서를 써 주셨습니다.

김동익 목사님께서 제가 의정부시민교회에서 사역할 수 있도록 세심하게 힘써 주셨습니다. 중등부 교육전도사로 사역할 때 교역자 수련회에서 목사님께서 설교 준비에 대해서 말씀하셨던 것을 잊지 않고 있습니다.

김동익 목사님은 설교가 끝나면 서점에 가서 다음 주 설교에 도움이 될 만한 책 5권 정도를 구입해서 읽고 설교에 참고한다고 하셨습니다. 제가 목회하는 동안 늘 그 말씀을 기억하고 실천하려고 노력했는데 김동익 목사님처럼 잘하지는 못했습니다. 제가 은퇴하고 요즈음 독서 모임을 하면서 독서가 소중함을 절실히 깨닫게 되어 김동익 목사님께서 독서를 강조하셨던 일이 다시 되새겨지고 있습니다.

새해가 되면 저희 부부는 두 아들을 데리고 새해 인사를 드리러 김동익 목사님 댁을 방문하였습니다. 그때마다 늘 잔잔한 미소로 맞이해 주셨습니다. 그리고 목사님께서는 저희 부부를 보면 "바늘 가는 데 실 가고 실 가는데 바늘 간다"고 하시며 잉꼬부부라고 많이 칭찬해 주셨습니다.

제가 상도교회에서 전도사와 부목사로 사역할 때도 새문안교회에서 훈련받고 배운 목회를 적용하려고 노력했습니다. 김동익 목사님과 상도교회 김이봉 목사님으로부터 배운 목회가 의정부시민교회 24년 목회에 큰 힘이 되었습니다. 예배의 순서와 진행 방법을 비롯하여 주보의 형식, 교적 관리, 각종 문서 관리, 교회 요람의 형식과 내용, 교회 역사의 소중함, 선교에 대한 열정 등 너무나 많은 것들을 제 목회에 적용하였습니다.

저는 1989년 초에 새문안교회를 떠났지만 두 아들은 대학에 입학하여 의정부로 들어올 때까지 서울에서 학교 다니며 새문안교회에서 신앙생활 하며 성장했습니다. 큰아들은 1995년 9월 24일 김동익 목사님의 집례로 입교하였고 둘째 아들은 1997년 3월 16일 김동익 목사님 집례로 입교하였습니다.

1998년 목사님께서 하나님의 부르심을 받기 전에 병원으로 문병을 가서 큰아들이 대학에 입학한 것을 알려드린 것이 목사님과의 마지막 만남이었습니다.

1988년부터 40대 전후의 새문안교회 형제자매들이 주축이 되어 시작한 '새마당 모임'을 통해 새문안교회 형제자매들과 2006년까지 매월 한 차례씩 만나 교제했었기에 새문안교회를 잊을 수 없습니다. 모임 때마다 기독교계와 각 방면의 지도자들을 초청하여 강의를 듣고 함께 대화를 나누며 친교 하는 기회를 통해 저의 목회에 너무나 많은 도움을 받았습니다.

덕분에 두 아들도 새문안교회에서 고등부까지 믿음으로 잘 자라주었습니다. 대학에 입학하여 저의 목회에도 힘이 되어주었고 대학 졸업 후 장로회신학대학 신대원에 입학하여 공부하고 모두 목사가 되어 목회의 대를 잇게 된 것도 너무나 감사한 일입니다. 우리 가정은 새문안교회와 김동익 목사님을 잊을 수 없습니다.

김동익 목사님께서 하나님 나라로 가신지 벌써 26년이 지났습니다. 새문안교회와 그 중심에 계셨던 김동익 목사님과의 만남은 저와 저의 가정에 소중한 배움과 힘이 되었습니다. 늦은 나이에 하나님의 부름을 받고 30여 년의 목회 사역에 하나님께서 베풀어 주신 은혜와 새문안교회와 김동익 목사님께 받은 은혜는 무엇으로 다 표현할 수 없습니다.

김동익 목사님의 자녀들과 가족들과 목사님을 통해 은혜를 받았던 많은 분을 통해 목사님의 수고와 결실들이 우리나라는 물론 세계 곳곳에서 아름답게 열매 맺기를 기원합니다.

태국 선교 비전을 도전하신 김동익 목사

조 준 형[*]

PCK 태국 선교사

◈ 김동익 목사를 만나다

저는 선교사로 부름을 받고 1980년 신학교 졸업 후 미국에서 선교학을 공부하고 돌아와서 파키스탄 선교사로 가려고 했습니다. 그러나 파키스탄으로 가는 선교의 길이 열리지 않았습니다. 답답한 심정으로 선교사로 가는 것을 미루고 국내에서 사역하려고 했습니다. 그러나 국내 사역의 길도 쉽게 열리지 않았습니다.

그러던 어느 날 장신대 서정운 전 총장님께서 "새문안교회 김동익 목사님을 만나보라"고 말씀하셨습니다. 서정운 총장께서 나를 김동익 목사님께 추천하신 것이었습니다. 그래서 김동익 목사님을 만나게 되었습니다.

◈ 김동익 목사와의 만남과 태국 선교사로 부르심

김 목사님을 처음 만났을 때 목사님은 새문안교회가 새문안교회

---

[*] 조준형 선교사는 대한예수교장로회 총회 선교부 태국 선교사로 35년간 사역하고 2021년에 은퇴했다.

창립 100주년 기념으로 태국에 선교사를 파송할 계획을 설명해 주셨습니다. 태국 선교는 양 교단 간의 협약에 따라 사역이 정해져 있음을 알게 되었습니다. 새문안교회는 오래된 역사를 가진 교회로써 선교에 대한 올바른 이해와 성숙과 균형을 갖고 있었습니다. 김 목사님은 태국 선교는 선교사 주도의 일방적인 선교가 아닌 교단 간의 협력에 의한 파트너(동역자) 선교라고 설명해 주셨습니다.

그러나 저는 6년 동안 파키스탄 선교를 위하여 기도해왔다고 말씀드렸습니다. 그리고 태국 선교사로 하나님의 부르심이 없다는 것을 말씀드렸습니다. 더군다나 저는 '방-파선교회'와 연관이 있었기 때문에 혼자 결정할 수 없다고 말씀드렸습니다.

김동익 목사님은 함께 기도하자고 하셨습니다. 그리고 총회 선교부와 선교회에 대한 행정적인 조치를 해주셨습니다. 목사님을 만난 후에 저와 아내는 '태국 선교사로서의 부르심이 있는가?' 하는 문제가 마음을 무겁게 했습니다.

이틀간 기도하는 중에 저와 아내는 희한한 꿈을 꾸었습니다. 저는 야자나무와 맑은 연못에서 물고기를 잡는 장면을 꿈에 보았고, 아내는 예수님의 이름으로 돼지를 물리치는데 오렌지색 옷을 입은 승려들이 산에서 내려오는 장면을 보았습니다. 이 꿈은 나중에 알고 보니 치앙마이 도이수텝산의 승려들의 모습과 일치하였습니다. 이것을 통해서 우리 부부는 태국 선교사로서의 부르심임을 확신하게 되었습니다. 이때 선교의 주체는 내가 아니라 하나님이심을 확실하게 알게 되었습니다.

김동익 목사님과 면담을 통해서 나는 선교사로서 비전이 새롭게 확정되었습니다. 그리고 태국에 파송되어 지금까지 사역하고 있음에 주님께 감사를 드리며 김동익 목사님의 배려에 감사를 드립니다.

◈ 태국 선교는 교단 간 선교 협력 모델이다

1986년의 아시아교회협의회(CCA)에서 PCK(대한예수교장로회총회, 통합) 대표 김동익 목사님과 태국 교회(CCT) 대표 분랏 부아엔 목사 간에 선교 협력 방향을 정하고 양 교단 간에 인준을 받았습니다. 그리고 10년이 지난 후에 치앙마이에서 양 교단 간에 1차 선교협의회가 열렸습니다. 그때 김동익 목사님은 다음과 같은 의사를 표명하셨습니다.

> 첫째, 태국 교회(CCT)와 한국 교회(PCK)가 서로 선교 협력관계를 가지면서 공동선교 사역을 개척한다.
> 둘째, PCK의 목사를 1명 파송하여 태국 교회의 목사로서 활동한다.
> 셋째, 선교사의 생활비와 모든 활동비는 PCK가 CCT로 송금하여 선교사에게 지급하기로 한다.
> 넷째, 모든 선교 사역 내용은 CCT와 협의하여 진행한다.

위의 견해에 따라 저와 새문안교회는 3가지 사역을 하기로 약속하였습니다.

> 첫째, 교회 지도자(목회자, 평신도 지도자)를 상호 교환하여 교류를 가진다.
> 둘째, 태국 신학교와 목회자 양성 및 평신도 지도자 개발을 위한 사업을 지원한다.
> 셋째, 교회 개척과 부흥과 전도사역에 협력한다.

만약 위와 같은 분명한 선교 방향이 없이 선교사로 파송되었다면 저는 각개전투식 사역을 하였을 것입니다. 그 결과 저는 숲을 보지 못하고 나무만 보는 사역을 하였을 것입니다. 양 교단이 협약한 분명한 선교 방향성 덕분에 저는 태국 교단과 교단에 속한 기관들과 연계된 전국적인 선교 사역을 감당하게 되었습니다.

◈ 김동익 목사의 선교 협력 안의 수정 및 갱신

김동익 목사님은 1차 선교 협의를 한 후에 10년을 바탕으로 좀 더 발전된 선교 방향이 이루어지길 바란다는 의견을 제안하였습니다.

> 첫째, 태국 교회(CCT) 산하의 무 교회 지역에 교회를 개척한다.
> 둘째, 인도차이나 지역(라오스, 미얀마, 캄보디아)에 대한 선교 협력 사업을 한다.
> 셋째, 신학교 간에 교수와 학생 교류를 적극적으로 추진한다.
> 넷째, 한국에 있는 외국인 노동자 중 태국인 문제와 태국 내의 한국사업체 내의 산업선교에 협력한다.

위의 수정 및 갱신 안은 1997년 9월 22일에 양 교단 간에 인준을 받게 되었습니다. 이것은 태국 선교 방향의 초석을 놓는 것이었습니다. 그 방향은 지금까지 변하지 않고 이행되고 있습니다. 선교학자들은 이 선교모델이 가장 바람직하고 모범이 된 선교라고 생각하고 있습니다.

◈ 한-태 선교관 건립

제가 선교사로 사역을 시작한 후 8년이 되던 해에 김동익 목사님께서 선교기지(Mission base)의 필요성을 말씀하셨습니다. 저는 처음에는 치앙마이 사역을 하면서 건물을 짓거나 땅을 사지 않겠다고 생각했습니다. 치앙마이에는 과거 미국 선교사들의 선교기지로 부족함이 없었기 때문이었습니다.

이 제안을 받고 하나님이 필요로 하는 지역이 어디일지를 생각했습니다. 과거 미국 선교부가 람푼에 기지를 세웠으나 세계 2차 대전을 지나면서 교회는 사라지고 2,000평의 땅만 남아있는 것이 떠올랐습니다. 그 땅에 불신자들이 세운 귀신 단지들로 가득한 모습을 보면서 마음이 아팠는데 성령님께서 이곳에 새로 교회를 세워야 한다는 감동의 비전을 주셨습니다. 그래서 이곳에 '한-태 선교관'을 세울 것을 기도하였습니다.

선교관을 건축하기 전에 근처에 교회를 개척하게 되었습니다. 그 때 김동익 목사님이 하신 개척교회 축사에 그 의미가 잘 나타나 있습니다. 그 내용은 다음과 같습니다.

> 첫째, 태국 교회(CCT)와 한국 교회(PCK)의 선교 협력의 모델이 되기를 바란다.
> 둘째, 지역사회에 필요한 청소년 사역과 지역사회 봉사 활동을 하길 바란다.
> 셋째, 람푼센터를 중심으로 태국-한국 양 교회의 협력으로 인도차이나 복음화를 위한 선교 센터가 되기를 바란다.

이 목적에 따라 저는 그 땅을 하나님의 땅, 회복의 땅, 구원의 땅,

축복의 땅으로 명명했습니다. 그리고 다음과 같은 소원의 기도를 드렸습니다.

> '하나님의 땅'으로 누구도 가져갈 수 없고
> '회복의 땅'으로 과거 선배 선교사들이 이룬 사역을 회복하고
> '구원의 땅'으로 이 땅을 밟는 자에게 구원의 복이 임하게 하시고
> '축복의 땅'으로 이 땅을 밟는 모든 자가 하나님의 복을 받는 곳이 되게 하소서.

저는 한국에서 설계사를 초청하여 람푼센터가 두 나라 문화의 상징성을 갖도록 설계해 달라고 부탁하고 한-태의 교회가 협력하여 주변국 선교하는 것을 목표로 정하였습니다.

'한-태 선교관'을 건축하는 중에 한국에 IMF가 터지고 김 목사님이 암 진단을 받았습니다. 그것은 선교관 건축에 암울한 신호였습니다. 1998년 1월 1일에 병원에 입원 중이시던 김 목사님으로부터 전화가 걸려왔습니다. "조 목사님! 새문안교회는 차질 없이 건축비를 송금할 것이니 염려하지 마시고 건축을 진행해 주세요"라고 약속과 부탁을 하셨습니다. 병상에서도 자신의 생사보다는 하나님의 선교 사역을 위하여 기도하시면서 전화를 주신 목사님의 헌신은 저에게 큰 힘이 되었습니다.

은혜로 건축을 마치고 1998년 5월 15일 진행한 헌당식에서 나는 다음과 같이 감사의 메시지를 전하였습니다.

"그동안 사용치 않았던 이곳에 선교관을 건축함으로써 다시 쓰임 받으니, 저 하늘에서 과거 이곳에서 사역하셨던 미국 선교사님들이 기쁨으로 이 현장을

볼 것이고, 또한 김동익 목사님도 웃으시면서 함께 이곳을 보시고 하나님께 영광을 돌리실 것입니다."

헌당식 날 하나님께서 이 일을 기뻐하시며 람푼센터 십자가 위에 무지개를 보여주셨습니다.

◈ 한국 선교의 모델

하나님께서는 김동익 목사님을 통하여 저를 태국 선교사로 쓰임 받을 수 있도록 인도하셨고 태국 선교의 모델을 세우도록 역사하셨습니다. 태국 선교는 과거를 지나 현재에 진행 중이며 미래를 향하여 30여 명의 우리 교단 선교사들이 함께 사역을 감당하고 있습니다. 새문안교회 역시 100주년을 지나 다음 세기를 위한 선교 사역을 이루어 갈 것을 기대합니다.

인내와 진실과 검소하신 김동익 목사

주명갑*
강구교회 담임목사

◈ 김포공항에 입국하시던 날

1997년 8월 16일 토요일 오후 4시경이었습니다. 김동익 목사님이 스위스 제네바에서 총회 세계선교부 주최 유럽선교대회를 마치고 김포공항으로 입국하시는데 제가 마중을 나갔습니다.

목사님은 스위스로 가실 때보다 무척 수척해지신 모습이었습니다. 제가 차로 모실 때 목사님은 조수석에 앉으시기 때문에 시트를 미리 최대한 넓게 해두었습니다. 그런데 목사님이 바로 승용차에 올라타지 않으시고 시트에 걸터앉아 오른쪽 다리를 차 밖으로 내놓고 있었습니다. 그리고는 온갖 인상을 다 쓰시면서 손으로 다리를 들어서 겨우 차 안에 밀어 넣는 모양새로 넓혀둔 차 시트에 앉으셨습니다.

저는 심상치 않아서 여쭈었습니다. "아니! 목사님 왜 그러십니까? 다리가 아프십니까?" 목사님은 "프랑크푸르트에서 루프트한자 비행기 일반석에 앉아 오는데 앞좌석과 거리가 너무 좁아 11시간 동안 쭈그리고 앉아서 다리를 펴지 못해서 너무나 힘들었어요"라고 말씀하

---

* 주명갑 목사님은 부여교회에서 19년 동안 위임목사로 사역하였고 현재 강구교회에서 사역하고 있다.

셨습니다.

목사님은 평소 차에 타시면 주무시고 말씀이 없으셨는데 그날은 공항에서 교회에 오시기까지 말씀을 계속 이으시면서 "스위스 호텔에 묵었을 때 몸살이 나고 감기가 들었어요. 상비약을 가져가지 않아서 너무 많이 아팠어요"라고 말씀을 하셨습니다. (평소에 목사님께서는 두통이 있으셔서 타이레놀을 복용했습니다. 주일 5부 예배가 끝나면 목사님께서는 자주 "황 기사 타이레놀 부탁해요"라고 하시곤 했습니다.)

◈ 고통스러운 모습

"목사님 바로 병원으로 모실까요?"라고 여쭙자 "아닙니다. 오늘은 토요일이라 큰 병원이 쉴 것입니다. 내일 주일설교 원고를 정리해야 하니까 집으로 갑시다"라고 하셨습니다.

주일에 1부부터 5부까지 설교를 하시는데 바로 걷지를 못하셨습니다. 목사님께서는 강단 좌석에서 설교단까지 짧은 거리를 오르 내리는 것을 무척 힘들어하셨습니다. 특히 5부 예배 때는 매우 아파하시며 힘들어하는 모습이 더 뚜렷하게 나타났습니다. 당시에 4부 찬양대대원이면서 한양대학병원 총무원 실장님이셨던 장로님 한 분께서 "내일 우리 병원으로 모시겠습니다"라고 하시면서 저에게 다음날 오전 9시에 목사님을 한양대학병원으로 꼭 모시고 와달라고 부탁했습니다.

◈ 진단: 암이 발견되다

　8월 18일 월요일 오전 9시에 황산성 사모님과 함께 한양대학 병원으로 갔습니다. 정형외과 정형근 과장님이 목사님을 진찰했습니다. "목사님 어디가 아프십니까?"라는 물음에 목사님은 "비행기 시트가 좁아 무릎이 눌렸어서인지 무릎이 무척 아픕니다"라고 답하셔서 무릎을 검사했습니다.

　그러나 원인은 무릎이 아니었습니다. 대퇴골도 아니었습니다. 아픈 곳을 거의 30분 동안 찾았습니다. 정 과장님은 아픈 곳을 정확히 찾아야 정확한 진단을 내릴 수 있을 텐데 통증의 근원지를 찾을 수 없자 답답해하면서 식은땀까지 흘렸습니다.

　그러다가 누워계시는 목사님의 다리를 골반까지 들어 올린 후 한쪽으로 돌렸습니다. 그때 목사님께서 "아아아! 그만! 그만!"이라고 소리를 쳤습니다. 아픈 곳은 다름 아닌 골반이었습니다.

　목사님은 곧바로 X-ray 실로 이동해 사진을 찍었습니다. X-ray 필름을 판독하는데 침묵이 흘렀습니다. 달걀같이 위아래로 둥글고 하얀 것이 확연하게 보였습니다. 담당 의사는 심각하게 바라보시는 황산성 사모님을 진정시키려는 듯 천천히 말했습니다. "사모님, 목사님은 cancer입니다. 골반 뼈에 달걀 2/3가량 크기의 암으로 의심되는 종양이 확실히 보입니다. 이 정도 자란 것은 대략 2년~3년 정도 이전에 시작된 것으로 추정됩니다. 종양이 처음부터 뼈에서 발생하지는 않습니다. 어디에서 전이되었는지 알기 위해서는 동위원소 검사를 해야 합니다"라고 말했습니다. 동위원소 검사 결과로 신장에서 종양이 시작되어 전이되었다는 것도 밝혔습니다.

◈ 치료와 기도

목사님께서는 연대 세브란스 병원으로 가시기를 더 원하셔서 한양대에서 찍은 필름을 받아 세브란스 병원으로 이관하였습니다. 새로운 치료 방법으로 임상에 성공하신 나○○ 박사님을 소개받고 목사님께서도 원하셔서 당회에서는 나○○ 박사에게 주치의를 맡기기로 했습니다.

목사님께서는 하나님께 치료해 달라고 기도하시면서 성도들에게 기도를 부탁하셨습니다. 목사님께서는 입원하시기 전까지 한 주도 거르지 않고 강단에서 설교하셨습니다. 목사님은 자신이 으스러진다고 해도 사명감을 가지고 강단에 섰습니다. 목사님은 평소에 자신은 취미와 특기가 별로 없다고 하시며 자신은 강단에서 설교하는 것이 가장 즐겁다고 하셨습니다.

이때 당회는 목사님께서 완치되시도록 치료에 전념하시고 강단 설교는 부목사님들께 맡기기를 원하셨습니다. 그러나 목사님께서는 "순교하는 일이 있어도 강단 설교는 하겠습니다"라고 말씀하시며 매주 아픔과 고통 속에서 설교하셨습니다.

성도들은 목사님의 체험적인 설교에 많은 은혜를 받았습니다. 목사님께서 강단에서 설교하시겠다고 강하게 말씀하셔서 당회는 불안하게 바라보았지만 말리지 못하였습니다.

그때 새문안교회가 기도에 불이 붙었습니다. 많은 성도님이 철야기도회와 새벽기도회에 나오셔서 목사님의 치료와 회복을 위해서 기도하였습니다. 갈릴리에서 병자들을 기적과 같이 치료해 주신 것처럼 목사님을 치료해 달라고 금식과 눈물로 기도하였습니다.

◈ 암이 전이(轉移)되다

1997년 12월 26일, 크리스마스가 지난 후에 목사님께서는 옆구리 통증을 호소했습니다. 그러나 담당 의사는 수술할 수 없다고 거절했습니다. 그때 상계 백병원 병원장님이 "환자가 아프다면 통증 제거를 해 주는 것이 병원이 아닌가? 내일 검사를 해서 수술 여부를 결정하겠다"고 하여 상계 백병원으로 이송했습니다.

검사 결과 목사님의 종양이 뼈 친화성 종양인 탓에 갈비뼈 세 곳에 전이되며 부스러진 뼛조각이 폐를 누르고 있는 걸 확인할 수 있었습니다. 뼛조각이 심장까지 찌르면 큰일이 난다고 해서 긴급수술로 뼛조각들을 제거했습니다.

수술 후 목사님께서는 퇴원하시면서 "도심을 떠나 자연 속에서 수양하고 기도하겠다"고 하셔서 현리 수양관으로 모셨습니다. 그러나 점점 상태가 좋지 않으셔서 교회와 가까운 병원에 다시 입원하셨습니다.

◈ 고려병원: 집으로 가자

현리 수양관에서 고려병원(현 강북 삼성병원)으로 이동하여 다시 치료를 시작하였습니다. 목사님께서 병원에 계실 때 저는 매일 오후 6시에 퇴근하여 병원으로 향했습니다. 하루 동안 교회 안팎에서 있었던 일들을 목사님께 보고했습니다. 그러면 목사님께서 스스럼없이 자신의 제일 좋았던 일들을 제게 재미있게 말씀을 해 주셨습니다.

그러던 어느 날, 목사님께서 지금도 생생히 기억날 정도로 충격적인 말씀들을 하셨습니다.

"주 목사님! 여기 언제 오셨어요? 비행기 타고 오셨어요? 피곤할 텐데 여기 앉으세요. 몇 시간 걸렸어요? 스위스의 높은 산과 자연이 멋있습니다." "주 목사님 저기에서 강의하는데 머리가 너무 아팠는데 지금은 아프지 않아요."

그 말씀을 듣는 순간 저는 깜짝 놀랐습니다. 목사님은 공간과 시간 개념을 상실하고 제네바에서 강의하시던 때에 머물러 계시는 것을 보았습니다. 저는 잘 알지 못했지만, 간호사들의 말에 의하면 통증을 완화하기 위해서 환자에게 모르핀을 투여하는데 단위 55가 넘으면 심각한 수준이라고 합니다. 그런데 목사님께서 너무 고통스러워하셔서 단위 65를 상회해서 모르핀을 투여했다고 했습니다. 그 결과 목사님은 고통은 잊으셨지만, 환각이 일어났던 것이었습니다. 목사님은 가장 좋을 때를 회상하고 있었습니다.

그 후 1달 정도 고려병원에 계시다가 목사님께서 "집으로 가자. 집으로 가자"고 노래를 불렀습니다.

◈ 천국 입성

1998년 4월 1일 수요일 오전 10시 30분경 황산성 사모님으로부터 급히 연락이 왔습니다. 목사님이 돌아가실 것 같다고 하셨습니다. 우리는 급히 목사님 댁으로 달려갔습니다. 목사님을 염려해서 교회에 와 계셨던 임창우 장로님, 김창욱 장로님, 이계희 장로님, 송기수 목사, 정승화 목사, 김대동 목사, 이성직 목사와 함께 김동익 목사님 댁으로 달려갔습니다.

목사님께서는 숨을 쉬는 것이 어려워서 얼굴을 옆으로 돌려서 턱으로 숨을 깊이 몰아쉬고 계셨습니다. 한번 호흡을 하시려고 깊고 길게 숨을 몰아쉬고 계셨습니다.

우리는 목사님께서 즐겨 부르셨던 찬송가 당시 455장(현 370장) 〈주안에 있는 나에게〉를 부르고 주님 품에 안기시도록 누가복음 23장 43절을 읽어드렸습니다. "예수께서 이르시되 내가 진실로 네게 이르노니 오늘 네가 나와 함께 낙원에 있으리라 하시니라." 목사님은 예수님의 말씀과 찬송을 들으시며 주님의 품에 안기셨습니다.

목사님께서 주님 품에 안기시던 날 봄비가 종일토록 순하게 내리고 있었습니다. 새문안교회 성도들의 슬픔을 아시는 듯 주님께서도 비를 내려 함께 눈물을 흘려주셨습니다. 봄비는 목사님의 성품처럼 온 대지에 부드럽고 온화하게 내리고 있었습니다.

◈ 못 잊을 성품

김동익 목사님의 성품은 참으로 여리고 순수하고 정직한 성품이셨습니다. 그리고 올곧은 성품이셨습니다. 제가 곁에서 모신 훌륭한 목사님에게 몇 가지 영향을 받아 지금도 목사님을 따라가고 있습니다.

① 인내

김동익 목사님을 곁에서 모시면서 지켜본 목사님의 인생에 붙여드리고 싶은 이름이 있습니다. 세계적인 가수 라이프 가렛이 부른 〈춤을 추기 위해서 태어난 인생〉이라는 노래가 있습니다. 이를 빗대어 목사님께 '참기 위해 태어난 인생', '주를 닮은 순수한 인생'이라는 이름을 붙여드리고 싶습니다.

목사님은 대한민국 첫 번째 교회이자 큰 교회에서 당회장으로 일하실 때 한 번도 당회장이라는 권위에 취해 본 적이 없으신 분이십니다. 성도들과 당회원들과 부교역자들에게도 자신의 의견을 쉽게 피력하지 않으시고 인내하셨던 목사님이셨습니다.

당회를 하면 대부분 저녁 6시에 시작해서 다음 날 새벽 1시에 마쳤습니다. 장로님들이 많은 의견을 낼 때 목사님께서는 한 번도 화를 내지 않으시고 당회원들의 의견을 끝까지 다 들으셨습니다. 당회에서 토론한 사항은 일주일 동안 기도하시며 목사님의 목회 방향을 제시하셨습니다.

목사님은 인격적인 분으로 자신이 손해를 보아도 참고 인내하시고 성도들의 의견을 다 들으셨던 겸손함이 하나님 앞의 다윗과 같은 분이셨습니다.

② 설교 열정

목사님의 취미는 설교였으며 설교를 위해 열정을 다 쏟으셨던 분이셨습니다. 그래서 강단에서 설교를 즐긴다고 하셨습니다. 그것은 목사님께서 설교를 준비하실 때 받은 큰 은혜와 감동을 어서 빨리 강단에 올라가서 성도들과 그것을 함께 나누고 싶어 하셨기 때문입니다. 그러한 심정이 있었기에 목사님은 설교에 대한 애착이 강했습니다.

③ 순수함과 정직함

목사님은 대한민국 역사적인 큰 교회 당회장이셨지만 어린아이와 같은 순수하심과 정직하심을 돌아가실 때까지 간직하셨습니다.

저는 가끔 '왜 주님께서 목사님을 빨리 불러 가셨을까?'라는 생각을 합니다. 그리고 주님께서 어린아이처럼 순수하고 정직하신 목사님을 주님의 곁에 두고 싶으셨던 까닭이라고 생각하며 스스로 위안하곤 합니다.

④ 인기

목사님은 새문안교회 여성 성도들에게 특히 인기가 높았습니다. 김 목사님은 키가 크고 잘생기시기도 했지만, 항상 미소를 지니고 있으셔서 외적으로 더욱 눈길을 끌었습니다. 또한, 말씀이 순수하시고 여성스러운 면이 있으셔서 많은 성도가 목사님을 존경하며 사랑했습니다.

◈ 부교역자와 관계

목사님은 교회 뒤에 있었던 중국집 〈동춘각〉을 좋아하셨습니다. 수요일 오후 5시에는 반드시 부교역자들을 불렀습니다. "목사님! 누구누구 계시나요? 우리 동춘각에 갑시다." 우리는 늘 자장면을 시켰는데, 김동익 목사님은 간짜장을, 송기수 목사님, 이원일 목사님, 김대동 목사님, 이성직 목사님은 자장면 곱빼기를, 이종식 목사님, 정승화 목사님은 자장면 보통을 시켰습니다.

언젠가 황산성 사모님께 호텔 뷔페에서 식사 대접을 받았던 것도 기억에 남아있지만, 수요일마다 목사님과 함께 중국집에서 자장면을 함께 먹으며 격 없는 대화를 나누었던 아름다운 추억은 잊을 수 없는 중요한 인생의 페이지가 되었습니다.

◈ 활동

목사님께는 한국 교회에서 교회의 사명을 분명히 하고 한국 교회를 올바로 이끌어야 하겠다는 꿈이 있었습니다.

① 1995년 총회 사회부장
총회 사회부장을 하실 때 북한은 먹을 것이 없어 고난의 행군을 하는 것을 아시고 옥수수 30만 톤을 북한으로 보냈습니다. 총회와 국제 적십자의 주선으로 우리 교회가 중심이 되어서 보낸 것이었습니다. 북한에 보낸 옥수수 포대 자루에 대한예수교 총회와 십자가 마크를 분명하게 썼다는 것을 무척 기뻐하셨습니다. 목사님께서는 헐벗고 먹지 못한 북한 백성들을 위해 선한 사마리아 사람처럼 그들을 도왔습니다.

② 1996년 총회 세계선교부장

김동익 목사님은 총회 세계선교부장으로 일하시면서 총회에서 세계로 선교를 보낸 선교사들을 만나시고 그들을 위로했습니다. 우리 교회에서도 그때 헌 옷과 한복을 모아 아프리카와 중국 조선족에게도 보냈습니다.

③ 새문안교회 세계 선교

목사님은 새문안교회 선교 방침을 수립하시면서 1987년 조준형 목사님을 태국 선교사로 보내셨습니다. 1990년부터 폴란드 동독과 심지어 러시아까지 공산주의가 무너지고 중국도 시장경제로 바뀔 조짐을 보였습니다. 목사님께서는 바로 이때가 공산주의 국가에 선교할 때라는 것을 직감하시고 러시아 블라디보스토크에 정균오 선교사를 파송하였고 동북아에 이○○ 선교사를 파송하시며 새문안교회의 선교 벨트를 설명하셨습니다.

공산권 러시아 중국 그리고 태국을 잇는 선교 벨트를 만들어 공산권에 복음을 전하고 동남아시아는 태국에 선교 센터를 만들어 그들에게 복음을 전파할 구상을 세우신 것이었습니다.

태국은 조준형 선교사님의 요청으로 산지족 선교를 위해 김장원 목사님을 택하여 치앙라이로 현지 언어학습으로 수련을 받게 하셨으나 파송하기 전에 목사님께서 돌아가셨습니다. 김장원 목사님은 김동익 목사님의 유지를 받들어 당회에서 총회의 허락을 받아 1999년 12월 첫째 주에 총회에서 파송예배를 드리고 파송했습니다.

④ 사도 바울과 같이

바울 사도가 드로아에서 "건너와 우리를 도우라"는 마케도니아 사람들의 부름을 꿈꾸고 곧장 빌립보로 떠났던 것과 같이 목사님께서는 꿈꾸고 계셨던 아름다운 꿈이 있었습니다. 바로 총회장의 꿈입니다. 대한예수교장로회 총회장이 되어서 한국 교회가 해야 할 사명을 받들어 주님의 일을 한국 교회와 세계교회를 위해 활동하겠다는 큰 꿈을 간직하셨습니다.

그러나 그 꿈을 이루지 못하시고 하나님께 부름을 받으셨습니다. 목사님은 주님 곁에서 찬송하시면서 한국 교회의 세계 선교 사명을 위해 기도하고 계실 것입니다.

목사님께서는 교회 내에서는 검소하시고 소박하시고 겸손하신 목회자로 보였지만 교회 밖 총회와 한국 사회에서는 능력 있는 리더십을 가지신 활동가였습니다. 총회장 외에는 목사님께서 계획하신 모든 것을 다 이루셨던, 강력한 리더십을 가진 활동가 목사님이셨습니다. 강신명 목사님이 한국 교회와 사회 젊은 학생들 모든 사람에게 존경받는 한국 교회의 활동가였다면 김동익 목사님은 소리 없이 강하고 또 겸손한 한국 교회 활동가셨습니다.

이런 훌륭한 목사님을 모셨던 것은 하나님께서 제게 주신 특별한 은총이었다고 회상을 하곤 합니다.

◈ 천국 동산

당회에서 4일장을 결정하고 1998년 4월 4일 토요일에 장례식을 거행했습니다. 많은 성도님이 까만 리본을 가슴에 달고 목사님을 천국으로 보내드리는 예배에 참석했습니다. 그리고 문봉리 새문안교회 부활의 동산, 강신명 목사님 곁에 하관하셨습니다.

부활의 동산 하관예배는 교회당 환송예배 때보다 더 많은 새문안교회 성도들이 참석했습니다. 때마침 부활의 동산에는 개나리꽃이 만발하여 천국 동산 같았고 주님께서 노랗고 화려한 천국으로 목사님을 불러 가신 것을 확신했습니다.

◈ 주 목사, 참고 진실해야 해!

저는 좀처럼 김 목사님 꿈을 꾸지 않는데 2022년 5월 18일에 목사님께서 꿈속에서 저를 찾아오셨습니다. 김 목사님께서 "주 목사, 힘들지? 그래도 진실해야 해! 정직해야 해! 마지막까지 열정을 가지고 외치고 성도들을 사랑해야 해!"라고 말씀하시는 것 같았습니다.

저의 목회 멘토는 김동익 목사님 한 분입니다. 목사님께서 힘들고 어려워도 참으셨던 것과 참고 견디며 진실하라고 말씀하신 것을 따라 진실하게 목회하려고 합니다. 오늘도 김동익 목사님께서 제 곁에서 이렇게 말씀하시는 것 같습니다. "참고 진실해야 해!"

천국의 눈물

- 주명갑 목사 -

새문봉 개나리 화창할 때
새문안로는 봄비를 뿌렸다.
하늘에서 내리는 천국 눈물

목사님! 동춘각 가시지요!
어김없이 수요일 p.m 5:00
부르셨던 사랑스런 음성

목련꽃이 다시 피어도
불러줄 사람 없어
화창한 봄날
괜시리 눈물을 훔친다.

◈ 추억

천국 주님의 보좌 앞에서 아이 마냥 즐거워하실 목사님을 추억합니다. 예수님께서 세례요한을 칭찬하시면서 마태복음 11장 11절에서 말씀하셨습니다. "내가 진실로 너희에게 말하노니 여자가 낳은 자 중에 세례요한보다 큰 이가 일어남이 없도다. 그러나 천국에서는 극히 작은 자라도 그보다 크니라"

저는 이 글을 쓰면서 김동익 목사님께서는 이 땅 한국 교회와 사회에서 소리 없이 사역했던 큰 목회 활동가였으며 천국에서 주님께 칭찬을 받으실 겸손한 목회자였다는 것을 짙게 느꼈습니다. 이런 분이 새문안교회에서 목회하셨다는 것은 새문안교회에 보배롭고 역사적인 축복이었다고 말하고 싶습니다.

주의 거룩하심과 진실과 은혜와 축복이 새문안교회 모든 성도님에게 함께 하시기를 빕니다.

내 인생의 변곡점을 만들어 준 김동익 목사

박태겸
캐나다동신교회 담임목사

◈ 김포공항에 입국하시던 날

나는 장로회 신학교(M.Div.)를 졸업하고 첫 전임 사역을 새문안교회에서 했다. 1989년 1월부터 1990년 12월까지 2년간 세 가지 사역을 조건으로 전임전도사로 부임하게 되었다. 새문안 100년사 편집을 위한 자료 정리를 해주는 간사로, 중등부 교육전도사로, 새문안지 편집자로 사역했다.

당시 나는 연세대 연합신학대학원에서 한국 교회사를 전공하는 동시에 신학 석사과정(Th.M.)을 공부하며 연세대학교 신학대학원 기숙사인 평화학사에 거주하면서 출퇴근하고 있었다.

하루는 교역자 회의에서 내가 풀타임으로 사역과 공부를 모두 하는 것에 대한 말이 나왔다. 월요일은 쉬는 날이므로 신학교 수업을 듣는 것은 문제가 되지 않지만, 다른 근무하는 날까지 신학교 수업으로 교회 사역에 방해된다면 어떤 방식으로든 조정을 고려해 보아야 한다는 얘기였다.

---

* 박태겸 목사는 현재 캐나다동신교회 담임목사이며 해외한인장로회 부총회장으로 사역하고 있다.

나는 간절하고 겸손한 마음으로 김 목사님께 호소했다. "저는 서울에 친척이나 연고지가 없습니다. 제가 장로회신학대학교 기숙사를 나와서 갈 수 있는 곳은 연신원 기숙사인 평화학사밖에 없습니다. 평화학사와 새문안교회까지 거리는 버스로 10분밖에 걸리지 않습니다. 월요일을 제외하고는 평일에 교회 사역에 지장을 주지 않도록 수업 시간을 잘 조정해 보겠습니다."

김 목사님은 나의 제안을 흔쾌히 받아주시면서 2년 동안 한 번도 이 일로 더 문제 삼지 않았다.

목사님은 교회의 많은 말과 구설수의 방패막이가 되어주셨다. 한번은 연신원을 찾아와 저를 격려하며 지도교수인 민경배 교수를 직접 만나 "우리 박 전도사는 졸업 논문으로 새문안교회 초기 교회사를 쓰게 하면 어떨까요?"라고 제안을 하셨다. 그래서 나는 나름대로 새문안교회 초기 교회사를 연구하며 어머니 교회로서의 새문안교회의 위치를 통해 한국 교회 전체를 이해하는데 많은 유익을 얻게 되었다.

이것이 장차 내가 지교회 교회사를 편찬하고 이민 교회사를 정리하며 캐나다동노회와 해외한인장로회(KPCA) 총회에서 한국 교회사를 가르치고 이민 역사를 정리하고 편찬하는 토대가 되었다. 김 목사님은 나의 은사이시며 미래를 내다보는 통찰력을 가지고 나의 목회 방향에 새로운 변곡점을 만들어 주셨다.

나는 새문안 교회사를 정리하면서 언더우드 선교사와 서경조 목사와 캐나다 선교사 윌리암 존 맥켄지 선교사를 만나게 되었다. 이것은 나의 선교의 열정을 더욱 크게 일어나게 하는 동력이 되었다.

나는 김 목사님이 연세대 사학과를 졸업하여 역사적인 통찰력과 안목을 가지고 설교에 적용하는 능력을 퍽 즐거워하며 따라 해 보고 싶었다. 나는 그때 김 목사님으로부터 성경의 같은 본문을 보아도 남들이 갖지 못하는 인간적이고 역사적이고 통전적인 안목으로 본문을 관찰하고, 성서적이고 영적인 눈으로 그것을 재해석해내는 입체적인 시각을 배우는 소중한 시간을 갖게 되었다.

김 목사님의 설교에는 민족의 아픔을 끌어안는 위로와 치유가 있었다. 복음적인 선교사관과 함께 연약한 자를 품는 심령과 가난하고 긍휼이 넘치는 8복 정신이 그의 설교에 담겨있었다.

나는 그분의 설교 스타일을 닮으려고 노력했다. 나는 김 목사님으로부터 조용하고 잔잔한 그의 성품에서 우러나오는 인격으로 마음을 어루만지는 치유적이고 성서적이고 역사적인 감각을 배우게 되었다. 나는 김 목사님의 설교집 《인간의 위기와 하나님의 기회》를 발간할 때 강단에서 하는 모든 설교를 지켜보며 꼼꼼히 메모하며 그의 삼대지 설교를 통한 영감과 적절한 예화를 곁들인 설교에 많은 은혜를 받았고 그것을 새문안교회 중등부 학생 설교에 그대로 적용해 보려고 연습했다.

나는 그분의 간결하면서도 깊은 우물에서 갓 올라온 샘물처럼 신선한 언어 감각과 영적 표현을 너무나 좋아했다. 그래서 젊은이들이 새문안교회에 그렇게 많이 모이게 된 것이라고 여겨진다.

김 목사님이 제안하여 시작한 광화문 지역 복음화 사역이 내게 준 가장 큰 선물은 목요 직장인 예배였다. 황산성 사모님은 당시 총각인 나를 중매해 주려고 하셨다. 나는 결혼에 대해 나름의 기도 제목이 있었다. 나는 선교에 헌신되어 있고 키가 크고 성품이 강하고 성격이 시원시원한 여자를 간구했다.

지금 내 아내가 된 양미원 목사(KPCA 총회 캐나다동노회 안수, 토론토대 상담학과 교수)는 당시 교보빌딩 18층 호주뉴질랜드은행에서 외환 딜러로 일하면서 매주 목요일 새문안교회 직장인 예배에 나와서 김동익 목사님의 설교를 들으면서 즐겁게 직장생활을 하고 있었다. 그녀는 직장 선교사처럼 호주 선교사를 자기 은행에 모셔 영어 성경 공부를 주관하는 신실한 신앙인이었다.

신학교 친구 소개로 내가 서울신당중앙교회 교사대학에서 한국 교회사를 가르칠 때 한 자매가 눈에 띄었다. 그녀는 광화문에서 〈선다래〉 식당에 맛탕을 먹으러 갔을 때 그곳에서 새문안교회 교역자들과 함께 식사하는 나를 종종 보았다며, 자기는 평일에는 새문안교회 직장인 예배 교인이라고 소개했다. 그 여성이 나의 아내가 될 줄이야 꿈에도 생각하지 못했다.

사실 따져보면 김동익 목사님의 직장인 예배 개설이 인연이 되어 나는 평생의 반려자를 만나게 된 셈이다. 이후 서울동노회에서 목사 안수를 받고 서울 신일교회 후원으로 총회 선교부 파송(통합) 선교사로 최초로 베트남 선교사가 되었다. 나의 결혼과 가정과 선교와 설교에 최고의 변곡점을 선사해준 김동익 목사님께 감사를 드린다.

김동익 목사님이 1990년에 새문안교회 표어로 정한 "사랑하는 자들아 우리가 서로 사랑하자"(요일 4:7)는 말씀은 나의 일생의 목회 표어요 가치관이 되었다.

나에게 심령이 가난한 겸손한 목회, 선교사와 민족을 가슴에 품는 비전과 희망의 목회, 복음 전파에 주력하면서도 지역 봉사와 섬김을 함께 짊어지고 나가는 통전적인 목회관의 기초를 심어준 김동익 목사님께 깊은 감사의 인사를 올려드린다.

포항제일교회를 크게 부흥시킨 김동익 목사

이대공

포항제일교회 원로장로

◈ 김동익 목사를 추억하다

나는 정균오 목사로부터 김동익 목사님에 대해 추억하는 글을 써 달라는 부탁을 받았다. 김동익 목사님이 목회할 때 나는 장로가 아니고 집사였다. 이 때문에 내가 김동익 목사님을 기억하고 추억하는 글을 쓰는 것에는 한계가 있었다.

나는 김동익 목사님이 목회할 때 함께 했던 이의용 원로장로, 최인규 원로장로와 그의 아내 채옥주 은퇴장로, 김기동 원로장로, 고상봉 원로장로와 그의 아내 이행숙 은퇴권사, 나의 아내 오나미혜 은퇴장로가 함께 모여서 김동익 목사님에 대해서 기억하는 이야기를 듣고 이 글을 썼다. 그러므로 여기에서 김동익 목사님에 대해서 추억하는 내용은 나 혼자만의 것이 아니라 위에 열거한 모든 분의 추억임을 밝힌다.

◈ 포항제일교회를 폭발적으로 성장시키다

김동익 목사님이 포항제일교회에 부임할 때는 출석 교인 수가 약

400명 정도였다. 그러나 김 목사님이 포항제일교회를 5년간 목회하시고 떠나실 때는 약 1,700명이었다. 교인 수가 무려 4배 이상 증가한 것이었다. 내가 만나서 대화를 나누었던 모든 분은 교회가 그때 가장 폭발적으로 성장했다고 이구동성으로 증언했다.

그도 그럴 것이 처음 포항제철이 포항에 생길 때 포항의 인구가 5만 명이었던 것이 지금은 10배 이상이 증가하였으니 교인 수가 4배 이상 늘었다는 것은 조금도 과장이 아니다. 다만 인구 증가를 그대로 받아 성장시킨 것은 역시 김동익 목사님의 탁월한 목회 능력 때문임을 아무도 부인할 수 없을 것이다.

김동익 목사님은 키가 크고 훤칠한 미남이었다. 포항제일교회는 목사님 얼굴을 넣어서 전도지를 만들었다. 교인들은 길거리에서 열심히 전도지를 나누어 주었고 많은 사람이 교회로 몰려왔다. 좀 우스운 이야기지만 심지어 요정의 아가씨들까지 김동익 목사님을 보기 위하여 교회에 나왔다. 이렇게 포항제일교회가 성장하는 데는 김동익 목사님의 역할이 눈부셨다.

◈ 김동익 목사의 설교

먼저 김동익 목사님의 설교 얘기부터 해 본다. 김동익 목사님의 설교는 탁월했다. 김동익 목사님은 자신의 설교를 향상시키기 위하여 장로들로 구성된 설교위원회를 만들었다. 목사님은 위원회에 자신이 한 설교의 내용과 부정확한 발음과 듣기 어려운 내용을 검토해 달라고 부탁했다. 이렇게 해서 목사님은 꾸준히 설교 내용과 발음 등을 고쳐 나가시며 설교의 질을 높여가셨다.

목사님은 설교할 때 원고를 보시지 않고 설교하셨다. 설교하시다가 설교 내용이 생각이 나지 않으시면 잠깐 눈을 깜박이며 내용을 다시 기억하고 말씀을 이어 가시곤 하셨다. 목사님은 설교 원고 대신 성도들의 얼굴과 눈을 똑바로 보시면서 설교하셨다.

목사님의 설교 내용 중에 아직도 기억나는 것이 있다. 미국 성경 과학자들이 '성경 말씀 자체에 능력이 있다'는 것을 증명하기 위하여 부흥 집회 안내장을 만들 때 하나는 하나님의 말씀만 적은 것과 다른 하나는 사람들이 인위적으로 만든 아름다운 글귀로 그럴듯하게 만든 안내장을 만들었다. 그리고 어떤 안내장을 통해서 더 많은 사람을 집회에 참석하게 했는지 오랫동안 수많은 교회 집회를 통해 통계 조사를 했다.

결과는 하나님의 말씀만 적은 경우가 훨씬 더 많은 사람이 참여했다고 한다. 몇 퍼센트가 더 많았다고 말씀하셨는데 그것은 기억이 나지 않는다. 이 실제 사례를 들어 김 목사님은 인간의 미사여구보다 말씀 자체에 능력이 있음을 강조하셨다.

우리 교회에 김동익 목사님의 동생이며 장로였던 김동준 장로가 있었다. 김동준 장로는 김 목사님의 영향을 많이 받았다. 김 장로는 어느 날 어떤 목사님의 설교를 듣고 나서 나에게 "저 목사님은 성경을 낭독해 놓고 성경에서 이탈하여 자기가 하고 싶은 이야기만 한다. 저 목사님의 설교는 말씀보다 성경 바깥의 인문학적 내용이 너무 많다"라고 말한 적이 있었다. 나는 그것이 김 목사님의 아우다운 발언이라고 생각했다.

◈ 김동익 목사의 창의적인 목회

김동익 목사님 부임 후 종이 지질이 아주 좋은 A4용지 절반 크기의 그림(삽화) 성경 내용을 담은 전도지를 만들어 신문에 전단지로 넣어서 포항 시민들에게 뿌렸다. 이것은 포항 시내에서 유일한 것으로, 우리 교회에서만 한 일이었다.

곧이어 '포항제일교회 소식지'를 만들어 월 1회 배포했다. 이를 계기로 목사님의 활동이 자세히 소개되었고, 전국적으로 우리 교회가 알려지게 되었다.

목사님은 교회 행정도 획기적으로 개혁하셨다. 목사님 부임 시에는 교회 사무실도 없었고 사무직원도 없었다. 문서의 서식도 없었고 십일조 헌금의 관행도 없었다. 물론 예산서도 없었고 헌금 관리의 원칙도 없었다. 돈이 모자라면 십자당 약국을 운영하시던 김응교 장로에게 빌려서 쓰고 헌금이 들어오면 갚는 식이었다. 한마디로 주먹구구식이었다.

목사님 부임 후 행정에 일대 쇄신이 일어났다. 예산서, 수입 결의서, 지출결의서를 만들어 반드시 예산 범위 내에서만 지출하게 하고 은행 입금 전에는 절대 지출하지 못하게 하셨다. 주일 헌금 위주로 하던 성도들에게 십일조 헌금을 강조하여 많은 성도가 동참하게 하셨다. 남는 헌금은 장기기획위원회에 꼬박꼬박 적립하게 하셨다. 말씀으로 부흥하자 헌금은 저절로 증가했다.

목사님은 주일에도 새벽기도회를 하게 하셨고 주일 새벽기도에 참석하지 않는 분들은 주일 낮 예배 때에 대표 기도를 못 하게 하셨다. 세족 성찬식을 시행하여, 장로들이 몇 시간이 걸려도 평신도의 발을 일일이 씻기면서 세족식을 했다. 어린이 합창단을 3월에 만들어서 12월 성탄 축하예배에서 무려 29곡을 부르고 대성황을 이루게 했다. 이때 수고한 이의용 집사가 37세의 나이에 장로가 되게 하는 파격적인 일도 있었다. 이의용 집사가 "나는 장로가 되기에 나이가 너무 어리다"고 사양하자 이수복 전도사가 "하나님이 주신 것이니 순종해야 한다"고 설득하여 장로가 되었다.

◈ 김동익 목사의 당회 운영

올해로 117주년이 된 포항제일교회는 목사님 재임 당시에도 우리 교회의 전통에 맞지 않는 당회 안건은 부결되는 때가 더러 있었다. 김동익 목사님은 절대 누구와 마찰을 하지 않고 일단 당회원의 뜻을 받아들이고 한발 물러서셨다.

그러나 당회에서 누가 반대했는지를 직접 보신 목사님은 반대한 장로들을 두 번이고 세 번이고 일일이 설득하여 다시 당회에 해당 안건을 상정하여 만장일치로 통과되게 하셨다.

◈ 김동익 목사의 심방

젊고 키가 크고 미남이었던 김동익 목사님께서는 심방을 부지런히 하셨다. 심방하실 때는 반드시 도명자 사모님과 함께 다니셨다. 여성 도나 권사님과 다니시는 것을 삼가셨다. 혹시라도 있을지도 모를 나쁜 소문이나 스캔들로 입길에 오를 일은 원천 봉쇄하신 것이다. 목사님과 사모님은 집안일이나 경제적으로 곤경에 처한 성도들을 집으로 초청하여 꾸준히 식사를 대접하며 용기를 북돋워 주셨다.

목사님이 심방을 열심히 하시던 중 뜻밖의 사건이 발생했다. 목사님은 심방하실 때 솔선수범하여 미니버스를 직접 운전했는데, 어느 날 교통사고를 내셨다. 포항 인덕동에서 세발자전거를 탄 아이를 치어 아이가 사망했다. 그 아이는 포스코 직원의 아들이었다.

당시 포항시 사건을 담당하는 대구지방검찰청 경주지청에서 이 사건을 중과실 치사로 보고 있었다. 목사님이 구속될 수도 있는 사건이었다. 마침 경주지청장 검사가 포항시 선거관리위원장을 하고 있었고, 우리 교회 김박문 집사(현 원로장로)가 선관위 부위원장이었기 때문에 우리 모두 총동원되어 이 사건 해결에 힘썼다.

나는 포스코에서 검찰 관련 업무를 담당하였기 때문에 학맥과 인맥을 활용하여 불구속 수사를 간청했다. 당시 장호선 집사(현 은퇴장로), 이행숙 집사(현 은퇴권사)가 아이 엄마에게 무릎 꿇고 빌었다. 교회에서도 신속한 재정 지원을 하여 넉넉한 위자료를 지급하고 합의서를 받아 검찰에 제출했다. 목사님은 목회직을 그만둘 것까지도 생각하고 고민하시며 기도원에 다니셨다. 그러나 전 교인이 김동익 목사님을 위로하고 격려했다. 목사님은 다시 재기하셨다.

◈ 포항제일교회 목사를 두 번이나 뺏어간 새문안교회

김동익 목사님이 포항제일교회에서 목회를 잘하고 있었는데 우리 성도들이 놀랄 일이 생겼다. 목사님이 우리나라 어머니 교회인 새문안교회로 가시게 된 것이다.

어느 날 원래 우리 교회이었다가 지금은 포항소망교회가 된 그 예배당을 진입하는 골목에 대형 벤츠 승용차가 남의 눈에 잘 안 보이는 곳에 주차하고 있었다. 그다음 주일에 또 그 승용차가 같은 장소에 주차하고 있었다. 나중에 알고 보니 새문안교회의 신임 목사 청빙위원 장로님들이 우리 교회 김동익 목사님의 설교를 들으러 온 것이었다.

새문안교회는 김동익 목사님의 설교와 인품을 보고 목사님을 청빙하기로 결정했다. 그때 목사님은 기도하며 새문안교회로 가실 것을 결정하셨다. 포항제일교회는 아쉽지만 한국 교회와 새문안교회를 위해서 목사님을 보내드리기로 했다. 김동익 목사님께서 서울로 가시던 날 경주의 기차역은 우리 성도들로 인산인해를 이루었다. 그날 경주역은 성도들의 눈물이 비처럼 쏟아져 눈물바다를 이루었다.

새문안교회는 우리 교회의 담임목사님을 한 번 더 뺏어갔다. 내가 청빙위원의 한 사람으로서 모셔 온 이상학 담임목사를 또 뺏어갔다. 두 번씩이나 담임목사를 뺏어가려고 하는 새문안교회가 매우 섭섭했다. 나는 기가 막혀서 버스 열 대쯤 동원해서 새문안교회를 찾아가 항의 집회를 하려고 했다.

새문안교회의 성도 중에 아는 사람이 있어서 기막힌 상황을 털어놓았다. 그는 나에게 새문안교회는 몇 번에 걸쳐서 담임목사 청빙에 실패했다고 했다. 그리고 마지막으로 우리나라 교회 중 부목사님이 열 분 이상인 교회의 담임목사의 설교를 다 들어보기로 하고 탐색 중에 이상학 목사님이 딱 걸렸다는 것이었다. 나는 마음을 바꿔 먹었다. 새문안교회 담임목사 두 분을 우리 교회에서 배출한 것을 영광으로 생각하기로 했다.

김동익 목사님이 서울로 가신 지 1년 만에 부인 도명자 사모님께서 천국으로 가셨다는 안타까운 소식을 접했다. 그 후에 다시 김동익 목사님이 목회 중에 소천하신 가슴 아픈 소식을 들었다. 나는 목사님이 역사가 깊은 대형교회 목회를 하시느라 얼마나 힘드셨을까, 또 얼마나 많은 스트레스를 받으셨을까를 생각하면 가슴이 저리고 아프다.

◈ 아직도 아득히 그리운 목사님

나는 3대째 크리스천이고 자손들은 5대째 크리스천이다. 나를 비롯한 상당수 교인이 그저 습관적으로 교회에 왔다 갔다만 하다가 김동익 목사님 때부터 정신이 번쩍 들어서 신앙생활을 했다. 아직도 참으로 감사하게 생각한다. 나는 아직도 김 목사님이 아득히 그립다.

목회자의 표상을 보여주신 김동익 목사[*]

강 영 섭

새문안교회 원로장로

◈ 목회자의 표상

나는 새문안교회 교회 앞에서 약국을 운영하고 있었다. 그때 김동익 목사님은 약국에 자주 들르셔서 기도해 주셨다. 목사님은 교인 한 사람 한 사람을 목자의 심정을 가지고 세심하게 돌보시며 챙기셨다. 나는 성도들을 자상하게 돌보시던 목사님을 평생 잊을 수 없다.

목사님은 인간적으로 교인들과 매우 친근하셨다. 김동익 목사님 하면 가장 먼저 떠오르는 생각은 '목회자다운 표상'이었다는 점이다. 인간이 인간답고 목사가 목사답다는 것은 가장 아름다운 표현일 것이다. 목사님은 인간적인 면이나 영적인 면에서 참 목회자다운 상을 보여주셨다. 목사님은 목회를 위해서 태어난 사람이었다고 생각한다.

◈ 열정적인 선교

김동익 목사님은 선교의 열기가 대단했다. 목사님은 교회의 본질

---

[*] 이 글은 2023년 4월 16일에 새문안교회 원로장로님 실에서 강영섭 장로님이 구술하신 것을 필자가 받아 적고 수정 보완한 것이다.

은 선교라는 생각을 가지고 국내와 세계 선교에 열심을 내셨다. 김 목사님이 시무하던 때에 새문안교회는 국내에 여러 지역에 여러 교회를 세웠다. 또한 새문안교회 100주년 기념으로 태국에 조준형 선교사를 파송하셨다. 1994년에는 러시아에 정균오 선교사를 파송하셨다. 그 뒤를 이어서 중국에 이○○ 선교사와 태국에 김장원 선교사를 파송하셨다. 목사님은 남다르게 선교에 주력하며 사역하셨던 것이 선교에 관심이 많았던 나에게 인상적으로 남아있다.

◈ 여섯 번째 예배당 건축의 기초를 놓다

목사님은 예배당 건축에 남다른 열정을 가지고 계셨다. 다섯 번째 예배당 내부를 수리하면서도 여섯 번째 예배당 건축에 관심이 많으셨다. 목사님은 병상에서도 여섯 번째 예배당 설계도를 가지고 예배당 건축에 대해서 논의하셨다.

김동익 목사님을 이어서 새문안교회 담임목사로 오신 이수영 목사님은 예배당 건축에 별 관심이 없으셨다. 우리 당회원들은 '예배당 건축이 물 건너갔구나' 하고 생각했다. 그러던 어느 날 당회를 마치고 김호용 장로께서 '목사님들은 나가고 장로님들만 남으라'고 하셨다. 그리고 김호용 장로께서 장로들에게 다음 예배당을 짓자고 제안하셨고 모든 장로님이 만장일치로 동의하여 예배당을 짓기로 했다.

그러나 문제는 당시 담임목사셨던 이수영 목사님이셨다. 이 목사님은 처음부터 예배당을 짓지 않겠다고 하셨기 때문에 목사님을 설득하는 것이 쉬운 일이 아니었다. 몇 장로님들이 이수영 목사님께 당회원들의 만장일치 소식을 전해 드렸다. 이 목사님은 그 소식을 들은 후 자신의 주장을 꺾고 예배당을 짓기로 하셨다. 그 후 이 목사님은 예배당 건축을 위해서 자신이 가지고 있던 아파트를 팔아서 가장 먼저 건축 헌금을 하셨다. 이것이 계기가 되어 예배당 건축을 시작하게 되었다.

김동익 목사님은 일찍이 예배당 건축을 제안하셨고 그 제안이 발판이 되어서 오늘의 예배당을 건축하게 되었다.

◈ 포용적인 사람

목사님은 당회에서 공격을 많이 받았지만 한 번도 화를 내지 않고 묵묵하게 참아내셨다. 목사님의 신학은 포용적이었다. 목사님은 보수와 진보를 다 아우르셨다.

하지만 이것이 문제가 되었다. 목사님께서는 운동권은 안 된다는 메시지를 분명하게 선포하지 않으셨다. 보수적인 성향을 가지고 있는 장로님들은 목사님의 이러한 면을 아주 심하게 공격하며 때로는 모욕을 줬다. 그러나 목사님은 장로님들의 공격과 모욕에도 한 번도 화를 내지 않고 모든 수모를 다 참아내셨다.

그러면서도 본인이 계획하고 이루고자 하는 일은 강한 추진력을 가지고 진행하셨다. 지금 생각해 보면 교인들 가운데는 보수적인 성향을 가지고 있는 사람도 있었고 진보적인 성향을 가지고 있는 사람도 있었기 때문에 목회하기 위해서는 포용적일 수밖에 없었을 것이다.

◈ 깊고 은혜로운 설교

목사님의 설교는 깊고 은혜로웠다. 목사님은 교인들의 눈높이에 맞추어서 설교하셨다. 목사님은 설교를 위해서 태어나신 분처럼 설교에 집중하셨다. 목사님의 설교를 통해서 모든 교인은 하나님의 깊은 은혜를 받았다. 목사님이 목회하는 동안 새문안교회는 크게 성장했다. 목사님의 설교는 새문안교회가 크게 성장하게 된 중요한 이유가 되었다.

◈ 참 목자

지금 생각해 보아도 목사님은 참 목사였다. 목사님은 목회자의 표상이 될 만한 분이셨다. 그는 참 목자답게 교인 한 사람 한 사람을 사랑하고 돌보셨다. 그는 겸손하셨고 인간적으로 매우 친근감이 가는 목사였다.

김동익 목사를 그리며

서 원 석
새문안교회 원로장로

◈ 인간적인 목사

김동익 목사님 하면 생각나는 것은 인간적인 면모이다. 나는 안수집사 시절, 밤 11시 30분부터 3시 30분까지 진행하는 금요일 철야 1부 예배 후에 목사님과 여러 번 대화를 나눈 일이 있었다.

담임목사님 방에 들어가면 사각형의 탁자가 있었는데 목사님은 탁자 가운데 목사님의 자리에 앉지 않으시고 탁자 옆으로 마주 보는 위치에 앉으셨다. 상대방을 배려하시는 것이다.

목사님과 대화는 새벽 1시부터 2시까지 이어졌다. 대화의 주제는 주로 교회의 미래에 대한 것이었다. 우리는 삶 속에 일어나는 소소한 이야기들도 나누었다. 나는 김 목사님과 대화를 하며 목사님의 진솔한 인간적인 모습 통해 깊은 감동을 받았다.

목사님의 대화는 언제나 진지했다. 목사님과 대화를 통해서 담임목사님으로서의 고뇌와 갈등 그리고 온갖 어려움을 느낄 수 있었다. 목사님은 힘든 상황 가운데서도 언제나 유연한 자세를 잃지 않았던 모습이 기억에 남아있다.

김 목사님은 설교하시는 것을 즐기시는 듯했다. 주일예배는 물론 수요예배, 직장인 예배, 철야예배 등 모든 설교를 담당하셨다. 그러면서도 부목사님들에게 주일예배 강단을 내어 주시어 부목사님들을 훈련시키시고 성장시키셨다.

철야예배 설교는 주로 원고에 매이지 않고 편한 마음으로 다른 예배에서 하기 어려운 말씀을 하셨다. 그 설교를 통해서 교우들은 목사님의 인간적인 매력을 볼 수 있었다.

◈ 용기 있는 설교자

김 목사님은 참으로 힘 있는 설교를 하셨다. 목사님은 말씀을 행동으로 옮기는 용기 있는 설교를 하셨다. 때로는 시국에 관하여 무서우리만치 위험한 설교를 하신 일도 있었다.

5.18 광주 민주화 운동이 일어난 후 이 사태에 대하여 일체 언급을 하지 못하던 시절이 있었다. 그때 목사님은 설교 시간에 광주에서 적어도 500명에서 1,000명 가까운 생명이 희생되었다고 말씀하셨다. 정부에서는 100명이 희생되었다고 발표했는데 이 얼마나 무서운 발언인가. 정보당국의 어떤 조치가 있을까 두려운 시간이었다. 목사님은 역사적 현실 앞에서 겁 없이 용기 있게 설교를 하셨다.

1980년대 계속되는 군사정부의 탄압이 강해질 때 우리 교회 청년 대학생들은 매 주일 5부 예배 후 예배당 층층대부터 마당까지 앉아서 시위를 했다. 나는 대학생회 선배로서 그 시위 자리를 계속 지켜보았다. 후배들이 시위 후에 잡혀가는 것으로 인해서 항상 불안하였기 때문이다. 때때로 종로서 정보과 형사와 소통하면서 청년 학생들이 무사히 귀가하도록 은밀히 협력하지 않을 수 없었다.

김 목사님께서는 겉으로는 한 번도 청년 대학생들을 응원하시지는 않으셨으나 뒤에서 물심양면으로 도움을 주셨다. 목사님은 청년, 대학생들을 진심으로 아끼고 사랑하셨다. 당시 지방의 교회에서 목회하시는 목사님들은 서울로 진학하는 대학생들에게 새문안교회를 추천하여 특별히 대학 신입생들이 많이 찾는 교회가 되었다.

◈ 독서광 목사

김 목사님은 책 읽기를 참 좋아하셨다. 책을 한번 손에 잡으시면 다 읽고야 마는 독서광이셨다. 밤새 책을 읽으시느라고 새벽기도회를 인도하지 못하셨다. 그는 읽은 책을 묵상하며 자신과 성도들의 삶에 적용했다. 그래서 목사님의 설교는 우리의 삶과 긴밀하게 어우러졌다.

◈ 선교 열정가

내가 성서 공회에 근무하면서 블라디보스토크로 출장을 다녀왔는데 목사님께서 철야예배 직전에 갑자기 나에게 설교 시간에 블라디보스토크 다녀온 이야기를 하라고 하셨다. 나는 당황했지만, 마음을 가다듬고 교우들에게 러시아 선교 현장 상황을 상세히 설명했다. 아마 목사님이 이미 그곳에 선교계획을 가지고 있었기 때문에 나에게 블라디보스토크 이야기를 하라고 하신 것 같다.

❖ 6번째 예배당 초석을 놓으심

김 목사님은 새 예배당 건축에 각별한 관심과 애착을 가지고 광화문 빌딩을 매입하여야 교회가 발전할 수 있다는 확신이 있으셨다.

목사님이 암으로 투병하시며 별세하시기 얼마 전에 나 혼자서 병원에 문병을 간 일이 있었다. 그때 목사님께서 내 손을 꼭 붙잡고 광화문 빌딩을 사야 한다고 힘주어 말씀하셨다. 나는 목사님을 위로하느라고 제가 꼭 사도록 노력하겠다고 말씀드렸는데, 후에 광화문 빌딩 매입 시에 매입위원으로 참여하여 약속을 지킨 셈이 되었다.

목사님은 일찍이 새 예배당 건축을 위한 장기적인 자금을 형성하기 위하여 교회 예산의 30%를 적립하자고 제안하셨었다. 처음에는 이것이 불가능하다고 여기어 꺼렸지만 해마다 예산의 15%, 20%를 절약하여 개발기금을 마련하여 언더우드 교육관을 건축했고, 결국은 이 건물이 새 예배당 건축의 종잣돈이 되는 결과를 낳았다.

새문안교회는 김 목사님께서 보여주셨던 교회의 미래를 위한 장대한 계획과 포부를 유지로 받들어 새 예배당을 건축할 수 있도록 그 기초를 놓아주신 것을 감사하게 생각한다.

❖ 타고난 음치 목사

김 목사님은 노래를 잘하지 못하셨다. 타고난 음치셨다. 가정에서 예배를 인도하시거나 상가에서 위로예배를 드릴 때는 반드시 옆에 있는 이에게 먼저 선창하라고 부탁하시곤 하셨다. 그러나 목사님의 음악에 대한 평가는 상당한 수준이었다고 생각한다. 그래서 어느 찬양대가 수준에 미치지 못하면 그것을 참으로 안타깝게 여기셨다.

◈ 교회를 성장시킨 목사

김 목사님은 38세의 젊은 나이에 새문안교회에 오셔서 55세에 별세하실 때까지 혼신의 힘을 다하셨다. 3,000명의 출석 교인이 6,000명까지 성장하고 교회의 규모가 커지면서 예배의 횟수는 물론 항존직, 교역자, 제직의 수를 늘리고 해외의 선교사 파송을 확대하며 크게 성장하는 역사를 이루셨다. 이것이 교회가 대내외적으로 의미 있는 활동을 할 수 있는 기본적인 예산과 인적 자원을 확보하는 계기가 되어서 한 단계 업그레이드된 규모 있는 모습을 갖추게 되었다.

◈ 청년들을 사랑하신 목사

나는 김 목사님께서 마지막으로 세우신 장로가 되었다. 4년여를 목사님을 도와 당회원으로 봉사했다. 목사님은 1988년에 해체되었던 대학부를 부활시킬 때 나를 대학부 부장으로 섬기게 하셨다. 목사님은 대학부 지도 목사님 선임을 나와 함께 의논하셨다. 목사님은 각별한 관심을 가지고 대학부를 지원하셨다. 그것은 젊은이들을 사랑하시는 목사님의 특별한 애정 때문이라고 생각한다.

◈ 부목사님들에 대한 애정

김 목사님께서는 동역하시던 부목사님의 진로에 대하여 정성을 다하여 챙겨주셨다. 부목사님의 장래를 당신의 일처럼 마음 써 주시고 지켜봐 주셨다. 그 결과 부목사님들은 한국 교회의 지도자로 그 역할을 훌륭하게 감당할 수 있었다. 지금도 당시의 부목사님들은 '새 목회'라는 이름으로 모이며 김 목사님에 대한 사랑과 존경을 잊지 않고 있다.

김 목사님은 언더우드, 차재명, 김영주, 강신명 목사님에 이어 새문안을 새문안답게 세우셨다. 뿐만 아니라 노회를 노회답게, 총회를 총회답게 세우셔서 한국 교회의 성숙에 큰 획을 그으신 어른이시다. 복음주의와 에큐메니칼을 조화롭게 이끌어 가신 선구자이시다. 또한, 인간적으로 참으로 멋진 분이셨다. 늘 마음에 기리고 싶은 김동익 목사님을 보내주신 하나님께 감사와 영광을 돌린다.

인자하신 김동익 목사

문 경 희
새문안교회 공로권사

◈ 인간적인 목사

내가 새문안교회에서 주님을 영접하고 예배생활을 시작한 것이 1977년 가을이었다. 1980년 4월 강신명 목사님께서 원로 목사님으로 추대되고 황인기 부목사님이 임시 담임목사로 1년간 시무하셨다.

김동익 목사님은 1981년 4월 22일 새문안교회 5대 위임목사로 청빙되어 11월 8일에 위임식을 했다. 김 목사님은 1987년 새문안교회 창립 100주년 행사를 잘 치르셨다. 목사님은 새문안교회에서 17년간 사역을 하셨고 1998년 4월 1일 55세에 별세하셨다.

1941년생인 목사님은 나보다 10살 아래였다. 목사님은 가끔 사석에서 문 집사가 자신보다 10살 위라며 따뜻하고 잔잔한 미소를 지으셨다. 나는 지금도 진솔하고 소탈하시며 항상 눈웃음치시던 목사님이 그립다. 목사님에 대해서는 많은 에피소드가 있으나 그중 몇 가지만을 추억하려고 한다.

❖ 눈물과 땀으로 범벅이 되어 기도하시다

목사님이 새문안교회에 막 부임하신 1980년대 초였다. 그때에는 금요철야 기도가 밤 10시에 시작해서 새벽 두 시까지 진행됐다. 기도회가 끝나고 나면 피곤한 사람들은 권사실에서 잠깐 쉬고 다시 4시에 새벽기도회에 참석했다.

연세 드신 권사님 10여 명과 동네 성도 20여 명이 금요기도회에 참석했다. 나는 초신자였지만 금요철야에 빠지지 않고 참석했다. 그때 나는 목사님이 언더우드 기념관 2층 마룻바닥에 꿇어앉아서 몸을 상하로 흔드시며 눈물과 땀으로 범벅이 되어 열심히 기도드리셨던 모습을 잊을 수 없다. 나는 목사님 앞에 앉아서 기도를 드렸다. 그때가 5~6월 경이었는데 목사님은 넥타이를 꼭 매시고 양복 상의도 단정히 입으시고 밤새워 기도하셨다. 수십 년이 지난 지금도 가끔 목사님의 땀 냄새와 상하로 흔들면서 기도하신 모습을 잊을 수 없다.

❖ 심방을 열심히 하셨다

김동익 목사님은 심방을 열심히 하셨다. 그 당시에는 담임목사님께서 한 달에 한 번씩 성도들의 가정을 심방하셨다.

언젠가 목사님께서 우리 집에 심방을 오셨다. 나는 미리 도명자 사모님께 목사님이 제일 좋아하시는 국이 무엇이냐고 여쭈어보았다. 사모님은 목사님이 좋아하시는 국은 미역국이라 말씀하셔서 미역국을 끓여서 점심 식사를 대접했다. 목사님은 미역국 한 대접을 다 드시더니 연신 맛있다고 하셔서 한 대접 더 내어드렸다. 목사님은 미역국 두

그릇을 깨끗이 잡수실 정도로 식성이 좋았고 소탈하시고 솔직하셨다. 목사님은 이러한 품성으로 인해서 많은 권사님에게 칭찬을 받으셨다.

◈ 옷을 직접 만들어 드리다

나는 당시 현역 디자이너로 양장점을 하고 있을 때였다. 연세가 많으신 권사님들이 감색 모직 옷감을 사다 주시며 도명자 사모님 옷을 지어달라고 해서서 사모님 옷을 가봉하기 위해 목사님 사택에 드나들었다.

하루는 도명자 사모님께서 목사님의 옷도 해달라고 하셔서 모직으로 나이트가운을 해드린 적이 있다. 목사님은 그 옷을 받아들고 사모님 앞에서 소년같이 웃으시며 이 옷은 언제 입으면 되느냐고 물으셨고 사모님께서 설교 준비하실 때나 서재에서 책을 보실 때 입으라고 하자 그렇게 하겠다고 대답하셨다.

그때 사모님은 "우리 목사님은 친구가 없으셔서 내가 친구이자 아내이자 애인"이라며 행복하고 자신만만한 모습으로 웃으셨다. 김 목사님은 그렇게 좋은 아내이자 애인을 새문안교회에 오신지 1년 만에 하나님 나라로 보내는 아픔을 겪으셨다.

◈ 문 집사 유리창 닦아

1994년 권사 투표가 있을 때였다. 나는 직장 일이 바빠서 여전도회나 구역 일을 못 하고 있었다. 그러나 주일성수와 수요예배 성가대와 금요철야기도회는 빠지지 않고 참석했다.

당시에 나는 64살이었다. 젊은 권사들이 많이 나오는데 나는 구역장과 여전도회 일을 못 해서 번번이 권사 후보에 들지 못했다. 그해 당회에서 의사나 교사나 디자이너 등 전문직을 가진 사람을 권사 후보로 추천했다. 그때 김동익 목사님이 나를 추천해 주셨다.

나는 권사 후보에 오른 후에 걱정이 태산같이 컸었다. 권사로 선출이 안 되면 목사님께 미안해서 어쩌나 하고 근심 걱정이 태산 같았다. 그러던 중에 김동익 목사님께서 꿈에 나타나셔서 파란 고무장갑을 나에게 툭 던지시며 "문 집사, 유리창 닦아"라고 말씀하셨다. 나는 이것은 길조라고 생각하며 기뻐했다.

나는 교회창립 100주년 기념음악회에 합창단 유니폼을 디자인하고 제작하며 연합 성가대와 안면을 텄고, 그들과 구역 식구들이 찍어주어 534표라는 우수한 성적으로 권사로 선출되었다. 목사님께서 배려해 주시고 기도해 주신 결과 나는 1987년 100주년 창립기념일에 한복을 맞추어 입고 안내를 할 수 있었다.

◈ 한 사람을 소중하게 대하시다

1985년 딸 지연이가 한양여자전문대학 시간강사 시절이었다. 학교에서는 3년간 근무하면 전임강사를 시켜준다고 했다. 그러나 3년이 되어도 전임강사를 시켜주지 않았다. 그때 목사님께서 이 소식을 듣고 한양대 김연준 총장에게 부탁해 보겠다고 하셨다.

목사님은 지연이를 위해서 두 번이나 한양대학교에 직접 가셔서 총장님께 부탁하셨다. 그러나 목사님의 부탁에도 불구하고 딸은 전임강사가 되지 못했다. 목사님은 나를 만날 때마다 미안해하시고 멋쩍

어하셨다. 하지만 나는 목사님께서 베풀어 주신 관심과 사랑을 잊을 수 없다. 자신은 최선을 다하시고도 오히려 나에 대해서 미안해하시던 모습이 죄송스럽다.

그 후 딸은 영국으로 유학을 떠나기 전에 꼭 김동익 목사님의 축복 기도를 받고 싶다고 했다. 당시 목사님께서 척추 수술 후 서울대병원에 입원해 계셨고 절대 면회 사절일 때였다. 황산성 사모님께서 부목사와 장로들도 면회가 안 되는데 이런 때 무슨 기도를 받느냐며 반대하셨다. 그러나 딸이 영국으로 떠나기 전날 목사님 병원으로 인사를 가자 목사님께서 딸을 위해서 열심히 기도해 주셨다. 목사님의 기도와 주님의 은혜와 도우심으로 딸이 3년 만에 학위를 받았다는 소식을 듣고 목사님은 본인 일 마냥 기뻐하셨다.

그 후 딸은 해마다 크리스마스가 되면 목사님께 카드를 보냈다. 목사님은 연초에 나를 만날 때마다 "따님 카드를 잘 받았으나 답장을 못 해서 미안합니다"라고 말씀하셨다. 목사님은 성도 한 사람 한 사람에 관심을 가지고 작은 일에도 자상하시고 배려와 사랑을 쏟으셨다.

◈ 도명자 사모의 사망

어느 수요일 저녁, 목사님과 사모님께서 성도 가정 심방을 마치고 교회에 오셔서 목사님이 수요예배 설교를 하시는 동안 사모님께서 화장실에서 쓰러지셨다. 교회에서 사모님을 발견하여 급히 병원으로 옮겼으나 운명하셨다. 사모님은 평소에 혈압이 높아서 그것에만 관심을 가졌는데 뜻밖에도 음식 드신 것을 토하시다가 기도가 막혀서 돌아가셨다.

그때 목사님께서 얼마나 슬퍼하셨는지 모른다. 목사님은 미국에 가서 고생만 시키고 좋은 원피스 하나 못 사주셨다고 하시며 애통해 하시던 모습은 말로 표현하기 어려웠다. 목사님은 대단한 애처가셨다. 그때 목사님이 슬퍼하시는 모습은 우리 모두를 울게 했다.

◈ 검소하고 욕심이 없으셨다

포항에서 올라오실 때 포항제일교회에서 전별금으로 365만 원을 받으셨단다. 사모님께서는 아이들이 유치원도 가고 중학교도 올라가니 서울에 가서 쓰자고 했는데 목사님은 서울의 큰 교회에서 목사를 굶게 하겠느냐며 떠나시는 교회에 모두 헌금을 하고 오셨다고 한다. 목사님은 검소하시고 욕심이 없으신 훌륭한 분이셨다

◈ 천국에서 만날 것을 사모한다

목사님이 목발을 짚고 강단에서 설교하실 때 우리 교인들은 하나님께 목사님을 살려 달라고 얼마나 울면서 매달렸는지 모른다. 그러나 1998년 4월 1일에 하나님은 목사님을 데려가셨다. 하늘나라에 목사님이 더 필요하신 듯했다.

당시 목사님은 만 55세의 젊은 나이였다. 새문안교회에서 17년을 시무하시고 하늘나라로 떠나실 때 온 성도들은 가슴 아파 울고 또 울었다. 새문안동산에서 장례를 치를 때 그 당시 친교부장이었던 황경운 장로가 7~800명분 식사 준비를 했는데 1,200명이 참석하여 크게 당황했다고 한다.

김동익 목사님은 마지막까지 성도들의 사랑과 존경을 받으시면서 주님 품으로 가졌다. 새문안교회 성도들은 5대 담임목사셨던 김동익 목사님을 길이길이 사모하며 잊지 못하고 있다. 나 역시 목사님을 잊지 못하고 천국에 가서 목사님 만날 날을 사모하며 기다린다.

비 쏟아지던 만우절

김 현 찬

새문안교회 공로권사

김동익 목사님을 새문안교회 담임으로 모시기 전, 정해진 절차에 따라서 전 교인이 첫 설교를 들었다. 강단에 서신 목사님은 전혀 서먹한 느낌 없이 그 이전부터 계속 계시던 것처럼 친숙하게 느껴졌다. 활짝 웃으시는 모습은 아닌데 머리를 오른쪽으로 약간 기울여 싱긋이 웃으시며 사투리 억양이 조금은 남아있던 이목구비 뚜렷하신 인상 좋은 목사님. 목사님에 대한 몇 가지 추억을 되새겨 본다.

◇ 하나님의 섭리

새문안교회는 강신명 목사님의 후임 목사를 모시는 일에 신중에 신중을 기하여 일정이 조금씩 늦어졌다. 그러나 강신명 목사님이 원로 목사로 추대되고 숭실대학교 이사장 되신 지 40일 만에 총장으로 선임되셔서 후임 목사님 모시는 일이 바빠졌다.

김 목사님이 새문안교회 담임목사로 오시는 일은 하나님께서 오래 전에 예비하신 일 같았다. 김 목사님도 연세대학교 재학시절 새문안교회에 출석하였으며 강 목사님의 심방을 받으신 적이 있다고 하신 것을 보면 하나님은 오래전부터 김 목사님과 새문안교회를 연결하고 준비하신 것 같다. 김동익 목사님의 부친 김희용 목사님과 강신명 목사님과 김종대 목사님이 회의차 미국에 갔을 때 세 분이 함께 찍은 사진과 김 목사님의 동생이 쓴 책《한 알의 밀알》을 통해서 그렇게 느꼈다.

◈ 처음 교회 사무실 방문과 사역

김 목사님이 새문안교회 사무실 문을 들어서실 때 키가 훤칠하셔서 천장이 꽉 차 보였다. 김 목사님은 강 목사님만큼 체격이 좋으셨다. 사모님과 1남 2녀 가족이 함께 사무실과 연결된 좁은 문을 통해 당회장실을 방문하실 때 공간이 가득 찬 느낌이었다. 큰딸 마리아와 외아들 태한이는 초등학생이라 함께 오지 않았고 막내딸 에스더만 엄마를 따라서 새침한 모습으로 교회에 함께 왔는데도 말이다.

김 목사님은 강 목사님께 교회의 모든 업무를 순조롭게 인수인계를 받으시며 당회원들을 심방하셨다. 목사님은 원로 목사님의 도움을 받아서 교회 업무를 순탄하게 익혀가셨다.

김 목사님은 원로 목사님이 계셔서 새문안교회의 연속적인 사역을 잘 시작하시는 듯했다. 김 목사님은 새문안교회의 비전과 사역을 구상하시느라 바쁘게 지내셨다. 사모님은 가끔 목사님과 동행하시려고 기다리면서 조용히 교회 직원들의 잔무(殘務)를 도와주시곤 하셨다.

◈ 김동익 목사의 부탁

나는 강 목사님이 숭실대로 가신 후에 일터를 교회에서 숭실대로 옮기게 되어서 김 목사님께 인사를 드리러 갔다. 그때 목사님은 나에 대해서 많이 염려해 주셨다. 목사님은 내가 교회에 남아있으면 좋겠다고 생각하시는 듯했다. 그러나 김 목사님은 아버님처럼 존경하는 강 목사님과 함께 가는 것이니 강 목사님을 잘 모시라고 부탁하신 후 나를 위해 기도해 주셨다.

◈ 잔인한 4월

목사님은 새문안교회 사역을 익히느라 분주하시면서도 양친을 정성껏 모셨다. 그때 목사님 어머님 건강이 좋지 않으셔서 교인들이 열심히 기도했었다. 그런데 얼마 가지 않아서 뜻밖에 일이 생겼다. 봄꽃이 화사하게 필 무렵에 강 목사님이 숭실대 총장실에서 조용한 목소리로 "목사님 사모님이 하늘나라로 가셨다"라고 말씀하셨다. 나는 김 목사님의 모친이 돌아가신 것으로 추측했다. 그러나 목사님의 모친이 아니고 사모님이 하늘나라로 가시게 된 거짓말 같은 사실을 알게 되었다.

사모님은 멀리 포항에서 오셔서 서울 공기가 안 좋았는지, 그동안 너무 무리하셨는지, 이제 겨우 서울 분위기에 적응하고 계셨는데 아직 엄마 손이 필요한 삼 남매를 두고 어찌 눈을 감으셨을까! 되돌아 생각해 보니 목사님도 사모님과 같이 4월에 떠나셨다. 4월은 참 잔인한 달인가 보다.

두 분이 다 체격이 좋으셨는데 사모님이 갑자기 그런 일을 당하여 인간의 말로 무어라 위로해 드릴 말씀이 정말 없었다. 사모님이 천국으로 가신 후 5월 어린이 주일에 에스더가 하얀 드레스를 입고 집 정원을 즐겁게 뛰어다니는 모습을 보며 많은 사람이 눈시울을 붉혔다. 그 주일 목사님 설교 제목은 '자녀들아, 굳세어라'였던 것으로 기억한다. 사모님의 갑작스러운 죽음은 새문안교회의 참으로 가슴 아픈 기억이다.

며느님의 부재에 손주 돌보시느라 힘드셨는지 그해 추운 겨울이 시작되던 때 목사님의 모친이 하늘나라로 떠나셨다. 목사님은 어느 날 강단 설교에서 '세상에서 가장 슬플 때는 어머니 아버지를 부를 수 없을 때'라고 말씀하셨던 기억이 난다.

안타깝게도 목사님 자신도 자식들에게 그 슬픔을 일찍 남겨주셨다. 나는 역대 목사님들의 초상화를 그리며 김 목사님의 초상화도 그렸다. 나는 김 목사님의 빙긋이 웃는 모습을 생각하며 초상화를 그렸다. 그런데 목사님의 아들 김태환 목사님이 내가 그린 초상화에서 목사님의 웃음이 아닌 우수의 모습을 느꼈다고 말했다. 목사님은 자녀들의 가슴속에 깊은 슬픔을 남겨둔 채 일찍 세상을 떠나셨다.

◆ 새문안교회의 유명한 일화

목사님은 교회 목회와 어린 삼 남매 자녀를 위해 재혼의 필요성을 느꼈으나 재혼이 쉬운 결정은 아니셨을 것이다. 혼인 얘기가 떠돌자 한동안 강 목사님에게 이상한 전화들이 많이 걸려 왔으나 강 목사님은 아무 말씀도 하지 않으셨다.

어느 수요예배 때 예배당 앞줄에 김 목사님과 한복을 입으신 여성이 함께 나란히 앉아있었다. 그날 내가 소속된 찬양대가 찬양 담당하는 날이라 모든 광경을 잘 바라볼 수 있는 자리에 앉아있었다. 그날

예배당은 빈틈이 없을 정도로 가득 찼다. 예배 설교는 강 목사님이 하셨다.

예배 후에 강 목사님은 김동익 군과 황산성 양의 획기적인 결혼식을 진행하셨다. 예전에 원일한 장로님과 원성희 권사님의 결혼 때도 강 목사님이 주례하시며 둘이 동성동본이라 결혼이 성립되지 않는다고 하니 원 장로님이 나는 미국 원 씨고 권사님은 호주 원 씨라고 하신 유명한 일화가 있었다. 김 목사님의 결혼식은 새문안교회에 또 다른 유명한 일화로 남았다.

◈ 새문안교회의 새로운 도약

하나님의 역사로 새문안교회는 또 다른 도약하는 순간을 맞아 교인이 배가하고 있었다. 해방 후에 세워진 영락교회는 각 부서의 활동이 원활했는데 새문안교회는 오랜 전통에 따라 선교는 강조하였으나 개선된 방식은 부족했다.

김 목사님은 부목사님을 더 많이 모셨고 교회 사무직원도 충원시켰다. 새문안교회는 기존에 주보를 1도 인쇄로 제작하고 있었는데 김 목사님이 색을 조금 변화시켰다. 목사님은 당회장실 책상이나 집기들은 새로 구입하지 않고 원로 목사님 쓰시던 걸 그대로 사용했다. 목사님은 해외 선교 분야를 확대했고 교회 외부의 기관 일보다는 교회 내부 사역에 충실하셨다.

김 목사님은 낙후된 예배당을 신축하기보다는 수리하여 사용할 것과 선교를 더 강조하셨다. 강 목사님은 김 목사님의 사역하는 모습을 보면서 가끔 '김 목사님은 참 지혜로운 사람'이라고 말씀하셨다.

목사님은 교회를 그리스도의 몸으로 선교 공동체임을 강조했다. 목사님은 새문안교회의 역사적 특징을 잘 살려서 발전시키고 선교의 자원으로 활용하려는 비전이 있었다. 오랜 역사로 기초가 잘 닦여져 있는 새문안교회는 목사님의 비전과 조화와 일치를 이루어 새로운 도약의 발돋움을 했다.

새문안교회는 날로 성장하여 5부 예배로 확대되었다. 김 목사님은 청년 예배, 교회학교, 가족 찬양 대회, 가족과 함께 예배드리는 날 등을 만들어서 교인 가족을 전도하는 일에 힘을 쏟으셨다. 또한, 목사님은 새문안 교인을 한 가족으로 모으기 위해서 전교인 가족화를 생각하시고 다양한 프로그램을 창안하셨다. 목사님은 '성탄자정 촛불예배', '고난절 촛불 음악예배', '목요 직장인 예배'를 시작했다. 또 월간 《새문안》지를 복간하고 현리에 '새문안교회 수양관' 건립을 위해 부지를 매입했다.

목사님은 새문안교회 100주년을 맞이하여 다양한 행사를 차근차근 진행하셨다. 여러 행사를 준비하는 가운데 '새문안의 찬양'을 제정했다. 새문안의 찬양은 아직까지도 매월 첫 주에 온 교인이 함께 부르고 있는데 그때마다 새로운 마음가짐을 갖게 한다.

◈ 성도 하나하나를 세심하게 살피시다

1985년 6월에 강 목사님이 종합 검진을 하시다가 간단한 시술에서 부작용이 일어나서 갑자기 하나님의 부르심을 받으셨다. 목사님의 장례식은 숭실대학교 학교장으로 치러졌다. 그때 문상 오셨던 김 목사님과 황 사모님은 내 직장과 교회 생활 요소요소를 염려해 주셨다.

1993년 4월 초에 고난절 음악 예배가를 여성 찬양대가 주관하고 있어서 연습하고 있었는데 어머니가 위독하여 병원에 입원하셨다가 돌아가셨다. 부활절이 지난 후에 김 목사님께 어머니의 장례 절차를 의논드렸다. 전체 장례는 부목사님이 담당하셨다. 그러나 김 목사님은 장례식 날에 아침 일찍 인천까지 홀연히 오셔서 장례 예식을 집례해 주셨다. 장례식을 치른 후 오빠가 김 목사님께 인사를 드리러 왔다. 그 당시 오빠는 잠시 교회에 다니지 않고 있었는데 목사님을 만난 후에 오빠 가족이 새문안교회에 등록하여 각 부서에서 봉사하게 되었다. 목사님과의 만남 덕분에 오빠 가족이 다시 주님을 만나게 되어 또한 감사한 일이다.

◈ 믿을 수 없는 만우절

1997년 어느 날 목사님이 암 수술을 받으셨다고 했다. 목사님은 의자에서 목발을 짚고 설교대로 이동하시다가 삐끗하여 넘어지셨다. 나는 성가대에서 그 모습을 바라보다가 가슴이 쿵 내려앉았다. 김 목사님이 저렇게 되시도록 교인들과 하찮은 나를 위해서도 신경 써 주신 것을 생각하니 눈물만 나왔다.

인간의 힘으로 아무것도 할 수 없는 순간에 기도밖에 할 것이 없었다. 모든 항존직과 교인은 돌아가며 릴레이로 목사님이 완쾌되시기를 열심히 기도했다.

비가 억수같이 쏟아지던 1998년 4월 1일 만우절에 목사님이 세상을 떠나셨다는 소식이 전해졌다. 강 목사님 가시던 때처럼 믿기지 않았고 만우절이라 더욱 믿고 싶지 않았다. 목사님이 새문안교회와 한국 교회를 위해 하실 일이 아직 많은데. 지상보다 하늘나라에 일꾼이 더 필요하신가 보다.

김 목사님은 새문안동산에서 강 목사님 옆에 25년간 안장되셨다가 화장하여 역대 목사님들이 계시는 새문안 추모관으로 옮기게 되었다. 그날도 목사님이 떠나시던 날과 같이 비가 억수 같이 쏟아졌다.

목사님은 시를 좋아하셨다. 목사님은 설교 중에 시를 자주 읊으셨다. 어느 날 목사님은 설교 중에 김재진 시인의 〈사랑할 날이 얼마나 남았을까〉를 읊으셨는데 그 시가 내 마음에 오랫동안 남아있다. 그 시와 같이 지상에서 나의 삶도 쏟아지는 비처럼 강물로 흘러가고 있다. 목사님은 하늘나라에서 이런저런 고민 안 하고 평안히 지나실 것으로 믿는다.

아버지 같았던 김동익 목사

이 연 순*
새문안교회 집사

❖ 즐겁고 행복하게 일하던 시절

1988년 7월 22일 금요일 밤에 김동익 목사님은 철야예배를 준비하고 계셨다. 나는 그 당시 사무장이셨던 이귀남 집사님과 함께 직원이 되었다는 인사를 목사님께 드렸다. 목사님은 어느 분에게나 그러하셨듯이 나를 반갑게 맞아주셨다. 그때 목사님은 나에게 "교인들에게 친절하게 잘해드리고 여러 목사님을 잘 섬기라"라고 말씀하셨다. 그리고 마지막으로 "새문안교회에 오래오래 있어 달라"고 부탁하셨다. 나는 목사님과 첫 대면을 하고 1988년 7월 26일 화요일부터 교회에서 일을 시작했다. 나는 목사님을 처음 만나서 인사를 드렸던 때를 잊을 수가 없다.

나는 목사님이 돌아가실 때까지 목사님을 모시는 동안 밥을 먹지 않아도 허기지는 것을 모르고 잠을 자지 않아도 피곤한지를 모르고 일을 했다. 나는 그 당시에 집에 있으면 교회에 가서 일하고 싶을 정도로 온 마음과 정성을 쏟으며 일을 했다. 나는 교회 일을 하는 것이

---

* 이연순 집사는 김동익 목사님 비서로 사역하였으며 현재는 새문안교회 사무직원으로 사역하고 있다.

하나님을 섬기는 것으로 생각하고 너무나 신나고 행복하게 일을 했다.

어느 날 목사님께서 황 사모님께 나에 대해서 다음과 같이 말씀하셨다고 한다. "교회 직원이 새로 왔는데 이른 시간은 물론 늦은 시간에도 언제나 교회에 있는 것 같고 도대체 집에 안 가는 것 같다." 그때 나는 일을 하다가 늦어지면 집에 가지 않고 권사실에서 잠을 잤다. 그 당시에 권사실은 철야기도와 새벽예배를 드리기 위해서 모이는 분들과 기도하시는 분들로 인해서 항상 만원이었다. 나는 밤낮 기도하시는 권사님들과 같이 밤낮을 모르고 기도하는 마음으로 열심히 일했다.

목사님의 일을 섬기는 일은 대단히 많았다. 그러나 나는 한 번도 힘든 줄 모르고 기도하며 즐겁고 행복하게 열심히 일했다. 그것은 성령님께서 나에게 주신 은혜인 동시에 목사님의 인정과 격려와 사랑 때문이었다.

◈ 아버지 같은 분

나에게 목사님은 아버지 같은 분이셨다. 목사님의 큰딸 마리아는 나보다 여섯 살 어렸다. 어느 날 어떤 분이 마리아를 시집보내야 하지 않느냐고 말씀했다. 그러자 목사님은 사무실에 있는 이연순 집사를 먼저 시집보내고 마리아를 시집보낸다고 말씀하실 정도로 나를 딸처럼 생각해 주셨다.

나는 그 당시에 늦었다고 할 수 있는 서른한 살이 되어서 결혼을 하게 되었다. 목사님께 결혼하게 되었다고 말씀드렸다. 그때 목사님은 자신의 딸을 결혼시키듯이 기뻐하셨다. 목사님은 매우 기뻐하시며 나의 남편 될 사람에게 양복을 해주셨다. 그리고 나와 동생들에게도 많은 선물을 해주셨다. 목사님은 친딸을 시집보내듯이 많은 선물을 해 주시며 결혼을 진심으로 축하해 주셨다. 나는 목사님께 감당할 수 없을 정도로 많은 사랑의 선물을 받으며 행복하고 황홀한 결혼을 했다.

그 당시 나는 양가 부모님이 제주도를 한 번도 가보지 못하셨다는 것을 알고 제주도로 신혼여행을 가는 것을 뒤로 미루었다. 우리 부부는 결혼 몇 주년이 되면 양가 부모님을 모시고 제주도로 가족여행을 가려고 계획하고 우리는 설악산으로 신혼여행을 가자고 했다. 그러나 목사님은 이 소식을 듣고 우리 부부를 위해서 제주도 호텔과 비행기를 직접 예약해 주셔서 우리는 제주도로 신혼여행을 갈 수 있었다.

목사님은 정말 나를 친딸처럼 생각해 주셨다. 나는 목사님께 평생 잊을 수 없는 사랑을 듬뿍 받았다. 나는 결혼 후에 시댁에서 부모님과 같이 살게 됐다고 목사님께 말씀드렸다. 그때 목사님은 시집살이가 고된 것이라고 하며 목사님의 어머님에 대해서 말씀해 주셨다. 목사님의 어머님은 명절이 되면 가장 먼저 사모님을 오라고 하시고 명절이 끝나도 가장 나중에 가도록 했다고 하시며 시어머니와 며느리는 어려운 관계라며 잘 참고 견디라고 조언해 주셨다.

◈ 나는 아직도 그가 그립다

목사님을 모시고 있던 시절에는 휴대전화가 없었다. 그럼에도 목사님은 출타 중에도 가끔 내게 전화를 하셔서 교인들의 안부를 물으셨다. 교인 중에 급작스럽게 아픈 분은 없는지 돌아가신 분은 안 계신지를 물으셨다.

목사님은 주일에 5부 예배가 끝나면 교회학교나 주일예배와 교회에 특별한 일은 없는지를 물으셨다. 이처럼 목사님은 효자가 부모를 섬기듯, 부모가 사랑하는 자녀를 돌보듯 교회와 교인들을 사랑하셨다.

나는 일을 하며 가끔 실수하고 잘못하는 일이 있었다. 그러나 목사님은 한 번도 나를 꾸지람하지 않으셨다. 목사님은 나에게 어떤 일이든지 자세하게 설명하며 차근차근 가르쳐 주셨다. 내 인생에 훌륭하신 목사님을 모실 수 있었던 것은 하나님의 은혜이며 영광이었다.

내 마음속에 남아있는 목사님을 추억하는 글을 다 쓰면 책 한 권이라도 부족할 것이다. 나는 그저 내 마음속에 있는 것을 글로 다 표현할 수 없음이 안타까울 뿐이다. 천국에 가면 말하지 않아도 다 알 것이기 때문에 나의 마음속에 남아있는 목사님을 향한 고마움과 사랑은 그때 다 헤아릴 수 있게 될 것이다.

올해로 목사님이 우리 곁을 떠나신 지 26년이 되었다. 해가 갈수록 목사님을 향한 그리움은 더 커가고 있다. 나는 여전히 목사님이 그립다.

에필로그 1 ·

아버지 김동익 목사를 그리다

— 아들 김태한 목사

◈ 온화한 미소, 슬픈 미소

2019년 가을 무렵에 새문안교회 김현찬 권사님으로부터 선물을 받았습니다. 집에 와서 포장을 뜯어보니 권사님이 그려내신 아버지 초상화였습니다. 저도 익히 봤던 아버지 사진을 수채화로 모사한 작품이었습니다. 그런데 묘하게 원본 사진과 분위기가 달랐습니다. 사진 속 아버지는 온화한 미소만 돋보이는 데 반해 그림 속 아버지는 똑같이 미소는 짓고 있지만, 눈매와 입가에 슬픔이 한껏 스며있었습니다. 기쁘게 보면 기쁜 모습으로 보였고 슬프게 보면 슬픈 모습으로 보였습니다. 마치 정교회 성당에 걸려있는 예수 그리스도의 이콘(icon) 같았습니다.

저는 이 그림이 아버지를 너무 잘 표현했다고 생각했습니다. 아버지는 목회를 가장 행복하게 여기셨지만 동시에 목회를 가장 어렵고 힘들어하셨기 때문입니다.

◈ 하나님의 부르심과 교회의 눈물

아버지 병환이 깊어져 입원과 퇴원을 반복하시던 무렵 한국 사회는 외환위기가 몰아닥쳤습니다. 기업도산과 구조조정 소식이 날마다 언론지상을 장식했습니다. 교회도 예외는 아니어서 어려움에 빠진 성도님들이 참 많았습니다.

아버지는 병상에서 그분들에게 어찌나 미안해하셨는지 모릅니다. 그리고 성도님들이 아파하기 때문에 자신도 아픈 것이 마땅한 것 같다고 말씀하셨습니다. 그래서 본인이 일어서면 성도님들도 너끈히 일어날 것이라고 생각하셨던 것 같습니다. 아버지는 주변의 만류에도 불구하고 끝끝내 주일예배 강대상에 서려고 하셨습니다.

해를 넘기며 아버지의 건강은 돌이킬 수 없는 지경에 이르렀습니다. 마지막에는 모든 치료 과정을 포기하시고 현리 수양관에 들어가셔서 주님의 뜻을 깊게 물으시며 기도하셨습니다. 4월 1일에 집에 돌아오셨고 야곱처럼 하나님 앞에 두 발을 모으자 하나님께서 당신의 품으로 옮기셨습니다.

그날 새문안교회는 애통해 하며 눈물을 흘리셨습니다. 하늘에서도 비가 내렸습니다. 아직도 제 마음 깊숙한 곳에 교회의 눈물 자국이 성스럽게 남아있습니다.

◈ 달달이 커피와 해열진통제

아버지를 생각하면 가장 먼저 떠오르는 기억은 단연코 커피입니다. 꼬마 때부터 아버지의 심부름 1순위가 커피였습니다. 아버지는 아침에 깨시고 커피 한 잔, 새벽예배 다녀오시고 커피 한 잔, 일정과 일정 사이에 어김없이 커피를 드셨습니다. 아버지 서재에는 책 곰팡내와 커피 향이 함께 배어있었습니다. 아버지 노트 여기저기에는 커피를 쏟으신 얼룩이 배어있었습니다.

아버지는 커피 선물을 매우 반가워하셨습니다. 그러나 아버지가 좋아하셨던 커피는 시간이 많이 드는 스팀추출 커피나 드립 커피가 아니었습니다. 순식간에 잔을 들 수 있는 인스턴트커피, 일명 '달달이 커피'였습니다. 아버지는 황금비 '둘둘 하나' 또는 '둘둘둘'로 조제되는 커피를 좋아하셨습니다.

아버지는 경상도 분이시기에 자식에게 살가운 말씀은 잘 하지 않으시는 편이었는데 커피를 갖다 드리면 달랐습니다. 표정에서부터 칭찬이 나왔습니다. 그리고 "아 좋다", "맛있다"라고 말씀하셨습니다. 그래서 저나 누님이나 제 동생은 커피에 물을 붓고 한 스푼씩 간을 보면서 아버지가 좋아하시는 커피 맛을 맞추려 애를 썼습니다.

병상에 누워 계시면서도 커피 한 잔만 먹었으면 좋겠다고 얼마나 조르셨던지요. 병원 입구 자동판매기에서 한잔 뽑아 간호사 몰래 갖다 드리면 그렇게 환하게 웃으실 수가 없었습니다.

아버지의 일상에 없어서는 안 될 또 다른 품목은 타이레놀이었습니다. 그전에는 아스피린이 있었습니다. 아버지는 쉽게 추위를 타셨고 늘 몸살 기운과 편두통에 시달렸습니다. 통증이 다가오는 게 두려우셨는지 해열진통제를 예방적으로 드셨습니다. 복용하시는 양도 만만치 않았습니다.

지금 생각해 보면 정말 몸이 아프셨던 건지 마음이 아프신데 몸이 반응했던 것인지 잘 모르겠습니다. 분명히 이상 징후였는데 자식인 저나 가족은 아버지 건강 사정을 헤아리지 못했습니다. 진통제 많이 드신다고 핀잔만 했던 게 너무 죄송하고 속상합니다.

◈ 수많은 설교 원고와 기고문 쓰기

저는 아버지께서 기록하신 친필 노트 100여 권을 가지고 있습니다. 제가 기억하는 아버지 직업은 언제나 '원고를 쓰는 분'이었습니다. 새문안교회 뒷동네 내수동 사택 지하실에 있던 서재는 아버지께서 글쓰기와 책으로 씨름하셨던 공간이었습니다.

아버지는 교회 모임과 심방이 없을 때는 어김없이 지하 서재로 내려가셨습니다. 한 번 들어가시면 오랜 시간 그곳에 머무르셨습니다. 그래서 아버지가 집에 계신지 모를 때도 잦았습니다.

설교 원고와 기고문은 모두 마감 날짜가 있기에 아버지는 주일, 수요일, 금요일 예배 설교와 여러 곳에서 청탁받은 글을 쓰시느라 늘 큰 부담감을 가지고 몰두하셨습니다.

원고를 탈고하고 지하 서재에서 올라오시는 아버지 모습은 거의 십계명 돌판 받은 모세 같았습니다. 얼마나 후련해 보이시는지 그때 아버지 얼굴에는 광채가 나는 것 같았습니다.

어느 날 신학생을 대상으로 강의하셨던 아버지의 노트를 보았습니다. 강의 주제는 '설교는 이렇게 하라'는 것이었습니다. 설교자는 완전히 준비되어 좋은 컨디션으로 강단에 서야 한다는 내용이었습니다.

그런데 아휴 참, 신학생을 가르치신 이상과 당신이 하는 모습은 많이 달랐습니다. 아버지는 주일 해뜨기 전까지 설교 원고를 다듬으셨습니다. 아침 7시 30분이 새문안교회 1부 예배였으니 이것저것 준비하는 시간을 빼면 겨우 한 시간 허리만 폈다가 교회를 향하셨던 겁니다. 그리고 6번의 예배와 설교, 교역자 모임과 당회를 연거푸 감당하셨습니다. 매 주일 그렇게 하셨습니다.

한 달 전부터 설교 본문, 제목, 방향을 다 계획해 놓으시는 분이셨기에 좀 미리미리 하시지 주일에 왜 잠도 안 주무시느냐고 여쭌 적이 있습니다. 아버지는 "목사 영성은 끝까지 하나님 앞에 대롱대롱 매달린 상태"라고 얘기하셨습니다. 신학생들에게 가르치신 것과 달리 당신의 주일 준비는 아예 마감이라는 게 없으셨던 겁니다.

◈ 아버지의 친한 친구

아버지 장례예배 때였습니다. 서울노회 소속 어느 목사님께서 추도사를 하시면서 "김동익 목사님은 생전에 누구하고 친했는지 도무지 모르겠다"고 말씀하셨습니다. 지레짐작은 했지만, 아버지에게 친구가 없으시다는 사실을 공식적으로 확인하고는 매우 놀랐습니다.

아버지는 온화하고 친절하고 언제나 예의 바른 분이셨지만 타인에게 곁을 쉽게 내주지는 않으셨습니다. 노회나 총회에서 목사님들과 삼삼오오 어울리는 자리에도 잘 들어가지 않으셨던 것 같습니다. 아버지는 새문안교회 목회에 모든 관심을 집중하고 있다고 하셨습니다. 사적인 자리를 사치스럽게 여기셨습니다.

그런데 곰곰이 생각해 보니 추도사 때 아버지에게 친구가 없다고 하신 목사님의 말씀은 틀렸습니다. 아버지에게는 아주 친한 친구가 있었습니다. 아버지의 친구는 제 새어머니였던 황산성 변호사님이었습니다. 변호사님은 아버지가 속에 있는 내밀한 이야기를 시시콜콜 얘기할 수 있었던 거의 유일한 분이었습니다.

아버지가 부드럽고 여성적인 면이 있었다면 황 변호사님은 당당하고 남성적이었습니다. 아버지가 좀처럼 목소리를 높이거나 두부 자르

듯 냉혹하게 말씀하지 않으셨던 반면에 황 변호사님은 강단 있게 울분을 토하고 소리도 높이셨습니다. 종종 악역도 마다치 않으셨습니다. 교회에서는 사모님이 그러면 되느냐고 호불호가 있으셨던 것 같고 아버지도 겉으로는 당혹해 하셨습니다. 하지만 속으로는 종종 통쾌히 여기셨던 것 같았습니다. 아버지는 황 변호사님을 참 많이 의지하셨습니다.

◈ 아버지의 취미: 지도 그리기

아버지는 탁구도 조금 치셨고 아주 가끔 볼링장에도 가셨습니다. 아버지께서 어느 날 집에 바둑판을 구입해 온 적이 있었지만, 딱히 바둑 두시는 장면은 보지 못했습니다.

제가 기억하기로 아버지의 평생 취미는 딱 한 가지였습니다. 그것은 빈 메모장이나 명함 뒷면에 지도를 그리며 낙서하는 일입니다. 아버지는 상상 속의 지도를 즐겨 그리셨습니다. 핵심과 주변 거점들에 점을 찍고는 모든 점을 길로 잇고 강이나 바다 같은 경계를 넘어서며 전체적으로 완전한 소통과 균형을 이루는 내용의 그림이었습니다. 가끔은 지도 옆에 자기만의 주석을 달기도 하셨습니다. 그렇게 그린 어떤 지도는 당신 마음에 쏙 드셨던지 수첩 사이에 접어서 늘 지참하고 다니셨습니다. 저는 그 낙서가 무슨 의미인지 아직도 모릅니다. 단지 아버지가 연세대 학생 시절부터 버릇들이신 취미라는 사실만 알고 있습니다.

지도 그리기는 아버지에게 망중한(忙中閑)의 명상과 같아서 자동차를 타고 이동할 때나 누군가를 기다릴 때, 장소를 가리지 않고 만년필과 메모지를 꺼내어 쉽게 끄적이셨습니다. 그때 아버지는 마치 다른 세계에 있는 것처럼 매우 편안해 보였습니다.

◆ 새문안교회 사랑

아버지는 어려운 수술을 하며 생사 고비를 여러 차례 넘기시면서도 슬픔과 괴로움에 젖어있지 않았습니다. 병실에서도 여전히 메모지들을 펼쳐놓고는 새문안교회의 다음 세기를 구상하셨습니다.

어느 날 제게 낯선 도면을 보여주시면서 열변을 토로하시는데 새문안교회 부지와 새로운 건축에 관한 시안 중 하나였던 것 같습니다. 그때 어찌나 활기차고 의욕적이셨던지요. 환자복을 입고 있지만 않았다면 아무도 아버지가 투병 중인 줄 몰라봤을 겁니다. 아버지는 언제나 새문안교회 생각을 하셨고 그때는 생기와 활력이 넘쳐 보이셨습니다.

병환이 깊어지자 아버지가 통증을 호소하는 소리가 커갔습니다. 병원에서는 급기야 마약성 진통제를 사용하기 시작했고 아버지의 인지기능과 활력은 갈수록 떨어져 갔습니다. 어느 순간부터는 주무시는 건지 깨어계신 것인지도 모르겠고 치매이신 것처럼 자꾸 이상한 말씀과 행동도 반복하셨습니다. 제대로 된 의사소통이 점점 더 불가능해져 갔습니다.

그럼에도 불구하고 아버지 의식이 갑자기 초롱초롱해지는 때가 있었습니다. 새문안교회 장로님들께서 병문안 오셨을 때입니다. 글쎄 아버지가 병상에 앉으시더니 만면에 미소를 띠시고는 멀쩡하다는 듯 장로님들 안부도 물으시고 대화도 나누시는 겁니다. 투병 중에 갑자기 벌어지는 기적 같은 일이었습니다. 그 순간에는 극심한 통증도, 마약성 진통제의 혼돈도 갑자기 효력을 잃어버렸고 눈빛과 말씀이 그렇게 총기가 있고 맑으실 수 있을까 할 정도였습니다. 장로님들이 얼마나 반가우셨으면, 교회가 얼마나 보고 싶으셨으면, 또 교회 소식이 얼마나 궁금하고 듣고 싶으셨으면 그러셨겠나 생각합니다. 의식으로나 무의식으로나 오매불망 새문안교회 앓이를 하셨던 것이겠지요.

◈ 고맙습니다

아버지께서 돌아가신 일이 이미 지난 세기말이었고 벌써 20여 년이 흘렀지만 생전 아버지 모습은 제게 생각의 고향과 같아서 마음속에서 꺼내어 자주 머뭅니다.

정균오 선교사님께서 아버지에 대한 회고를 부탁해 주셔서 매우 감사하게 생각합니다. 또 지면을 빌어 감사 인사를 하고 싶은 분이 있습니다. 아버지 지근거리(至近距離)에서 일거수일투족을 섬겨주셨는데 그때는 철이 없어서 감사 인사를 하지 못했습니다. 아버지께서는 이연순 집사님과 황재길 집사님을 참 좋아하셨고 늘 고마운 분이라고 말씀하셨습니다. 늦었지만 저도 집사님들에게 진심으로 감사하다는 인사를 드립니다.

아버지 장로님들, 어머니 권사님들, 감사함을 어떻게 갚아야 할지 두렵습니다. 베푸신 사랑과 은혜를 하늘에서 장로님들과 권사님들 댁내에 갑절로 내려주시길 기도합니다.

에필로그 2 ·

그 신실한 믿음의
발자취를 따라가다

— 정균오

◈ **봄비가 내리고 있다**

2021년 4월 12일, 오늘은 새문안교회 추모관에 그의 유해를 안치하는 날이다. 봄비가 내리고 있다. 1998년 4월 1일도 종일 봄비가 내렸다.

그는 24년 전에 민들레 홀씨처럼 바람에 실려 날아갔다. 날아간 홀씨는 7천 명의 성도들의 마음속에 심어졌다. 오늘 우리는 마음속에 심어진 홀씨를 꺼내었다. 홀씨가 봄비에 젖는다. 우리는 가슴에 흐르는 눈물을 꾹꾹 참고 있다. 24년 전 그날도 봄비가 주룩주룩 내리고 있었다. 그날에 우리는 가슴속에 흐르는 눈물을 주체할 수 없었다. 우리는 그를 지켜주지 못해서 미안했다. 이날만 되면 수많은 홀씨가 이곳으로 날아왔다.

나는 러시아에서 24년 동안 마음으로 이곳으로 날아왔다. 이상수 집사님은 이날만 되면 24년간 한 번도 빠짐 없이 이곳을 찾아왔다고 했다. 올해는 아무도 안 와서 혼자 왔었다고 했다. 나는 선교지에 있었기 때문에 잊지 않고 마음으로만 왔었다. 그러나 오늘은 마음뿐 아니라 몸과 함께 이곳에 왔다.

김동익 목사님은 나에게 선교사로 헌신할 것을 도전했다. 그의 기도와 비전 덕분에, 나는 하나님으로부터 선교 사명을 받았다. 그의 기대와 사랑 덕분에 험한 곳에서 30년을 견디었다. 나는 하나님과 그 앞에서 부끄럽지 않은 선교사가 되고자 노력했다.

그가 민들레 홀씨처럼 날아가 버린 그 날과 같이 오늘도 비가 내리고 있다. 우리의 마음에도 비가 내리고 있다. 오늘 우리는 당신이 그립습니다.

◈ 살아있는 역사가 사라지고 있다

이 책은 목사님께 진 빚을 갚고자 하는 마음에서 출발했다. 오랫동안 나는 목사님께 빚진 자로 살았다. 그 빚은 사랑의 빚이다. 나는 그 빚을 조금이라도 갚고 싶었다. 내 가슴속에 남아있는 사랑의 고백으로 빚을 갚기로 다짐했다.

이 책은 목사님의 사랑에 감사하는 마음으로 한 자 한 자 정성을 다해서 기술했다. 나는 목사님의 성품이 묻어나는 책을 쓰고 싶었다. 부드럽고 깊이 있고 정확하고 단아하게 기술하려고 노력했다.

이 책은 논문이 아니기에 김 목사님에 대해서 비판적인 관점으로 쓰지 않았다. 나는 이 책을 긍정적인 관점에서 기술하려고 했다. 긍정적인 관점으로 쓴다고 해서 그를 우상으로 만들 듯이 쓰지는 않았다. 인간의 역사에는 음(陰)과 양(陽)이 있다. 하나님은 그것을 통해서 인간의 역사를 이끌어 가신다. 그러므로 이 책은 목사님의 어두운 모습도 보여주고 있다.

나는 이 책을 잘 쓸 수 있는 사람이기 때문에 쓴 것이 아니다. 나는 역사학자가 아니다. 나는 장로회신학대학교 객원교수를 역임했지만,

정교수는 아니다. 나는 한국에서 목회하는 목회자도 아니다. 나는 전문 작가도 아니다. 나는 선교 현장에서 30년 동안 목숨을 걸고 거칠게 살아온 선교사일 뿐이다.

나는 이 책을 쓰기에 핸디캡이 많은 사람이다. 나는 책을 잘 쓸 수 있겠다는 생각으로 쓴 것이 아니다. 나는 목사님의 역사가 하나둘 사라지는 것이 안타까웠다. 목사님의 살아있는 역사를 역사 속에 남겨야겠다는 절박감 때문에 이 책을 썼다.

나는 내가 사랑하는 스승의 이야기를 썼다. 김 목사님의 살아있는 역사가 하나둘 사라지고 있다. 목사님과 함께 사역했던 목사님들이 이제 은퇴를 시작했다. 목사님과 함께 사역했던 장로님들과 성도들이 하나둘 세상을 떠나 주님 곁으로 가고 있다. 목사님의 가족과 친지들도 하나둘 세상을 떠나고 있다. 지금 그들의 마음속에 있는 홀씨를 꺼내어 가지런히 정리해 놓지 않으면 그 홀씨들은 영원히 날아가 버릴 것이다.

◇ 감사 인사

김동익 목사님의 역사를 남기고자 하는 선한 목적으로 책을 쓰기 시작했는데 막상 나는 목사님의 생애에 대해서 너무 몰랐다. 내가 아는 것은 1년간 목사님 밑에서 전임전도사로 사역하며 목사님의 가르침을 받은 것과 몇 년간 후원교회 담임목사님과 선교사로 대화를 나눈 것밖에 없었다.

나는 김 목사님의 아들 김태한 목사에게 많은 것을 물었다. 그에게 물을 때마다 그의 아픈 상처를 후비는 것 같아서 참 미안했다. 그러나 이제 그는 마음의 상처를 다 극복한 듯이 웃으며 친절하고 솔직하게 대답해 줬다.

그는 그가 보관하고 있는 목사님에 대한 모든 자료를 제공해 줬다. 그 자료는 김 목사님이 살아있을 때 파일을 해 놓은 것이었다. 김 목사님은 아마도 은퇴 후에 자서전을 기록하려고 생각한 것 같다. 그는 자신이 써서 신문사나 잡지사에 기고한 글을 출처, 날짜, 몇 면까지 잘 기록하여 파일로 남겨놓았다. 그가 남긴 파일이 아니면 이 글을 쓰지 못했을 것이다. 자신의 글을 모두 파일로 남겨주신 목사님께 감사드린다.

목사님의 파일을 꼼꼼하게 정리해 놓으신 목사님 비서였던 이연순 집사님께 감사드린다. 그리고 집사님이 정리한 파일을 잘 보관했다가 나에게 보여준 김태한 목사님께 감사드린다. 이 귀한 자료들이 없었다면 이 책은 세상에 나오지 못했을 것이다.

김 목사님의 네 번째 동생 김동원 장로님께 감사드린다. 나는 장로님께 자주 전화를 했다. 김 장로님은 내가 목사님에 대해서 질문을 할 때마다 진지하고 친절하게 대답해 주셨다. 장로님의 대답 속에는 언제나 김동익 목사님에 대한 존경심과 사랑이 가득 배어있었다.

김 장로님은 포항제일교회 이대공 장로님을 소개해 주셨다. 이 장로님은 김 목사님이 포항제일교회에서 사역할 때 목사님과 함께 교회를 섬겼던 분이다. 이대공 장로님은 포항제일교회의 역사자료를 제공해 주셨고 부인 오나미혜 장로님은 김 목사님에 대한 살아있는 정보를 많이 제공해 주셨다. 그리고 우리 부부를 영일대 호텔 스위트 룸에서 숙박할 수 있도록 환대해 주셨다. 두 분의 사랑과 환대가 이 책을 계속해서 기술할 힘을 북돋워 줬다.

책을 어떻게 시작해야 할지 모를 때 책의 목차를 잡아주시고 추천서를 써 주신 박성배 박사님께 감사드린다. 추천서를 써주신 새문안교회 위임목사 이상학 목사님과 필자의 선교학 박사 논문 지도교수였던 장로회신학대학 김영동 교수님께 감사드린다.

김동익 목사님과의 아름다운 추억을 글로 남겨주신 열 분께 감사드린다. 열 분이 써주신 글은 잊을 수 없는 추억일 뿐만 아니라 살아있는 역사다.

목사님의 성품과 같이 부드럽고 단아하게 책을 만들어 주신 렛츠북 류태연 대표님과 편집팀에 감사드린다.

무엇보다도 이 책을 쓸 수 있도록 끊임없이 용기를 주고 이 책을 한 글자 한 글자 교정해 준 아내 연성숙 선교사에게 사랑과 고마움을 전한다. 선교사의 자녀로 태어나 한국과 선교지 두 문화권의 갈등을 극복하고 믿음으로 살아가고 있는 정복과 충만에게 고마움과 사랑을 전한다.

선교지에 있는 자식을 위해 기도하느라 다리 한번 펴지 못하고 잠 못 이루시며 기도하시다 돌아가신 어머니 박연순 권사님께 감사드린다. 부모님이 사후에 부모 역할을 해주신 누이 정덕례 집사님과 매형 이영섭 권사님께 감사드린다. 자녀들을 위해서 매일 눈물로 기도하시는 장모님 이복례 권사님께 감사드린다.

또한, 그 누구보다도 나를 아시고 나를 사랑하시며 모든 선교 여정 동안 함께해 주신 하나님께 감사와 찬양과 영광을 올려드린다.

◈ 우리의 가슴속에 살아있다

나는 3년 전 안식년에 이 책 초안을 썼다. 나는 이 책을 쓰며 김동익 목사님과 교제하며 배움과 섬의 시간을 보냈다. 목사님의 사랑과 부드러움을 다시 느꼈다.

초안을 쓴 후에 선교지에서 3년 동안 책을 수정하고 교정했다. 책의 초안을 작성하고 수정하며 목사님의 가르침이 민들레꽃처럼 나의 마음을 아름답게 수놓았다.

이 책이 목사님을 사랑하고 그리워하는 사람들의 마음속에 노란 민들레처럼 피어나면 좋겠다. 그의 아름답고 부드러운 마음이 세상을 아름답게 수놓을 수 있으면 좋겠다. 한국 교회와 사회가 아름답고 풍성한 향기가 넘치는 꽃동산이 되면 좋겠다. 그는 우리에게 왔다가 민들레 홀씨처럼 날아갔다. 그러나 그의 따뜻한 마음과 미소는 우리 마음속에 영원히 살아있다.

◈ 당신은 '한 알의 밀알'이었다

'한 알의 밀알'이라는 문장은 김동익 목사님의 조부 김선명 영수께서 가장 좋아했던 말씀이다. 그리고 김동익 목사님이 대학교 다닐 때 그가 존경했던 강신명 목사님이 자주 설교하셨던 말씀이다. 김 목사님은 이 말씀을 늘 마음에 새기고 살았다. 그는 한국 교회의 성숙과 성장을 위한 '한 알의 밀알'로 살고 죽었다. 우리도 그의 뒤를 따라갈 것이다.

"내가 진실로 진실로 너희에게 이르노니 한 알의 밀이 땅에 떨어져 죽지 아니하면 한 알 그대로 있고 죽으면 많은 열매를 맺느니라 자기의 생명을 사랑하는 자는 잃어버릴 것이요 이 세상에서 자기의 생명을 미워하는 자는 영생하도록 보전하리라 사람이 나를 섬기려면 나를 따르라 나 있는 곳에 나를 섬기는 자도 거기 있으리니 사람이 나를 섬기면 내 아버지께서 그를 귀히 여기시리라"(요한복음 12:24-26)

◈ 부활의 소망으로

러시아는 봄이 되면 노란색 민들레꽃이 러시아 온 들판을 덮는다. 추웠던 러시아에서 맞이하는 봄은 언제나 환희다. 죽었던 것 같았던 모든 생물이 초록색 새싹을 피운다. 가슴 가득 부활의 감격이 넘친다.

김동익 목사님은 봄에 떠났다. 목사님은 초록색을 좋아했다. 우리는 부활의 아침에 그가 좋아했던 초록색 들판에서 그를 다시 만날 것이다. 우리가 만나는 그 날은 슬픔이 변하여 춤이 될 것이다. 부활의 감격이 가득하게 될 것이다. 그의 찬양 소리를 듣게 될 것이다. 인생의 겨울에도 절망하지 말고 부활의 소망을 견고히 하고 하나님을 믿는 믿음으로 오늘을 살아가자.

"우리 주 예수 그리스도로 말미암아 우리에게 승리를 주시는 하나님께 감사하노니 그러므로 내 사랑하는 형제들아 견실하며 흔들리지 말고 항상 주의 일에 더욱 힘쓰는 자들이 되라. 이는 너희 수고가 주 안에서 헛되지 않은 줄 앎이라"(고전 15:57-58).

◈ 김동익 목사의 행복한 부부생활의 12 신조

1. 절대 둘이 동시에 화내지 않는다. 던지는 사람이 있으면 받는 사람이 있어야 한다. 두 사람이 동시에 던지면 받을 손이 없다. 화를 꼭 내야 할 경우라면 교대로 내라.

2. 집에 불이 났을 때 이외에는 절대 서로에게 고함을 지르지 않는다. 부부의 소리에는 화음이 있어야 한다. 저쪽에서 소프라노로 나오면 이쪽에서는 베이스로 화음을, 저쪽에서 테너로 나오면 이쪽에서는 낮은 알토로 화음을 이루라.

3. 만약 둘 사이에 갈등이 있으면 자제력에 대한 연습으로 생각하고 상대방이 원하는 대로 해준다.

4. 당신이 만약 자신이 훌륭하게 보이든지, 혹은 배우자가 훌륭하게 보이든지 둘 중 하나를 선택해야 한다면 배우자가 훌륭하게 보이는 편을 택한다.

5. 어떤 비판을 하려거든 사랑스러운 태도로 하라. 절대 아픈 곳을 긁지 마라. 기왕 긁으려면 가려운 곳을 긁어라. 상처는 싸매 주는 것이지 박박 긁는 것이 아니다.

6. 전 세계를 소홀히 할지언정 서로를 소홀히 하지 마라. 가정에서 내 남편, 내 아내가 최고라는 긍지를 갖고 살기를 바란다.

7. 배우자에게 적어도 한 가지 칭찬의 말을 하지 않고는 절대 하루를 보내지 마라. 가능한 '미안해요', '괜찮아요', '잘했어요', '기뻐요', '고마워요', '사랑해요'와 같은 말을 많이 사용한다.

8. 만날 때마다 반드시 애정 어린 환영을 한다. 연애 시절 혹은 결혼 초기의 로맨틱한 기분과 달콤한 일들을 가끔 회상해 보는 것이 애정 생활을 지속하는 묘약이 된다.

9. 화난 채 잠자리에 들지 마라. 분은 하루를 넘기면 이틀 가고 이틀 넘기면 나흘 지속하는 기하급수적 성격이 있다. 확대를 막는 비결은 그날 잠들기 전에 푸는 것이다. 먼저 웃고 손을 내미는 데에 인색하지 마라.

10. 실수했을 때는 그것을 입 밖에 내서 말하고 용서를 구하라. 절대 숨기지 마라. 부부 사이에서 숨기는 점이 얼마나 되느냐 하는 것이 애정의 척도가 된다. 진실은 신뢰와 사랑을 키워 가는 힘이 된다.

11. 논쟁을 벌이려면 두 사람이 필요하다는 사실을 기억하라. 잘못한 사람이 주로 많은 이야기를 하게 될 것이다.

12. 가정에는 부부 이외에 또 한 분이 계신다. 하나님이시다. 그분이 그대들을 짝지어 주셨고 사랑과 행복의 보금자리를 만들어 주신다는 사실을 인식하라. 그분 앞에 부부가 함께 손을 잡고

겸허하게 기도하는 시간을 가져라.*

---

* 김동익 목사의 행복한 부부생활의 12 신조는 추천사를 써준 김영동 교수님께서 제공해 준 것이다.

김동익 목사 연보

- 1942년 10월 1일 경상남도 하동읍에서 출생
- 1961년 2월 진주 중, 고등학교 졸업
- 1965년 2월 연세대학교 사학과 졸업
- 1965년 7월~1967년 2월 제5군 관구 사령부 근무(ROTC 예편)
- 1967년 3월 장로회신학대학교 신학대학원(M.Div.) 입학
- 1967년 10월 서울 신촌교회 교회학교와 중고등부 지도교사
- 1967년 12월~1971년 10월 서울 신촌교회 교육전도사
- 1968년 11월 1일 도명자 여사(1942년 6월 25일생)와 결혼
- 1970년 2월 장로회신학대학교 신학대학원(M.Div.) 63기 졸업
- 1971년 10월 서울 서노회에서 목사 안수받음
- 1971년 11월~1973년 5월 서울 신촌교회 교육목사, 연세대학교 전임강사
- 1973년 6월 미국으로 유학 떠남
- 1973년 9월~1975년 8월 미국 타이오네스타(Tionesta) 교회 협동목사
- 1973년~1974년 5월 미국 피츠버그 신학대학원(Pittsburgh Theological Seminary)에서 신학 석사과정(Th.M.) 수료(교회사)
- 1974년 9월 미국 밴더빌트 신학대학원 박사과정 입학
- 1974년 9월~1975년 9월 미국 힐우드(Hillwood) 교회 교육목사

- 1974년 11월 내쉬빌 초교파한인교회 창립 멤버(김동익, 김찬희, 박성상, 나채윤)
- 1976년 2월 미국 밴더빌트(Vanderbilt University) 신학대학원 박사과정 수료, 목회학 박사학위(D.Min.) 취득
- 1976년 1월~1976년 6월 남대문교회 교육목사, 연세대학교 강사
- 1976년 6월~1981년 4월 포항제일교회 제11대 담임목사, 계명대학교, 영남신학교 강사
- 1981년 4월 새문안교회 제5대 담임목사
- 1982년 4월 도명자 사모 별세(別世)
- 1983년 10월 황산성(1944년) 여사와 재혼
- 1989년~1990년 대한예수교장로회 총회 규칙부장
- 1994년~1995년 대한예수교장로회 서울노회 노회장(제134회 서울노회), 대한예수교장로회 총회 사회부장(제79회 총회)
- 1996년~1997년 대한예수교장로회 총회 세계선교부장(제81회 총회)
- 세계개혁 교회연맹(WARC) 실행위원(아시아지역대표) 및 부의장
- 1998년 4년 1월 별세(別世)(신장암, 대퇴부 고관절암)

온화한 미소의 사람
김동익

초판 1쇄 발행 2024년 05월 27일

지은이 정균오
펴낸이 류태연

펴낸곳 렛츠북
주소 서울시 마포구 양화로11길 42, 3층(서교동)
등록 2015년 05월 15일 제2018-000065호
전화 070-4786-4823 **팩스** 070-7610-2823
홈페이지 http://www.letsbook21.co.kr **이메일** letsbook2@naver.com
블로그 https://blog.naver.com/letsbook2 **인스타그램** @letsbook2

ISBN 979-11-6054-708-5 03230

* 이 책은 저작권법에 따라 보호를 받는 저작물이므로 무단전재 및 복제를 금지하며, 이 책 내용의 전부 및 일부를 이용하려면 반드시 저작권자와 도서출판 렛츠북의 서면동의를 받아야 합니다.
* 잘못된 책은 구입하신 서점에서 바꾸어 드립니다.